U0506179

洞幽烛微

「赵郡李氏与唐文化高端论坛」文集

韦正　主编

邢台市文物管理处
隆尧县人民政府　编

上海古籍出版社

《洞幽烛微："赵郡李氏与唐文化高端论坛"文集》编委会

总　编：张立方　李国印

主　编：韦　正　李建强

副主编：贾金标　李恩玮　王耀民　李炳春　李景山

委　员：曹英群　田振国　武　瑛　李　军　张　明　张国勇　周海峰
翟宏友　李印林　杜振敏　王　博　李　方

“赵郡李氏与唐文化高端论坛”开幕式

“赵郡李氏与唐文化高端论坛”与会学者合影

目　录

勒石以铭

洞幽烛微

勒石以铭

李唐皇室家世书写再议

刘后滨　中国人民大学历史学院

引　言

唐朝官方历史叙事中如何书写皇室和宰相大臣的世系，是中国中古史研究中的重大问题，也是理解中古历史基调的一把钥匙。陈寅恪“中古以降民族文化之史”的研究中，对此问题格外关注，并揭示出一套影响深远的历史分析方法。作为陈寅恪及门弟子，汪篯在其隋唐史研究中继承和发扬了乃师治史之道。如在《读〈旧唐书〉札记》中，针对《旧唐书·高祖本纪》所载李唐皇室家世，汪篯用按语指出，“李熙、天赐父子共茔葬于今河北隆平县，乃南赵郡人也。其家于武川之说自不可信。盖宇文泰为巩固其六镇团结之情，故附会其大将之家世与六镇有关耳”①。这是对陈寅恪关于李唐皇室家世书写研究结论的直接引用。汪篯并未停留在这种直接引用上，而是在其关于唐初政治结构和权力格局的相关研究中，对陈寅恪考订李唐氏族的方法灵活运用，对陈氏相关认识有所补充和深化。例如，其论《新唐书·宰相世系表》所记唐初名臣如魏徵、李勣、高季辅等人的家世，对其家世书写中的“攀附”“附托”南北朝士族高门的现象，进行了深入考证辨析。以李勣（徐世勣）为例，见于《新唐书·宰相世系表》中的家世书写就不可靠，存在着诸多内在矛盾。汪篯由此推断，“李勣家虽殷富，地实寒微。大概在李勣成为唐的新贵后，才利用他的政治势力来攀附（徐氏）高平北祖的名门，即行改录，以致家谱上留下这许多罅隙”②。陈、汪师徒关于唐朝皇室和新贵大臣攀附南北朝名门进行家世造假的

① 汪篯：《汪篯汉唐史论稿》，北京大学出版社，2016 年，第 548 页。

② 汪篯：《唐太宗之拔擢山东微族与各集团人士之并进》，载《汪篯汉唐史论稿》，第 365 页。

分析，成为唐史研究学术史上的典范案例，构成了其后唐史叙事的一个模板。但是，此后的研究中相关争论并未止息，有的可能是史学方法论的倒退。本文在学习陈、汪师徒治史方法的基础上，对李唐皇室家世书写问题相关论争进行梳理，并结合新出史料，力图还原李唐皇室家世官方历史书写的内在逻辑及其历史影响。笔者不揣浅陋，狗尾续貂，谨以此文纪念汪篯先生诞辰一百周年。

一、世居赵郡与寄望陇西：陈寅恪假说及其引起的论争

唐朝官方历史书写中，李唐皇室的家世一直都是出自十六国时期西凉君主凉武昭王李暠之后，郡望或作“陇西成纪人”（《新唐书》卷一《高祖纪》），或作“陇西狄道人”（《册府元龟》卷一《帝王部·帝系》《旧唐书》卷一《高祖纪》）。墓志中有关家世和郡望的书写与本于国史的传世文献有所不同，今见所有李唐皇室成员的墓志中，成纪和狄道作为次级地望，两种说法也都在更替使用（见附表；下文引用墓志文字如无特别出注，则皆见此表）。如葬于贞观五年（公元631年）的淮安王李神通，墓志书其世系为“太祖景皇帝（按：指李虎）之孙，郑孝王之嫡子也”，郡望为“陇西狄道”。而葬于贞观六年的酆王李元亨（字叔通）墓志，书其世系为“世祖元皇帝（按：指李昞）之孙，太上皇之第八子也”，郡望却是“陇西成纪”[①]。接着，葬于贞观十年的太宗第三女汝南公主墓志，郡望书“陇西狄道”，葬于贞观十七年的太宗第四子李祐墓志，郡望书“陇西成纪”[②]。这种交替使用成纪和狄道次级地望的情况，背后是否有切实的政治原因及由此导致的书写语境的变易，目前尚无法证明，当另文再论之。

李唐皇室与李暠之间的承继关系当属伪造，陈寅恪关于李唐氏族问题的探讨，对此已有明确的论述。陈氏指出，李唐皇室的先世“或为赵郡李氏徙居柏仁（即柏人县，治所在今河北隆尧西南尧山镇）之‘破落户’，或为邻

---

① 见王连龙《唐酆王李元亨墓志》，《社会科学战线》2011年第4期，第287页；党斌《唐酆王李元亨墓志考》，《兰台世界》2015年第33期，第13—15页。

② 见郑炳林、张全民《〈大唐国公礼葬故祐墓志铭〉考释和太宗令诸王之藩问题研究》，《敦煌学辑刊》2007年第2期，第1—12页。

邑广阿（治所在今河北隆尧东）庶姓李氏之‘假冒牌’。既非华盛之宗门，故渐染胡俗，名不雅驯”①。尽管历来不乏针对陈氏假说的补正与批驳，但陈寅恪的逻辑分析（而非史实勾陈）迄今仍然是最为严密的。因为这个家世谱系原本就是伪造出来的，是基于特殊政治背景而进行的历史书写，所以要在回归既有历史叙事文本的基础上对其进行详密的史事勾陈和史源考察，往往顾此失彼，牴牾扞格。陈氏假说在细节上或有可被证伪之处，但在总体把握上却仍然难以被推翻，因为这个假说建立在对唐朝官方相关叙事逻辑的把握之上。

据《唐会要·帝号》《旧唐书·高祖纪》《新唐书·高祖纪》《新唐书·宗室世系表》《册府元龟·帝王部·帝系》等文献所载，李唐皇室家世如下：1. 西凉国君凉武昭王李暠—2. 西凉后主李歆—3. 后魏弘农太守李重耳—4. 后魏金门镇将李熙—5. 后魏幢主李天赐—6. 西魏太尉李虎—7. 隋安州总管柱国大将军李昞—李渊。李渊之前七代祖先的世系是完整和清晰的。陈寅恪分析了“唐室自叙其家世之著述”中描述的这个世系，找到这个叙事中的若干疑点，其中最关键的是李重耳的身世。陈寅恪解释其中的罅隙时，针对官方叙事中李重耳李熙父子的经历与《宋书》《魏书》等史书中记载的李初古拔李买得父子的经历基本吻合之现象，假定李重耳就是李初古拔，是一个真实的历史人物，所以说“故今假定李唐为李初古拔之后裔，或不至甚穿凿武断也”②。陈寅恪认为造假之处在于将李初古拔附会为李歆之子，因为《魏书》和《十六国春秋》等唐以前文献“不载重耳南奔始末”，其事只见于唐修《晋书》，自然属于伪造。而李初古拔以下则是真实的，只不过将原本以胡名著称的历史人物恢复其汉名。今天看来，这个假定是值得商榷的。李重耳其人更大可能是李唐皇室在编造家世故事的过程中附会出来的一个虚构人物，只不过其虚构也是借助了前朝史书的相关记载，以李初古拔等历史人物作为原型。此种情形在北朝隋唐时期许多家族的家世书写中并不鲜见。

陈寅恪接着引用《唐会要·帝号》《元和郡县图志》等文献，以及存于河

---

① 陈寅恪：《李唐氏族之推测后记》，《中研院史语所集刊》第3本第4分，1933年，后收录于氏著《金明馆丛稿二编》，上海古籍出版社，1980年，第295—303页。其后更为完整的论述，见于《唐代政治史述论稿》上篇《统治阶级之氏族及其升降》，上海古籍出版社，1982年，第10—11页。

② 陈寅恪：《唐代政治史述论稿》上篇《统治阶级之氏族及其升降》，第6页。

北隆平县（今与尧山县合并为隆尧县）之光业寺碑，指出李唐皇室两座祖茔在赵州象城县（今河北隆尧县，原名广阿县，西汉始置，隋文帝仁寿元年更名象城县）之事实，进而得出结论："则李氏累代所葬之地即其家世居住之地，绝无疑义，而唐皇室自称其祖（笔者按：此指李熙）留居武川之说可不攻自破矣。"《册府元龟·帝王部·帝系》记李天赐之子李虎"封赵郡公，徙封陇西公"，陈寅恪据此认为李虎之父祖所居之象城县旧属巨鹿郡，"与山东著姓赵郡李氏居住之旧常山郡壤地邻接，李虎之封赵郡公当即由于此也"，并进而认为这是其自托于赵郡之高门，并以赵郡为郡望。其未明言的一个推断是，李虎从"赵郡公"徙封"陇西公"之举，便是其将郡望从赵郡改为陇西之时。迄今没有资料证明李唐皇室先世用过赵郡郡望，陈寅恪仅据李虎"赵郡公"之封号而得出"自托于赵郡之高门"的说法，难免有过度推论的嫌疑；但指出李熙、李天赐合葬之地即其家族世代居住之地，则无疑是一种合理的判断。

尽管关于李重耳与李初古拔实为一人以及李唐皇室自托于赵郡高门的推论都难免武断（这两点对后来的研究颇具影响），但是，有了家世中李重耳（李初古拔）一代为西凉后主李歆之子系伪造及其家族世代居住在赵郡昭庆县这两个事实的认定，构成陈氏有关李唐皇室家世书写假说的前提就得以成立。接下来需要论证的是李唐皇室为什么要把自己的家世篡改为出自西凉李暠。陈寅恪的进一步论说是服务于其"关陇集团"理论假说的，即在宇文泰入关后改易氏族之举的大背景下求得解释。兹略引述其结论如下：

> 概括言之，宇文泰改易氏族之举，可分先后二阶段：第一阶段则改易西迁关陇汉人中之山东郡望为关内郡望，以断绝其乡土之思，并附会其家世与六镇有关，即李熙留家武川之例，以巩固其六镇团体之情感。此阶段当在西魏恭帝元年（公元五五四年）复魏孝文帝所改鲜卑人之胡姓及赐诸汉将有功者以胡姓之前，凡李唐改其赵郡郡望为陇西，伪托西凉李暠之嫡裔及称家于武川等，均是此阶段中所为也。第二阶段即西魏恭帝元年诏以诸将之有功者继承鲜卑三十六大部落及九十九小部落之后，凡改胡姓诸将所统之兵卒亦从其主将之胡姓，迳取鲜卑部落之制以治军，此即府兵制初期之主旨（详见拙著《隋唐制度渊源略论稿》兵制章，兹不赘论）。李唐之得赐姓大野，即在此阶段中所为也。至周末隋文帝专周政，于大象二年

> （公元五八二年）十二月癸亥回改胡姓复为汉姓，其结果只作到回复宇文氏第二阶段之所改，而多数氏族仍停留于第一阶段之中，此李唐所以虽去大野之胡姓，但仍称陇西郡望及冒托西凉嫡裔也[①]。

这个推论做到了逻辑的自洽，其所假设的几个前提也为越来越多的研究所证实。不过，正因为是一种假说，由此引起的关于李唐皇室世系的争论从未间断。

李唐皇室家族源流叙事的分歧之中，关键之处在于一方面所有的官方书写都作“陇西李氏”，而在唐朝前期却多次在赵州象城县修缮两座帝陵，即李渊的高祖李熙和曾祖李天赐的陵墓[②]。对于这个矛盾，陈寅恪的解释是，李熙、李天赐原本葬在象城县，此是李唐皇室先世居住之地，而陇西成纪或狄道是李渊祖父李虎随宇文泰入关之后改易之郡望。概言之，陇西是郡望，赵郡象城县是祖籍。针对陈寅恪假说进行的反驳，最具代表性的主要有岑仲勉、张金龙、陈戍国、邢铁等人的论著，不过这些反驳文章都存在某些逻辑漏洞。

岑仲勉的质疑主要有两点，一则若李唐皇室果真出自赵郡，赵郡之李为何不去攀附，反而唐太宗说出“我与山东崔、卢、李、郑，旧既无嫌”之语，显得毫无底气，难道皇族反而不及赵郡诸李可贵？二则在唐朝建立后许多当初随宇文泰入关而改郡望的家族都恢复了河南郡望，唐室如真出自赵郡，又何爱于陇西而坚持不改[③]？岑氏的质疑回避了陈寅恪所说李唐皇室出自赵郡李氏之“假冒牌”或“破落户”的前提。在其时官私谱牒相当完备的情况下，要编造自己出于赵郡正宗高门，那要用一个更大的谎言来圆一个已经编织了许多年的谎言。李唐皇室不会采取如此下策。正因为是假冒牌或破落户，在门阀观念还很强烈的隋朝和唐初，李唐皇室对山东旧族高门的打压和对此种打压政策的辩解就更加合乎情理了。关于隋唐两朝皇室家世和出身“贵而不清”的情状及某

① 陈寅恪：《唐代政治史述论稿》上篇《统治阶级之氏族及其升降》，第15—16页。按：原书作“至周末隋文帝专周政，于大象二年（公元五八二年）十二月癸亥回改胡姓复为汉姓”，查《唐代政治史略稿》（手写本）（上海古籍出版社，1988年，第28页），知陈氏原作“于大象二年西历五八一年癸亥回改胡姓复为汉姓”。大象二年十二月癸亥，公元纪年已入581年，故陈氏之文不误。后来各种排印本括注为公元五八二年，当是排版错误。

② 关于隆尧唐祖陵的探查情况，可参看李兰珂《隆尧唐陵、〈光业寺碑〉与李唐祖籍》，《文物》1988年第4期，第55—65、100页。

③ 参见岑仲勉《隋唐史》上册，中华书局，1982年，第95页。

种自卑情结，陈寅恪及其弟子如汪篯、王永兴等人的理解和分析无疑更加具有说服力①。

张金龙则偏重于对陈寅恪的假说进行补正，将李唐皇室家世书写中的李熙与《魏书》所载李顺族人李熙比对为同一人，证明李唐皇室出于赵郡李氏之正宗。同时，通过《魏书》所记李熙的线索，结合这个家族后人所遭之政治变故，具体分析了李虎改赵郡籍贯为陇西籍贯的原因和背景②。这个论证存在的问题是将李唐皇室以陇西为郡望的书写逻辑过于落实到历史实际之中，对其原本世居赵郡的事实也过分看重史源的追述。如果李唐皇室出自赵郡正宗，则不必一直以陇西为郡望，确实如岑仲勉所质疑的，“又何爱于陇西而坚持不改”？不过，张文提出李唐先祖墓地在象城县的真实性毋庸置疑，是符合逻辑的。因为李唐皇室既不可能也无必要去伪造其先祖之墓地，如果真要伪造，则应与其编造的陇西郡望相一致。

陈成国针对陈寅恪所引用《魏书·广阳王深传》载《论六镇疏》作为李唐自称为西凉后裔之反对证据中“最强有力者”，提出这条材料正好是李唐皇族为西凉后裔强有力的证据之一③。其论证的逻辑沿用《旧唐书·高祖本纪》所载李熙“为金门镇将，领豪杰镇武川，因家焉”的叙事，完全没有理会陈寅恪对这种叙事的分析和批判。

邢铁认为位于象城县作为“二帝陵”的李熙、李天赐陵墓具有伪造的嫌疑，二帝陵在隆平旧治正南，尧山旧治东南，与两县旧治呈相距6公里左右的等边三角形，正好在两县两州的结合部，选建在这里两边都方便。这也透露出了临时选址的痕迹。唐太宗和高宗时期之所以要修建二帝陵，是作为重修《氏族志》的“配套工程”，即巩固《氏族志》中的排序。在这个时期，李唐皇室试图更改祖籍，从陇西改为赵郡，对赵郡李氏进行攀附。随着唐中叶以后旧世族的衰落，攀附已没有意义，对二帝陵的修建便没有了兴趣，又恢复使用原来的陇西祖籍了。所以，二帝陵建成六十一年后的开元十三年（公元725年）立

① 参见汪篯《唐太宗树立新门阀的意图》，载唐长孺等编《汪篯隋唐史论稿》，中国社会科学出版社，1981年，第150—164页；王永兴《杨隋氏族问题述要》，载《陈寅恪先生史学述略稿》附录，北京大学出版社，1998年，第428—441页。

② 张金龙：《李唐出于赵郡李氏说》，《历史研究》1993年第5期，第183—186页。

③ 陈成国：《唐代宗法观念与传承制度——兼论李唐皇室氏族问题》，《湖南师范大学学报》1999年第1期，第12—18页。

“光业寺碑”，由当时的一个“从九品下”的县尉杨晋撰写碑文，透露出此时朝廷对二帝陵的关注已经减退了[①]。此文关于伪造先祖陵墓的说法甚为牵强，将建造先祖陵墓等同于攀附赵郡李氏，更是与史事和李唐皇室家世叙事的逻辑不合。除修建二帝陵及树立《大唐帝陵光业寺大佛堂之碑》外，各种官私书写包括皇室成员的墓志之中，都未见以赵郡为籍贯。所谓试图更改祖籍，缺乏证据，也不合乎逻辑。

综上所述，陈寅恪关于李唐皇室先祖世居赵郡，以及家世书写中攀附西凉李暠并以陇西为郡望的假说，尽管遭到众多质疑，迄今仍然是最符合历史实际和唐朝官方叙事逻辑的分析。

二、强调郡望与淡化祖籍：李唐皇室世系的官方书写

郡望是中国中古时代有名望的家族所依托的支撑起本家族光荣历史的郡名。如出自琅琊郡的王氏是最显赫的家族之一，琅琊就是王氏的郡望。其他如博陵和清河之于崔氏，范阳之于卢氏，赵郡之于李氏，荥阳之于郑氏，都是这些姓氏的家族最显赫的郡望。从起源来说，郡望之地当是该家族核心成员最早发家的地方，或者说就是这个家族的原籍，如岑仲勉所说后世所谓郡望乃是“举其原籍之郡名以作标识”[②]。而中古士族郡望一般以郡名 + 县名 + 族名构拟而成，其郡名县名则多循两汉之旧，以显示家族渊源有自[③]。随着家族的扩大和部分成员的迁徙，原籍或者祖籍的书写随着时间的推移当会发生改变，而郡望就成为维系这个家族的共同历史记忆。正如日本学者内藤湖南指出，“这个时期（笔者按：指六朝至唐中叶）的贵族制度，并不是由天子赐与人民领土，而是由地方有名望的家族长期自然相续，从这种关系中产生世家，亦就是所谓

---

① 邢铁：《唐朝皇室祖籍问题辩证》，《西部学刊》2015 年第 4 期，第 30—32 页。文中所说“二帝陵建成六十一年后的开元十三年立‘光业寺碑’，由当时的一个‘从九品下’的县尉杨晋撰写碑文，透露出此时朝廷对二帝陵的关注已经减退了”，是对此碑的一个误解。笔者于 2016 年 12 月亲赴河北隆尧，在河北省邢台市文物管理处李恩玮处长、隆尧县文广新局田振国局长和文保所曹连斌所长等人的陪同下勘察此碑，碑额题为《大唐帝陵光业寺大佛堂之碑》，不宜简称《光业寺碑》。据碑阴题记，这是当地信众民间修建佛堂的功德碑，请县尉杨晋撰写碑文，与朝廷对两座帝陵的关注程度无关。

② 岑仲勉：《隋唐史》，第 124 页。

③ 参见仇鹿鸣《制作郡望：中古南阳张氏的形成》，《历史研究》2016 年第 3 期，第 21—39 页。

郡望的本体。这些世家都重视谱系，导致当时谱学盛行”①。郡望由个别有名望的核心家族支撑起来，并通过谱学加以维系。理想状态下，一个家族的郡望与祖籍地是一致的。但是，作为家族历史书写的两个重要向度，二者有时候又产生差异。郡望与祖籍的差异，主要有两种情形。一种是随着家族成员的迁徙，几代人之后往往以某一祖先迁入之地为祖籍，尤其是当从郡望之地迁徙出来的祖先之功名声望足以支撑一个新的家族之时。这样就出现了共同郡望之下的房分。另外一种是其祖先原本与以某地为郡望的本姓家族无关，但为了攀附高门，经过通谱连宗，把他族的郡望认作自己家族的郡望。这样一来，事实上的祖籍地与郡望之间的关联性就需要重新构建，家族历史需要重新书写，以尽量维持郡望与祖籍的一致性或关联性，进而维护其名望的正统性。李唐皇室的陇西郡望，就属于后一种情形。

通过全面梳理皇室成员墓志中的郡望与家世书写，参照河北隆尧保存的李唐祖陵遗迹及相关碑刻，李唐皇室以陇西为郡望，同时承认赵郡祖籍的叙事逻辑得以更清晰地呈现。从附表可知，唐代皇室成员墓志中自始至终书写的郡望都是陇西，次级地望或作狄道，或作成纪。如上所述，写陇西成纪还是陇西狄道，并无一定之规，二者似可混用。附表第 41 号葬于大中九年（公元 855 年）的李映墓志中，郡望书陇西狄道，其父某却封为成纪县男，呈现出狄道与成纪可以在父子两代身上混用的现象。然而，墓志中却从未有将郡望写为赵郡者。上引邢铁文中所谓在太宗和高宗时期“李唐皇室试图更改祖籍，从陇西改为赵郡，对赵郡李氏进行攀附”之说，并无根据。

唐人传记及墓志中，郡望与籍贯分书的情况并不稀见。如常见的在书写郡望之后再注明“子孙因家焉，今为某地人也”，或者因仕宦等原因“遂家于某郡某地”之例，无须备举。但李唐皇室成员的家世书写中，未见以赵郡广阿县（或其后改名的象城县、昭庆县等）为籍贯的情况。按照许多家族的家世书写方式，可以写成出自陇西李氏，后家于广阿。不过，如果这样写的话，本来就是编造出来的家世故事就出现了许多漏洞。所以，除了佛教信众树立于当地的《大唐帝陵光业寺大佛堂之碑》外，在其他各种官私书写中，都不曾出现李唐皇室祖先居于赵郡广阿或象城县的记载，反而编造了李熙“率豪杰镇武川，因

① ［日］内藤湖南：《概括的唐宋时代观》，原文发表于 1910 年，后收录于刘俊文主编、黄约瑟译《日本学者研究中国史论著选译》第 1 卷，中华书局，1992 年，第 10 页。

家焉”（两《唐书·高祖纪》）的故事。至于居家于武川，为什么要葬于赵郡象城县，又是何时葬回去的，这些问题在现有家世历史的书写中并未处理。隆尧唐祖陵已于2006年被列为全国重点文物保护单位，如果能够开展有效的勘察，其始建时间应大致可以确定。如果是唐初新建，则其为了虚构祖陵临时选址的可能性甚大。当然，这也不能作为李熙、李天赐父子曾居于此地的反证，战乱时局中先祖尸骨不存、荒冢难觅的情形实属难免。如果是北朝时期就下葬于此，唐初只是扩建改建，则更可作为其世代居于此地的确证。这个工作，只有期待考古工作者去完成了。

一方面唐朝初年在赵郡象城县修建祖坟（二帝陵），另一方面又讳言赵郡祖籍而不断强化陇西郡望，这看似矛盾的现象，恰好说明其攀附西凉李暠、虚构陇西郡望的家世书写情境，也印证陈寅恪假说中的李唐皇室出自赵郡李氏“假冒牌”或“破落户”的推测。

无论如何，李唐皇室以赵郡象城县为祖籍，在其时当是普遍认可的常识。陈寅恪据以论证李熙、李天赐世居赵郡事实的依据，是上引刊刻于开元十三年的《大唐帝陵光业寺大佛堂之碑》。此碑今藏于河北隆尧县文管所，清代拓本藏于国家图书馆。碑文中提到“桑梓旧国，须筑法宫”（17行）、“维王桑梓，本际城池”（35行）[①]。如上所述，陈寅恪据“维王桑梓”之语，断定“李氏累代所葬之地及其家世居住之地，绝无疑义”。而当地佛教信众能够公开书写“桑梓旧国”“维王桑梓”等语，正说明在朝廷早已下诏多次修建扩建皇室祖陵的背景下，李熙、李天赐世居赵郡是非常普及的地方知识。

此外，刻于贞观年间的一通佛教刻经造像铭记载，主持其事的李惠宽为“赵郡象城人也。皋陶之后，左车之胤。磐石之宗，连华帝藉（籍）”。此通纪功碑铭的落款为“大唐贞观□□□年□□九月□午朔三日戊寅前宋州行参军武骑尉李君政书”，刻石造像的起始时间为武德六年（公元623年）四月八日，其中特别提到“使持节上柱国、本州诸军事定州刺史、定州都督、相州总管、杭州刺史、大光禄大方（夫）、吕国公士洛……遂与惠宽共营此福，大宏妙规，深启檀度”，“柏仁县令严雄抚宰百里，清肃一圻。迹同迁蝗，治侔驯雉。精诚信向，经始伽蓝。劝课丹青，修饰经像。虽目连之神通敏给，文殊之智慧庄

① 录文参见李兰珂《隆尧唐陵、〈光业寺碑〉与李唐祖籍》，《文物》1988年第4期，第55—65、100页。

严，媲此尊崇，实为俦类”[①]。参与或资助刻经造像的李士洛，当亦为赵郡象城人，其署衔包括历任官职。柏仁县令严雄则当是其时在任者，所谓“劝课丹青，修饰经像”，指其在调发民力等方面曾予以配合支持。这些都说明此次刻经造像，得到当地名宦和官府的支持。李左车是战国时期赵国名将李牧之孙，世居紧邻广阿（象城）县的柏仁县，是北朝高门赵郡李氏公认的祖先。碑文中将李惠宽的家世写为“皋陶之后，左车之胤。磐石之宗，连华帝籍”，是以官府名义明确赵郡象城县为李唐皇室的祖籍。

唐人墓志中所书家世追述到第几代祖先，并无成例。除了远古神话人物如五帝和构成郡望要素的汉晋名人等之外，大概要看哪一代祖先最值得炫耀。因为李熙、李天赐（《旧唐书·高祖纪》作李天锡）的仕历存在着许多编造的成分，而且即使在编造的故事中也未历显宦，所以除了在国史中留下了粗略的记载外，其他官私书写都很少提及。两《唐书·宗室传》所列人物，其共同的祖先就是太祖景皇帝李虎，说明皇室世系能够说得清楚的也只有从李虎往后。《新唐书·宗室世系表》所列定州刺史房人物，是从李天赐之子、太祖李虎之弟后魏定州刺史乞豆算起的[②]。但李乞豆的后世子孙都不显，未进入《宗室列传》等李唐皇室的家世书写中。

与此相同的是，李唐皇室成员墓志中的家世书写，一般情况下，最早也只追溯到后来追尊为太祖景皇帝的李虎一辈。如附表第1号李神通墓志作“太祖景皇帝之孙，郑孝王之嫡子也”；附表第8号房陵大长公主墓志作“□景皇帝之孙，大武皇帝之第六女”（按：当作曾孙）；附表第9号虢庄王李凤墓志作“太祖景皇帝之曾孙，世祖元皇帝之孙，高祖神尧皇帝之第十五子”；附表第25号左补阙张之绪妻顺节夫人李氏墓志作“大唐景皇帝七代孙，皇工部尚书汉阳公寂曾孙，皇冯翊郡司法昭仲孙，中部太守少女”；附表第42号李裔（字修之）墓志作“太祖景皇帝八代孙”。也有追溯到追尊为世祖元皇帝的李昞一辈的，如附表第2号酆王李元亨墓志作“世祖元皇帝之孙，太上皇之第八子也”；附表第18号越王李贞墓志作“元皇帝之曾孙，神尧皇帝之孙，太宗文武

---

① 《唐李惠宽造贤劫千佛并法华经铭》，原碑藏于河北隆尧县文管所，北京大学图书馆有藏拓，录文参见赵建兵主编《隆尧碑志辑要》，天津人民美术出版社，2016年，第16—18页。标点为笔者所加。

② （宋）欧阳修、宋祁撰：《新唐书》卷七十上《宗室世系表》，中华书局，1975年，第1957—1958页。

皇帝之第八子也”。无论近属远枝，李虎都被视为皇室成员的共同始祖，能够和李虎关联上的家族，才能被称为皇族。

至于附表第20号《大唐河南府阳县丞上柱国庞夷远妻李氏墓志铭》中的“高祖神通，出自太祖光皇帝后，唐受命封淮安王，历右仆射，赠司空公”，提到被追尊为光皇帝的李天赐，是目前所见唯一早于李虎的例子。李神通本人的墓志中只追溯到李虎，其后世的墓志中却说李神通“出自太祖光皇帝后”，似当存疑。李天赐并未被追尊为太祖，太祖只有景皇帝李虎，故此处当为“出自太祖景皇帝后”。至于附表第21号韩王元嘉之季子嗣韩王李讷墓志中所说“王即太祖武皇帝之孙也，太宗文皇帝之犹子”，太祖当为高祖之误。

据《旧唐书·宗室传》，李琛、李孝恭兄弟为高祖从父兄子，其祖父李蔚为北周的朔州总管，父亲李安为隋朝领军大将军①。则李安为李渊的从父兄，李蔚为李渊的从父，即与李昞为兄弟。《新唐书·宗室传》列出了李虎以下的宗室世系，“太祖八子：长延伯，次真，次世祖皇帝，次璋，次绘，次祎，次蔚，次亮”②。李昞是李虎的第三子，李蔚是李虎的第七子。所以附表第23号《大唐皇四从姑故贺兰府君夫人金城郡君陇西李氏墓志铭》记李氏家世为“高祖蔡王，生西平王安，安生皇广陵牧行台尚书左仆射河间元王孝恭，恭生皇金紫光禄大夫，京兆、河南尹，刑、户二尚书、河间公晦”，也只是追溯到李昞同辈的祖先李蔚。

唐代高门大族墓志的家世书写中一个普遍的现象是极力追溯先世、攀附门阀。无论赵郡李氏还是陇西李氏，其追述家世往往都到北魏周齐甚至汉魏西晋，大部分还叙及家族始祖。李唐皇室成员墓志中追述家世时最多只到李虎的现象，从一个侧面说明李天赐和李虎之间的断裂和因此造成的家世故事书写的转折，这个断裂不是血缘世系的断裂，而是李唐皇室在家世故事编造过程中造成的背景断裂。李虎在西魏北周的仕历和显赫地位是真实确切的，而李天赐和李熙进入北魏六镇因家于武川的故事却可能是编造出来的，是皇室档案中的虚构成分。

李唐皇室成员的家世书写中，很少提及始祖及比李虎更早的祖先，或许

---

① （后晋）刘昫等撰：《旧唐书》卷六十《宗室襄武王琛、河间王孝恭传》，中华书局，1975年，第2347页。

② （宋）欧阳修、宋祁撰：《新唐书》卷七八《宗室传》，第3513页。

“国史备详”是一个好的解释。如附表第 17 号《大唐故信安县主元府君墓志铭并序》所叙家世为：“县主陇西狄道人，曾祖神尧皇帝，祖文武圣皇帝，吴王恪之第四女，今上之堂姑也。□□睿族，启迹于殷时；凤翥龙兴，克昌于明代。远则垂芳万古，近则启圣千龄，国史备详，斯可略而称也。”作为皇室，其家世自然是“国史备详”。另外一个不能明说的理由是各种官私书写也必须与“备详”之“国史”保持一致。不过，章怀太子李贤的墓志比较特别，《大唐故雍王墓志铭并序》（附表第 16 号）载：

> 王讳贤，字□，陇西狄道人也。太宗文武圣皇帝之孙，高宗天皇大帝之第二子，今上之兄。述夫神源长发，圣构遐远：白云垂祉，虞臣所以迈德；紫气凝祯，周史由其敷道。至哉卫尉，播雄烈于陇西；赫矣武昭，定霸功于河右。自兹以降，厥绪尤繁，克茂本枝，逾徽后大。故得神祇叶赞，天地会昌，弹压八荒，牢笼万古。梯山航海，局疆寓于义轩；茅社桐珪，陋车服于梁楚。

李贤墓志写于神龙复辟之后，其对李唐皇室先世的书写，无异于对国史的复述和强调，尤其是对出自凉武昭王李暠这一线索的强调，应具特殊政治语境，是在武周政权刚被终结背景下的一次特殊政治举措。

综上所述，唐朝有关皇室世系的所有官私书写中，都以陇西为郡望，除了见于《新唐书·宗室世系表》和两《唐书·高祖纪》中的具有“国史”性质的宗室世系追述了西凉李暠及更久远的“虚构”祖先外，两《唐书·宗室传》和所有宗室成员墓志中追述的祖先都只到太祖李虎，李虎仕历中从赵郡公改封为陇西公之事，正是其家族伪造陇西郡望的开始。李虎之父祖李天赐、李熙葬于赵郡象城县，是其世代居于当地的有力证据，并且得到唐朝当时官府、名宦的普遍认可，却在各种家世书写中被忽略甚至被湮没。李唐皇室家世书写中强调郡望与淡化祖籍之举，正凸显了陈寅恪所论其攀附李暠、虚构郡望的内在逻辑。

三、连华帝籍与幸称皇枝：非高门李氏家族对李唐皇室的攀附

由于皇室以陇西为郡望，各种官私书写中都不断强化这一点，所以一些非

高门出身的李氏家族，就出现了攀附皇室的家世书写方式。北朝士族原本就是崇重当朝冠冕，李唐皇室也多次为树立以皇室为核心的新门阀体系而努力。进入唐朝以后，包括居住在赵郡地界的各地高门及非高门李氏家族与李唐皇室攀附的现象就逐渐多了起来。上引刊刻于贞观年间的《唐李惠宽造贤劫千佛并法华经铭》中，李惠宽的世系追述到"皋陶之后，左车之胤"，至少在家世书写中是赵郡李氏的高门，但同时又写上"磐石之宗，连华帝籍"，强调累世累代都被列入帝籍。这个表述，一方面如前所述具有将李唐皇室纳入赵郡李氏高门的意蕴，是李氏高门向皇室的示好；另一方面，也未尝不是对皇室的攀附。贞观六年（公元632年）唐太宗在编修《氏族志》过程中说，"我与山东崔、卢、李、郑，旧既无嫌，为其世代衰微，全无官宦，犹自云士大夫，婚姻之际，则多索财物；或才识庸下，而偃仰自高，依托富贵，我不解人间何为重之？……我今定氏族者，诚欲崇树今朝冠冕"①。在此背景下，李惠宽所在的赵郡李氏家族向李唐皇室表示亲近和攀附，当在情理之中。

如果说唐朝初年李惠宽家族自称"磐石之宗，连华帝籍"是赵郡李氏通过抬高李唐皇室的门第，将世居赵郡的非高门接纳到高门谱系，以示攀附；那么，大抵到唐朝开国百年的开元天宝以后，随着陇西李氏成为李氏的主流郡望，攀附的方式就是越来越多的李氏家族开始把自己的郡望改为陇西。如《故陇西李府君墓志铭并序》②：

> 君讳系，字系，陇西成纪人也。氏胄之起，焕乎方书。周隋之先，郁为鼎族。我唐之际，幸称皇枝。宝叶琼根，未之比也。曾祖讳德颖，皇濮等兖州刺史；祖贞实，皇朝散大夫、尚书工部员外、太子舍人；父庭训，皇朝议郎济南郡禹城县令；皆敏识霞骞，英情天逸，介然挺贞标之节，油尔峻朗拔之风，宣伯廉平，率职有不倾之合；叔龙格正，清能著齐价之名。公即禹城之长子。

所谓"我唐之际，幸称皇枝。宝叶琼根，未之比也"，完全是对皇室的攀附之词。至于其是否真为陇西成纪人，其实已经不重要了。如果真的是陇西李氏，

① （唐）吴兢：《贞观政要》卷七《礼乐》，上海古籍出版社，1978年，第226—227页。
② 周绍良主编：《唐代墓志汇编》下，天宝168，上海古籍出版社，1992年，第1648页。

那就如同赵郡的李惠宽家族一样，颠倒主客，用真实的郡望去攀附虚构的郡望。如果根本就与陇西李氏无关，那“宝叶琼根”之比更是尽显攀附之媚态。事实上，唐人墓志中此种攀附式的书写非常普遍。如出土于河北任县的《唐故陇西李府君铭志文并序》①：

> 粤以天者瑞也，应四时而自至；地者信也，感万物而生焉。寒暑变移，八节时候而争催。命有修短，限至往而无回。天之尚倾，地之仍缺，世尊尚入涅槃，泡幻之躬岂免落也。公承唐王之胤，建初皇帝之宗，遖遆相承，迩居陵侧。高祖晁，性好道德，坦荡傲游，遂不叙于簪缨，不沾于荣禄。祖通，山河秀气，貌越堂堂，文武双美，德行俱彰。公伦，实人表忠，英灵振世，文有经邦之术，武有穿杨之艺耳。年六十有二，瘥痱忽染，瘞于蒿里。夫人段氏，容姿丽质，貌越婵娟，西施谬说，罗敷默言，四行俱备，六行咸传。嗣子有二：长者仲殷，行满天下，名播遐方，德及四公，宇宙咸扬。次仲和，立性刚克，温良厚质，德行过于四科，六艺超于世逸，匍匐徒跣，家罄资物，衣缕不留，愿祔祖考，厝合先骨，致于旧域：邢台之郡，任县之北，新市居疃，唐陵东南三里，瘞于魂殁。年号大中，岁至摄提，时遇仲冬上旬三日，闭于泉路。天长地久，谷变陵移，江海化为桑田，城郭拟于废日，故刊斯文，记于泉户。惨惨坟兮对孤月，悄悄冥兮行路绝。玄宫瘞玉九源中，白骨沉兮声哽咽。哀哉孝子泣成泥，玉筋双垂以成血。孝感天门应瑞前，白鹤坟前声吊切！

最早刊布此志录文的宋孟寅先生认为墓主李伦是陇西人，其次子仲和“匍匐徒跣”将其遗骨从陇西运回，祔葬河北昭庆（天宝元年更象城县为昭庆县）“唐陵东南三里”李氏祖茔。这其实是一个误解，没有任何证据说明李伦是陇西人或者死于陇西。其志题作“陇西李府君”，是因为他攀附了唐朝皇室，而以陇西为郡望。“公承唐王之胤，建初皇帝之宗，遖遆相承，迩居陵侧”句，正说明李伦是世居李熙建初陵侧畔的昭庆（象城）当地人。说明到晚唐大中年间，

① 参见宋孟寅《一方佐证李唐祖籍在河北隆尧的唐代墓志》，《文物春秋》2010年第3期，第58—60页。

赵郡的非高门李氏还在攀附皇室，而且跟随李唐皇室虚构郡望。既然“迩居陵侧”，世居赵郡，那就和李唐皇室同族同宗；既然李唐皇室以陇西为郡望，那我李伦家同样也有如此高贵的陇西郡望，而且要葬到“唐陵东南三里”，死后也要向李唐皇室靠近。

李唐皇室虚构陇西郡望的同时又在赵郡营建祖陵，尽管还需要在“国史”中编造祖先的仕历以自圆其说，但也无疑以政权的力量冲击了门阀士族的社会根基。“士族乃具有时间纵度的血缘单位，其强调郡望以别于他族，犹如一家百年老店强调其金字招牌一般，故郡望与士族相始终”①。到这个金字招牌谁都可以用的时候，自然也就失去了其特殊性。改造郡望和谱系，重构祖先记忆和家族世系，本来是为了谋取高贵的社会身份乃至背后的现实利益。对于李唐皇室来说，也是服务于其树立新门阀的政治意图。但是，在唐朝建国后政治社会发展的大背景下，门阀制度的衰败无可避免。李唐皇室在家族世系的官私书写中反复强调虚构的陇西郡望，与那个时代许多家族都制作出一个与本家族祖先实际里籍无关的“虚拟郡望”一道，共同助长着墓志书写中的夸饰郡望之风。正如仇鹿鸣指出的那样，至隋和唐初，随着郡望知识的普及化，谱牒与郡望分离，可供一个姓氏选择的郡望众多，郡望最终失去了其标识社会身份的意义②。

历史运动的进程不以包括统治者在内的任何人的意志为转移。唐朝皇室原本想要维护的是其刻意树立起来的新门阀体系，打击旧族高门，标树陇西郡望。但是，旧门阀衰落下去的同时，陇西郡望也越来越成为各地李氏家族写入死者墓志和志题中的毫无实际意义的标签了。经过五代乱世的冲洗，陇西郡望不仅对于普通李氏家族失去了意义，就连李唐皇室成员在入宋以后，也不再以陇西为郡望，而径称“长安人”。出土于西安市长安区郭杜镇的生活于宋代的李唐皇室后裔李保枢（字慎言）墓志称，“其先唐蔡王之系，本长安人也”③。从“陇西狄道人”或“陇西成纪人”到“长安人”，李唐皇室的家世书写最终走出了门阀社会的窠臼。

---

① 毛汉光：《从士族籍贯迁移看唐代士族之中央化》，《中国中古社会史论》，上海书店出版社，2002年，第238页。

② 仇鹿鸣：《制作郡望：中古南阳张氏的形成》，《历史研究》2016年第3期，第21—39页。

③ 西安市文物保护考古所：《西安长安区郭杜镇清理的三座宋代李唐王朝后裔家族墓》，《文物》2008年第6期，第36—53、97页。

附表：唐代皇室成员墓志所书世系与郡望

序号	墓主身份	世　系	郡望	卒年/葬年	出　处
1	大唐故淮安靖王寿（字神通）	太祖景皇帝之孙，郑孝王之嫡子。	陇西狄道	贞观四年/五年	《汇编》上贞观 024，第 24 页（注 1）
2	大唐故酆王元亨（字叔通）	世祖元皇帝之孙，太上皇之第八子。	陇西成纪	贞观六年/六年十二月	注 2
3	大唐故汝南公主讳□字□	皇帝之第三女。	陇西狄道	贞观十年	《汇编》上贞观 054，第 43 页
4	大唐国公故祐	今上之第四子。	陇西成纪	贞观十七年/其年十月	注 3
5	大唐长乐公主	高祖太武皇帝之孙、皇帝之第五女、东宫之姊。	陇西狄道	贞观十七年八月/其年九月陪葬昭陵	《续集》贞观 036，第 28—29 页（注 4）
6	大唐故恪	太祖武皇帝之孙，太宗文皇帝之第二子。	陇西狄道	永徽四年二月六日/其年四月十五日	《新出》，第 63 页（注 5）
7	大唐赵王李福	太宗之第十一子。	陇西成纪	咸亨元年九月/咸亨二年陪葬昭陵	《续集》咸亨 013，第 194—195 页
8	大唐房陵大长公主	□景皇帝之孙，大武皇帝之第六女。	陇西成纪	咸亨四年/其年十月陪葬献陵	《续集》咸亨 023，第 201 页
9	大唐故虢庄王凤（字季成）	太祖景皇帝之曾孙，世祖元皇帝之孙，高祖神尧皇帝之第十五子。	陇西狄道	上元元年十二月廿九日/上元二年册命陪葬献陵	《续集》上元 011，第 214—216 页
10	大唐故新安郡王徽（字玄祺）	祖太宗文武圣皇帝，父泰，濮恭王。	陇西狄道	永淳二年九月/嗣圣元年	《续集》嗣圣 001，第 265 页
11	大周刘府君夫人陇西郡君李氏	唐景皇帝之玄孙，天皇大帝之从姊。	陇西狄道	长寿二年/证圣元年	《续集》证圣 001，第 338 页
12	大唐故东光县主	唐高祖□□皇帝之（下泐）皇帝之孙，太子少保纪王之第三女。	陇西狄道	神龙元年/神龙元年十月廿七日	《续集》神龙 004，第 408—409 页
13	大唐故雍王贤	太宗文武圣皇帝之孙，高宗天皇大帝之第二子，今上之兄。	陇西狄道	文明元年/神龙二年七月	《汇编》上神龙 029，第 1060 页

续表

序号	墓主身份	世　系	郡望	卒年/葬年	出　处
14	大唐故左金吾卫大将军广益二州大都督上柱国成王千里（字仁）	神尧皇帝之曾孙，高宗天皇之犹子。	陇西成纪	神龙四年七月五日/景云元年	《汇编》上景云005，第1119页
15	大唐故南海县主（法号弥勒）	高祖神尧皇帝之孙，韩王元嘉之女。	陇西狄道	景云元年/其年九月十二日	《汇编》上景云002，第1116页
16	大唐故雍王赠章怀太子讳贤（字仁）	太宗文武圣皇帝之孙，高宗天皇大帝之第二子，今皇上之兄。	陇西狄道	文明元年/神龙元年陪葬昭陵。	《汇编》上景云020，第1130页
17	大唐故信安县主	曾祖神尧皇帝，祖文武圣皇帝，吴王恪之第四女，今上之堂姑。	陇西狄道	开元四年/开元五年	《汇编》上开元056，第1192页
18	大唐故太子少保豫州刺史越王贞（字贞）	元皇帝之曾孙，神尧皇帝之孙，太宗文武皇帝之第八子。	陇西狄道	垂拱二年/开元六年正月廿六日诏陪葬于昭陵	《汇编》上开元065，第1199页
19	唐故济阴郡王嗣庄（字延敬）	睿宗皇帝之孙，开元皇帝之侄，宁王第二子。	陇西成纪	开元九年/其年十一月	《续集》开元043，第482—483页
20	大唐河南府阳县丞上柱国庞夷远妻李氏	高祖神通，出自太祖光皇帝后，唐受命封淮安王。	陇西成纪	开元九年/开元十一年	《汇编》上开元173，第1276页
21	大唐故嗣韩王讷	王即太祖武皇帝之孙，太宗文皇帝之犹子。韩王元嘉之季子。	陇西狄道	开元十七年/□年六月七日	《续集》开元093，第517页
	大唐嗣道王讳微（字逸少）	高祖神尧皇帝之曾孙，今上之再从叔父。	陇西狄道	开元十七年/廿二年四月	《新出》，第165页
22	□□□□州大都督参军陇西李公（尚旦）	大父河间王孝□（恭），礼部尚书，□道行台左仆射。父崇义，宗正卿、蒲、同等州刺史、封谯国公。	陇西狄道	开元二年/天宝二载	《续集》天宝012，第589页

续表

序号	墓主身份	世 系	郡望	卒年/葬年	出 处
23	大唐皇四从姑故贺兰府君夫人金城郡君陇西李氏	高祖蔡王，生西平王安，安生皇广陵牧行台尚书左仆射河间元王孝恭，恭生皇金紫光禄大夫，京兆、河南尹，刑、户二尚书、河间公晦。	陇西狄道	天宝二载/四载十月廿五日	《汇编》下天宝079，第1587页
24	大唐故宁远将军守左卫率府中郎嗣曹王讳戢（字和仲）	曾祖明，赠司徒，以太宗文武圣皇帝为父，天皇大帝为兄，圣人之后。	陇西成纪	天宝四载/六载十二月廿日	《汇编》下天宝116，第1613页
25	顺节夫人李氏（左补阙张之绪妻）	大唐景皇帝七代孙，皇工部尚书汉阳公寂曾孙，皇冯翊郡司法昭仲孙，中部太守少女。	陇西成纪	天宝辛卯（十载）/壬辰（十一载）	《汇编》下天宝116，第1670页
26	唐故丰王府户曹参军、皇族叔李府君讳复（字自然）	曾祖子同，朝散大夫、荥阳郡荥阳县令。祖慈力，新都、平遥二县尉，邺郡成安县丞。父珍，鲁王府功曹参军。	陇西成纪	天宝十载五月/其载十月	《续集》天宝075，第636—637页
27	唐故光禄大夫行宜春郡太守渭源县开国公李府君讳昌（字适之）	高祖神尧皇帝之玄孙，太宗文武圣皇帝之曾孙，太子承乾之孙，蕲春郡别驾、赠会稽郡都督、郇国公象之季子。	陇西成纪	天宝六载/天宝十三载	注6
28	唐故扶沟县令天水赵府君夫人陇西李氏	高祖神尧皇帝第十三子郑王元懿之曾孙，邵棱公珩之孙，左千牛卫大将军恒王卢德言之□，皇上三从曾姑婆。	陇西	大历九年/贞元十八年	《续集》贞元070，第785页
29	大唐前扬府参军孙公亡夫人陇西李氏	唐毕王璋之六代孙，同州司功濬之孙，左千牛卫大将军先之次女。	陇西狄道	贞元十八年/明年四月	《汇编》下贞元122，第1926页

续表

序号	墓主身份	世系	郡望	卒年/葬年	出处
30	唐故安乡县主	曾祖睿宗皇帝，祖玄宗皇帝，考颍王讳璬。		元和三年/其年十一月	《新出》，第225页
31	唐故华州下邽县尉韦府君故夫人陇西李氏	高祖从父亮封于郑，别子神通特受茅土于淮安郡。二代至右卫将军璲。璲生剑州长史、赠汝州刺史广业，汝州生金吾大将军、通事舍人若冰。夫人，金吾之第二女。		元和癸巳（八年）/其年十一月	《新出》，第233页
32	大唐陇西李夫人	今皇帝三从姑婆。高宗天皇大帝，即高祖。曾祖章怀皇太子。祖守礼。先考承寀。		长庆元年三月/其年八月	《新出》，第245页
33	唐故通直郎行□神武军兵曹参军李府君讳瞻（字博济）	由太宗而下四世生金紫光禄大夫东都副留守郕国公讳峒。峒生凤翔府司录参军讳定。即君之祖祢。	陇西成纪	长庆二年/长庆三年正月五日	《续集》长庆006，第861—862页
34	唐故宗正少卿上柱国赐紫金鱼袋李公讳济（字恕躬）	六代祖神尧高皇帝，生元凤，为虢王。王生宏为定襄郡公。郡公生邕为银青光禄大夫、秘书监，嗣封虢国，赠荆州大郎督。都督生承晊，皇汉州刺史。使君生望之，皇大理评事、赠工部侍郎。侍郎即公先考。	陇西成纪	宝历元年/闰七月十九日	《续集》宝历004，第871—872页；《新出》，第251页
35	唐故朝散大夫临晋县令上柱国李府君讳鼎（字鼎）	五代祖孝恭，封河间王，配飨神尧皇帝庙；高祖崇义，土袭旧封，官列右揆，河东道大总管。自陵烟而上至于景皇凡五世。	陇西成纪	宝历二年/大和元年九月一日	《汇编》下大和005，第2097页
36	唐故阳城县主	玄宗妃武氏生寿王瑁，王第二十二女。		大和元年六月/二年五月十六日	《新出》，第259页
37	前试太常寺协律郎荥阳郑公故夫人李氏	曾祖濬，皇宗正卿；祖先，皇云麾将军、右千牛卫大将军；考犨，皇献陵台署令。	陇西	大和二年/大和三年十月廿日	《续集》大和021，第896—897页

续表

序号	墓主身份	世　系	郡望	卒年/葬年	出　处
38	唐故庐江县令李府君讳稷（字播之）	太宗文皇帝之后也。文皇生吴王恪，恪生嗣王祇，祇生郧王千里，千里生金吾将军、东都副留守峒，峒生凤翔府司录参军、监察御史定，金吾、司录，盖君之祖称。	陇西	大和七年/其年四月	《续集》大和040，第912—913页
39	大唐故宣威将军右骁卫翊府左郎将上柱国李府君叔夏（字周士）	其先即皇室诸李之后。	陇西狄道	大和九年/其年十一月十九日	《续集》大和054，第922—923页
40	唐故赠著作佐郎张府君夫人赠陇西县太君李氏	太君系宗室淮安王神通六代孙，宋州单父县令洪钧之女。		元和九年/会昌元年	《续集》会昌004，第945页
41	唐故处士李府君讳映（字用映）	六代祖太宗皇帝，五代祖吴王恪，高祖成王千里，曾祖天水郡王禧，祖郧国公峒，考成纪县男□。	陇西狄道	大中八年/来年闰四月十八日	《续集》大中050，第1005页
42	唐故随州司马员外置同正员赠尚书考功郎中陇西李府君讳裔（字修之）	太祖景皇帝八代孙。曾祖坚，皇虢州刺史、赠吏部尚书。祖鹏，皇寿州盛唐县令、赠太傅。见任检校司徒兼太子太师致仕、相国福之第三子。		乾符四年九月十七日殒于锋刃/六年闰十月十六日	《新出》，第317页

注：1.《汇编》指周绍良主编《唐代墓志汇编》上、下，上海古籍出版社，1992年。

2. 王连龙：《唐鄫王李元亨墓志》，《社会科学战线》2011年第4期，第287页；党斌：《唐鄫王李元亨墓志考》，《兰台世界》2015年第33期，第13—15页。

3. 郑炳林、张全民：《〈大唐国公礼葬故祐墓志铭〉考释和太宗令诸王之藩问题研究》，《敦煌学辑刊》2007年第2期，第1—12页。

4.《续集》指周绍良主编《唐代墓志汇编续集》，上海古籍出版社，2001年。

5.《新出》指西安市长安博物馆编《长安新出墓志》，文物出版社，2011年。

6. 牛红广：《唐李适之墓志疏证》，《洛阳师范学院学报》2009年第4期，第9—11页。

本文原刊于《国学学刊》2017年第1期，提交本论集时略有修改。

路氏家族与唐前期的岭南经营*

——以《路季琳墓志》为线索

仇鹿鸣　复旦大学历史学系

文明元年（公元684年）对于唐王朝而言正处于多事之秋，上一年末染疴多年的高宗刚刚去世，中宗甫继位，便被武后借故废黜，易以李旦，一代女主正紧锣密鼓地为称帝做着准备。一年之内，三易年号，因此是年七月广州都督路元叡被昆仑刺杀一事①，对于正忙着排除异己、巩固权力的武后而言只是癣疥之疾，并未在朝廷中掀起太大的波澜。由于此事牵涉唐代与南海的贸易往来及市舶管理，近世以降，备受学者瞩目，但传世文献中对于这次激烈的中外冲突着墨无多，使学者缺乏进一步探究此事及路氏家族在岭南活动的凭依②，新出路元叡之子《路季琳墓志》则在一定程度上弥补了史料的不足③，使我们得以更加清晰地了解路氏家族在岭南的经营及其影响，有助于廓清路元叡被杀事件的背景。兹据拓本校录如下，并略作考释，以求教于方家：

---

* 本文系上海社科基金一般项目（2014BLS004）的成果之一。

① 对于昆仑所指涉的具体地望，学者历来聚讼不已，并无定论，取其广义而言，一般指东南亚诸国。其中值得注意的是慧琳《一切经音义》卷六一《破舶》：司马彪注《庄子》云：海中大船曰舶。《广雅》：舶，海舟也。入水六十尺，驱使运载千余人，除货物，亦曰昆仑舶。运动此船多骨论，为水匠用椰子皮为索，连缚葛览，糖灌塞令水不入，不用钉鍱，恐铁热火生。累木枋而作之，板薄恐破，长数里，前后三节，张帆使风，亦非人力能动也。按骨论即昆仑，则昆仑唐时多指东南亚一带从事海外贸易的水手。徐时仪校注：《一切经音义三种校本合刊》，上海古籍出版社，2008年，第1589页。另参蔡鸿生《唐宋佛书中的昆仑奴》，载《中外交流史事考述》，大象出版社，2007年，第200—201页。

② ［日］桑原骘藏著，陈裕菁译订：《蒲寿庚考》，中华书局，2009年，第132页。桑原骘藏将此事放在官员勒索导致胡商反抗的脉络中，并罗列类似事件，代表了对于此事的普遍认识。

③ 拓片刊赵文成、赵君平编《秦晋豫新出墓志蒐佚续编》，国家图书馆出版社，2015年，第396页。

大唐故国子生阳平路君墓志铭

君讳季琳，字玄璲，平阳清泉人也。原夫帝鸿之祀，乔极胤于玄嚣；帝/喾之孙，陶唐建其青社。由是珪璋百代，道存三五六经；华萼九州，称/为五二千石。象贤无替，可略而言。曾祖宄，随右武候大将军、太府卿、/金紫光禄大夫、阌乡县开国公。祖文昇，随齐王属，皇朝左光/禄大夫、沙平爱泰衡五州诸军事、五州刺史、宣城县开国公。或望重/执金，便司列棘之府；或荣高托乘，载施行马之门。父元叡，尚书吏部/郎中、检校右骁卫将军、太子仆、陇瀛苏三州诸军事、三州刺史、使持/节都督广韶新康端封等廿二州诸军事、广州刺史、上柱国、宣城县/开国公。公在府严察，南夷忌之，遂为昆仑所害。雍容礼阁，鸡香之务克/宣；肃穆兵钤，虬珠之德斯应。漂缨鹤禁，俄出守以专城；建节禽乡，竟/亡躯而殉国。莫不金章紫绶，皂盖丹帷，纬武经文，绅河砺岳。君夜庑/生光，实蓝田之玉种；朝阳弄翰，即丹山之凤雏。爰在幼冲，早玩经籍，/延阁羽陵之简，淹中稷下之书，莫不韵以笙簧，味其糟粕。孝乎惟孝，/悌于昆弟，性好山水，不羁尘累。以国子生擢第，至省不试，扶侍尊府君、太夫人至广州。/既而鬼瞰高明，神亏福善，尊府君为昆仑所刺。君/乃投身蔽刃，徒搏争锋，彼众我寡，出其不意，斗穷力屈，誓不全生。凶/手既加，因而遇害，春秋廿八，以文明元年七月九日终于广州之官/舍。今以垂拱元年八月十一日，迁窆于洛州缑氏县公路乡嵩山少/室三福之原，礼也。惟君禀粹山河，降神星象，立志闲雅，因心孝敬。梁/鸿始娶，载从南越之游；伯道无儿，遽掩西春之驾。芳尘可纪，遗嗣无/闻。悲夫，乃为铭曰：

轩辕降兮黄之神，乔极宴兮胤高辛，陶正气兮为明君，流间气兮为/贤臣，邈千古兮代有人，馨万叶兮兰有春，挺温玉兮昆山珎，碎明珠/兮合浦滨，松柏生兮丘陇陈，荆棘茂兮狐兔驯，青灯灭兮夜何晨，翠/琬雕兮德逾新。

一、路氏家族及其岭南渊源

关于路氏家族的世系与仕宦情况，《元和姓纂》及《新唐书·宰相世系表》

中已有简要记载，清末陕西咸宁县曾出土路元叡之父路诠（字文昇）墓志①，亦有可资补正之处。毛凤枝对路文昇墓志出土情况曾有记录："乡人将磨为捣衣石，一村塾先生见之，因其有字，亟阻之，已十去七八矣。"② 遗憾的是志石拓本后未见刊布，原石今或已不存，但从《关中石刻文字新编》中保存的录文来看，虽后半部分残泐较多，但文字仍大体可读，将其与新出《路季琳墓志》对勘，除可补苴郡望世系之不足外③，两方墓志还透露了路氏家族与岭南的渊源，对于我们了解隋唐之际岭南政治形势的变化不无裨益。

路元叡一支，《元和姓纂》将其归入京兆三原望下，《路文昇墓志》云其为阳平清水人，而《路季琳墓志》则作平阳清泉人，所记皆有所出入。北朝以降，路氏惯以阳平清渊为首望，如《魏书·路恃庆传》《魏书·路邕传》、北魏武泰元年（公元528年）《路宁墓志》皆自云为阳平清渊人④。曹魏置阳平郡，领有清渊县，至北魏仍之⑤，这是阳平清渊郡望的由来。清渊县，入唐后因避高祖讳，改县名作清水，但碑志亦多写作清泉⑥。由于平阳、阳平两名易讹，《元和姓纂》及《新唐书·宰相世系表》皆已承其误⑦，《路季琳墓志》亦误刻为平阳。目前唐代所见路姓墓志述及郡望者皆作阳平，新出《路励节墓志》则提供了更确凿的证据⑧。路励节，事迹见于《元和姓纂》路氏平阳望下，其墓志明确叙其为阳平清泉人，亦可坐实《元和姓纂》及《新唐书·宰相世系表》之误。

---

① （宋）欧阳修、宋祁撰：《新唐书》卷七五下《宰相世系表》五下记文昇字文昇，误，中华书局，1975年，第3408页；《元和姓纂》卷八亦作文昇，知其以字行，本文仍根据习惯称之为路文昇。

② 墓志的出土情况及录文见（清）毛凤枝《关中石刻文字新编》卷三，《石刻史料新编》第1辑22册，新文丰出版社，1982年，第17021—17022页；周绍良《唐代墓志汇编》显庆166据之移录，上海古籍出版社，1992年，第333—334页。另毛氏于《关中金石文字存逸考》卷五中对其有简要考释，《石刻史料新编》第2辑第14册，新文丰出版社，1979年，第10477—10480页。

③ 岑仲勉《元和姓纂（四校记）》中已利用路文昇墓志补正路氏世系，中华书局，1994年，第1217—1218页，陶敏、李德辉《元和姓纂新校证》在岑校的基础上，据《裴札妻路氏墓志》等资料有所补充，辽海出版社，2015年，第417页，《路文昇墓志》其他方面的史料价值尚未得到学者注意。

④ （北齐）魏收撰：《魏书》卷七二《路恃庆传》，中华书局，1974年，第1618页；《魏书》卷八八《路邕传》，第1903页；《路宁墓志》，拓片刊《秦晋豫新出墓志蒐佚续编》，第70页。

⑤ （唐）房玄龄等撰：《晋书》卷一四《地理志》上，中华书局，1974年，第417页；《魏书》卷一〇六上《地形志》，第2457页。

⑥ 检新旧《唐书》，仅有一处作清泉，余皆作清水，可知其正式地名当作清水，但从所见路姓碑志来看，以作清泉者为多，可知公私文献书写习惯有所不同。

⑦ 《元和姓纂》岑仲勉四校记引罗振玉校及《路庭礼墓志》作"阳平"，第1214页。

⑧ 《路励节墓志》，拓片刊赵君平、赵文成编《秦晋豫新出墓志蒐佚》，国家图书馆出版社，2012年，第413页。

至于《元和姓纂》为何将路元叡一支从其自称的、在当时也更具影响的阳平清泉望中析出，另立京兆三原郡望，这大约与中唐时路元叡侄孙路嗣恭的发迹有关[①]。路嗣恭初以吏干为玄宗所赏识，后因安史之乱获致政治机遇，先后累历朔方军留后、江西观察使、岭南节度使等职，封冀国公，其子路应、路恕亦皆位至节镇[②]，显赫一时。从路氏家族自北朝以来的发展经历来看，路文昇的祖父路彩曾任魏奉朝请、礼部侍郎，周使持节□恒怀夏四州刺史，则其大约在魏末动乱时，随宇文氏入据关中，后定居于京兆三原[③]。但在唐前期仍保有阳平旧望，直至建中三年（公元 782 年）所立路嗣恭之父路太一神道碑中依旧自称阳平临清人[④]，按清水县贞观元年（公元 627 年）省并入临清县[⑤]，阳平临清不过是阳平清泉的变形[⑥]。但新旧《唐书·路嗣恭传》皆已改题京兆三原，不再署阳平旧望，可知正是由于路嗣恭一支的勃兴，使京兆三原从著籍地演化为路姓新望，并在元和时为《姓纂》所收录[⑦]。

路彩作为追随宇文氏进入关陇的二三流角色，循着这一系统人物的惯例，家族政治活动的重心位于关中，其子路兖历任隋大兴县令、内史舍人、兵部侍郎、右武侯大将军、长秋令、太府卿等职，受封阌乡县开国公[⑧]。《路文昇墓志》中的一段记载，则透露出其命运如何与万里之外的岭南发生了联系：

> 奏为府属。东平宽□，难勖乐善之资；广陵骄□，竟速亡躯之祸。特

---

① 元和四年《路景秀墓志》云“爰洎巨唐而分珪列土扬旌藩者，其维宗叔嗣恭焉”，按路景秀为潞州当地人，未尝仕宦，其与路嗣恭的关系当出于攀附，但亦可见路嗣恭在中唐后成为路姓最显赫的人物，拓片刊《秦晋豫新出墓志蒐佚续编》，第 1028 页。

② 《新唐书》卷一四八《路嗣恭传》，第 4623—4624 页。

③ 在东西魏分立时，路氏的主干仕于北齐，见《魏书》卷七二《路恃庆传》，第 1618—1621 页，此支即《元和姓纂》阳平望下所记，《元和姓纂》称京兆三原路氏与路励行同承于路藻，则入关者当是阳平路氏的旁支，第 1214—1217 页。

④ （宋）李昉等编：《文苑英华》卷九三〇《并州太原县令路公神道碑》，中华书局，1966 年，第 4892 页。

⑤ 郭声波：《中国行政区划通史·唐代卷》上，复旦大学出版社，2012 年，第 268 页。

⑥ 这种因现实中的行政区划调整，而更易家族郡望的例子在唐代并不罕见，如《旧唐书·路岩传》称其为阳平冠氏人，盖缘于“武德五年，以馆陶、冠氏及博州之堂邑，贝州之临清、清水置毛州，……贞观元年州废，省清水入冠氏”，《新唐书》卷三九《地理志三》，第 1011 页。但值得玩味的是，郡望中的郡名仍保留了魏晋旧名，县名则改称当朝新制，成一非驴非马之象。

⑦ 按《新唐书·宰相世系表》中仍将路嗣恭一支归入阳平望下，第 3409 页。

⑧ 右武侯大将军，《路文昇墓志》作“左武侯将军”，由于《路文昇墓志》无拓本存世，今从《路季琳墓志》。

诏府僚，佥授远官，出为南海郡司功书佐，从班例也。

起初由于志文残泐，我们并不清楚路文昇因卷入何事而遭贬谪，赖《路季琳墓志》的出土，弥补了这一史料缺环。墓志记其祖路文昇曾任齐王属，齐王暕为隋炀帝第二子，元德太子杨昭早逝后，大业三年（公元 607 年），炀帝命其为河南尹、开府仪同三司，朝野瞩目，有太子之望。正缘于此，朝中大臣多以子弟为齐王府僚，路文昇起家为隋文帝挽郎，兼元德太子通事舍人，此时也被选入齐王府中。但齐王暕不久便因行事孟浪而失宠，后更被发现阴行左道厌胜之术，因此遭到炀帝的废黜，于是这些曾任职于齐王府的贵戚子弟也一并受到牵连而遭远谪，"暕府僚皆斥之边远"①，即墓志所云"从班例也"：

而炀帝性多忌刻，齐王暕亦被猜嫌。（庾）质子俭时为齐王属，帝谓质曰："汝不能一心事我，乃使儿事齐王，何向背如此邪？"质曰："臣事陛下，子事齐王，实是一心，不敢有二。"帝怒不解，由是出为合水令②。

与庾俭的命运相似，路文昇被贬为南海郡司功书佐③。齐王暕案在大业间宫廷中掀起的巨大波澜，加剧了炀帝晚年对于臣下的疑忌之心，除了齐王府旧属之外，因此事而受到炀帝猜忌的还有原来深受信用的潜邸旧臣御史大夫张衡及宿将董纯等④。在此之后，炀帝虽保留齐王暕河南尹之职，但形同软禁，甚至在宇文化及谋乱之初，炀帝仍误以为是齐王暕起事，可知父子间嫌隙之深。

路文昇之贬，对其个人遭际而言，无疑属宦途失意，却得以幸运地躲过隋末中原的战乱，之后他在岭南近十年的经历，因志文残损已甚，无法确知，仅据"高祖太（缺）""变望气（缺）"等残存文字大致可以推测其在唐平定岭南的过程中曾率先归附。

---

① （唐）魏徵等撰：《隋书》卷三《炀帝纪》，中华书局，1973 年，第 70 页；《隋书》卷五九《齐王暕传》，第 1442—1443 页。（宋）司马光《通鉴》卷二八一系齐王暕被黜事于大业四年，中华书局，2011 年，第 5747 页。

② 《隋书》卷七八《庾季才传》，第 1767 页。

③ 《路文昇墓志》记其父路兖的历官为大兴县令、内史舍人、兵部侍郎、右武侯大将军、长秋令、太府卿，长秋令之任有遭到贬谪的迹象，不知是否与齐王暕之事有关。

④ 《隋书》卷五六《张衡传》，第 1392 页；卷六五《董纯传》，第 1539 页。

路文昇归唐后，历任沙平爱泰衡五州诸军事、五州刺史①，受封宣城县开国公。其所历五州，除爱州属岭南道，衡州属江南西道，并无疑义外，其余三州，皆有待辨析。沙州，一般多指河西道敦煌之沙州，然武德五年（公元622年）于敦煌所置者名西沙州，至贞观七年（公元633年）方去“西”字②，今检山南西道利州总管府下尝置沙州，武德四年，割景谷县置沙州，隶利州总管府。贞观元年，州废③，路文昇所历者疑是此州。平州，最著者为河北道之平州，位于唐帝国之北境，但唐平定南方的过程中曾于荆州大总管府下短暂地设置过平州，武德四年，于当阳置平州，领当阳、临沮二县，武德六年改名玉州④。从当时的情况而言，似历此平州的可能性较大。泰州，则时置有二，一置于绛州总管府下，另一则在贞观七年置于岭南道桂州都督府下，毛凤枝考路文昇所任当是岭南道之泰州，可从⑤。由此可知，入唐之后，路文昇并未北返，其仕宦经历仍与南方特别是岭南关系密切，并最终卒于泰州刺史任上⑥。

二、路元叡之死

武德四年，高祖命江夏王李孝恭为行军总管、李靖为行军长史，率军平定割据南方的萧铣。在进军过程中，唐王朝对岭南采取以招抚绥辑为主的策略，通过争取岭南溪洞豪族的支持，来加速南方的归附。“乃度岭至桂州，遣人分道招抚，其大首领冯盎、李光度、宁真长等皆遣子弟来谒，靖承制授其官爵。凡所怀辑九十六州，户六十余万”⑦，其中一项重要举措便是广置州郡，任命

① （宋）欧阳修、宋祁撰：《新唐书》卷七五下《宰相世系表》五下、《元和姓纂》卷八皆记路文昇为平爱秦三州刺史，其中秦州系泰州之讹，另吴钢主编《全唐文补遗（千唐志斋新藏专辑）》所收《裴札妻路氏墓志》云高祖文昇，国初银青光禄大夫、泰州刺史，亦可证，三秦出版社，2006年，第302页。

② （后晋）刘昫等撰：《旧唐书》卷四十《地理志三》，中华书局，1975年，第1644页。

③ 《旧唐书》卷三九《地理志二》，第1530—1531页；另参郭声波《中国行政区划通史·唐代卷》下，第871页。

④ 《旧唐书》卷三九《地理志二》，第1553页。

⑤ （清）毛凤枝：《关中金石文字存逸考》卷五，《石刻史料新编》第2辑第14册，第10478页。

⑥ 《路文昇墓志》题作“大唐故银青光禄大夫使持节泰州诸军事泰州刺史上柱国宣城（下缺）”，志文并记其“薨于州府正寝”，则知其卒于泰州刺史任上，《唐代墓志汇编》显庆166，第333—334页。若此，则其衡州刺史之任，疑是赠官。按衡州为中州，他之前所历各州，疑皆为下州。

⑦ 《旧唐书》卷六七《李靖传》，第2477页。关于这些岭南酋豪家族中以冯氏和宁氏最为引人注目，较早对其加以讨论者可参读［日］河原正博《隋唐时代の岭南酋领》，《汉民族华南发展史研究》，吉川弘文馆，1984年，第83—123页。

冯盎、李光度、宁真长这些酋豪及其子弟为总管、刺史，掌握地方实权，这些职位具有一定的世袭性，进而认可黔中、岭南、闽中州县官不由吏部，委都督选择土人补授[①]，以换取这些地方豪强对于唐王朝的效忠[②]。这一策略的推行或是鉴于隋初的历史经验，隋文帝平陈之初，对于岭南酋豪曾一度临以兵威，于是夷、越数为反乱，造成了“州县生梗，长吏多不得之官，寄政于总管府”的困局，直至令狐熙易以绥靖之策后，方才稳住局势[③]，同时这也是对南朝后期以来岭南“郡邑岩穴之长，村屯邬壁之豪”所在纷起的既成事实予以认可[④]。当然唐廷与这些岭南酋豪的关系非常复杂，既有拉拢利用一面，亦处处小心防备，惧其反侧。在此背景下，出身关陇、谙熟岭南情势的路文昇较之于溪洞豪酋之流对于唐王朝而言自然要可靠许多，安排其长任南方便不足为奇。路文昇之子路元叡，虽曾任吏部郎中、太子仆等朝官，辗转陇、瀛、苏等州刺史，但最终仍受命使持节都督广韶新康端封等廿二州诸军事、广州刺史，踏上了出镇岭南的征程。

唐代岭南素来号为难治，一方面因梯航之利，官吏贪鄙，又因民夷杂处，变乱易生；另一方面则地处边陲，选任颇轻[⑤]。以初唐而论，广州都督之位甚至成为安置政治失意者的位置，如贞观中，曾在玄武门之变中率军与李世民作战的太子建成及齐王元吉旧属冯立、谢叔方便先后外任为广州都督[⑥]。至于唐前期，在广府任上因贪鄙而遭弹劾，或因与夷越作战失利而遭处分者，更是所在多有，对此种事繁而选轻，或多任用有贪财前科官吏的现象，时人便有批评：

---

① 《通鉴》卷二〇一，第 6477 页。

② 参读王承文《唐代“南选”与岭南溪洞豪族》，《中国史研究》1998 年第 1 期，第 89—101 页。

③ 《隋书》卷五六《令狐熙传》，第 1386 页。

④ （唐）姚思廉撰：《陈书》卷三五《陈宝应传》，中华书局，1972 年，第 490 页；陈寅恪：《魏书司马睿传江东民族条释证及推论》，载《金明馆丛稿初编》，生活·读书·新知三联书店，2001 年，第 113—119 页。

⑤ 《旧唐书》卷六四《江王元祥传》，第 2436 页，“时滕王元婴、蒋王恽、虢王凤亦称贪暴，有授得其府官者，以比岭南恶处，为之语曰‘宁向儋、崖、振、白，不事江、滕、蒋、虢’”，可见任官岭南在当时人心中的地位。当然这一情况在中唐之后发生了根本转变，岭南的安定富庶，兼有市舶之利，已成为需贿赂权宦方能获致的良选，“卢钧除岭南，朝士皆相贺。以为岭南富饶之地，近岁皆厚赂北司而得之；今北司不挠朝权，陛下亦宜有以褒之”，《通鉴》卷二四五，第 8050 页。

⑥ 《旧唐书》卷一八七上《冯立传》《谢叔方传》，第 4872—4873 页。这两人因忠于所事而为太宗赏识，故广州之任当然不能算是贬谪，但毫无疑问，两人亦远非太宗信用的人物。

或俄复旧资，虽负残削之名，还膺牧宰之任，或江、淮、岭、碛，微示惩贬，而徇财黩货，罕能悛革，委以共理，俟河之清……况边徼之地，夷夏杂处，负险恃远，易扰难安，弥藉循良，以寄绥抚。若委失其任，官非其才，凌虐黎庶，侵剥蕃部，小则坐致流亡，大则起为盗贼①。

唐廷选用路元叡，大约是看中其因家世之故对岭南情势的熟稔。路元叡主政岭南，亦不乏安辑夷夏、绥服地方的功绩，《王师协墓志》中保存了一段相关的记载：

岭南道大总管、州将路元叡表请为偏俾，恩敕许焉。遂董循韶二州兵，于是跃马先登，运筹制胜。寇平，加勋上柱国②。

但作为一个在正史中仅着寥寥数笔的人物，路元叡与很多曾历岭南的官员一样，最终以贪鄙这一标签被定格于史籍之中，而路元叡更因死于往来南海贸易的昆仑之手，格外引人注目。

关于路元叡之死，新旧《唐书》《通鉴》皆有记载，以《通鉴》所记载最详：

广州地际南海，每岁有昆仑乘舶以珍物与中国交市。旧都督路元睿冒求其货，昆仑怀刃杀之。方庆在任数载，秋毫不犯③。

七月戊午，广州昆仑杀其都督路元叡④。

南海岁有昆仑舶市外区琛琲，前都督路元叡冒取其货，舶酋不胜忿，杀之。方庆至，秋毫无所索⑤。

秋，七月，戊午，广州都督路元叡为昆仑所杀。元叡闇懦，僚属恣横。有商舶至，僚属侵渔不已，商胡诉于元叡，元叡索枷，欲系治之。群

---

① 《旧唐书》卷九八《卢怀慎传》，第 3067 页。

② 《王师协墓志》，周绍良编：《唐代墓志汇编续集》神功 002，上海古籍出版社，2001 年，第 357 页。

③ 《旧唐书》卷八九《王方庆传》，第 2897 页。

④ 《新唐书》卷四《则天武后本纪》，第 83 页。

⑤ 《新唐书》卷一一六《王綝传》，第 4223 页。

> 胡怒，有昆仑袖剑直登听事，杀元叡及左右十余人而去，无敢近者，登舟入海，追之不及①。

推考其史源，由于新旧《唐书》未给路元叡立传，此事附见于新旧《唐书·王方庆传》中，考《旧唐书·王方庆传》此段文字与《册府元龟》卷六七九引录相同②，可知皆本自国史，《新唐书·王方庆传》仅做了文字上的改写，未增益史实。《王方庆传》记此事盖是为称美方庆在广州任上清正廉明，举路元叡之贪渎为对比，故其对路元叡被杀事记载恐也算不上是第一手的材料。《通鉴》所记不但详尽得多，而且与新旧《唐书》在具体史实上也稍有出入，除了光宅元年（公元 684 年）秋七月戊午这一具体时间同见于《新唐书·则天武后本纪》外，其余部分皆不见于新旧《唐书》，从文字来看，可能是出自路元叡的实录本传。

据墓志可知，路季琳便是《通鉴》所云与路元叡一起被杀的左右十余人中的一位，志文于事变前后经过有更详尽的描写：

> 既而鬼瞰高明，神亏福善，尊府君为昆仑所刺。君乃投身蔽刃，徒搏争锋，彼众我寡，出其不意，斗穷力屈，誓不全生。凶手既加，因而遇害，春秋廿八，以文明元年七月九日终于广州之官舍。

志文所记与传世文献大体可互相参证，唯传世文献将此描述为因胡商不堪勒索愤而行刺的意外事件，但从墓志透露的信息来看，卷入其事的胡商应当为数不少，是一次颇具规模的胡商暴动。志文中“彼众我寡”“斗穷力屈”云云可能更接近史实，否则仅一二昆仑，很难想象能于光天化日之下，在广州官舍中连杀都督路元叡父子及左右十余人，并一路扬长而去，“无敢近者，登舟入海”。

广州自秦汉以来便是南海贸易的枢纽，特别是六朝以降，愈加繁盛，商旅辐辏，获利丰厚。但这些贸易往往由州郡官员掌控，并未被纳入国家的税收体系之中，地方长吏利用上下其手的机会，低买高卖，聚敛了巨额财富：

> （王僧孺）寻出为南海太守。郡常有高凉生口及海舶每岁数至，外

---

① 《通鉴》卷二〇三，第 6535 页。

② （宋）王钦若等编：《册府元龟》卷六七九，中华书局，1960 年，第 8117 页。

国贡人以通货易，旧时州郡以半价就市，又买而即卖，其利数倍，历政以为常[①]。

因而自东晋南朝以来，广州刺史一职虽因地处边鄙，非士族高门所乐居，但南土沃实，在任者常致巨富，世云“广州刺史但经城门一过，便得三千万也”[②]。历任刺史者，虽有如上引王僧孺这样廉洁自律者，或亦有如萧劢将异国方物贡献朝廷者，但总体而言，历任广州刺史多以贪渎聚敛为常，“外国舶至，多为刺史所侵”[③]，故少数清廉自守者才被史书特意表出。至唐代前期，风习不改，永徽二年（公元651年），萧龄之便因广州都督任上贪赃事发，而遭到流放[④]。因此，所谓僚属侵渔不已本是南海各国商人来广州贸易时习见之事，路元叡被杀，虽属偶然，有长期以来官商矛盾积累的因素，但为何在此时爆发，其原因或有进一步推测的余地：

显庆六年二月十六日敕：“南中有诸国舶，宜令所司，每年四月以前，预支应须市物。委本道长史，舶到十日内，依数交付价值。市了，任百姓交易，其官市物，送少府监简择进内。”[⑤]

高宗显庆六年（公元661年）这一诏敕为研究海外交通史者所熟知，目的无疑在于规范南海的贸易往来，将其纳入朝廷控制的范畴，特别强调南海舶来的异域宝货，必须由官府优先市买，具体事务委本道长史负责，在满足宫廷采办需求后，方才听凭百姓交易。这一“先官后私”的贸易监管体制一直延及整个唐代，这在中外文献中皆有反映：

臣奉宣皇化，临而存之，除供进备物之外，并任蕃商列肆而市[⑥]。

---

① 《梁书》卷三三《王僧孺传》，中华书局，1973年，第470页。

② （梁）萧子显撰：《南齐书》卷三二《王琨传》，中华书局，1972年，第578页。

③ （唐）李延寿撰：《南史》卷四一《萧劢传》，中华书局，1975年，第1262页。

④ 《旧唐书》卷八五《唐临传》，第2812页。

⑤ （宋）王溥撰：《唐会要》卷六六，上海古籍出版社，2006年，第1366页。

⑥ 《文苑英华》卷六一三《进岭南馆王市舶使院图表》，第3180页。按此文既往学者一般认为是王虔休所撰，黄楼考为开元曾任市舶使的宦官韦光闰所撰，可从。黄楼：《〈进岭南王馆市舶使院图表〉撰者及制作年代考》，《中山大学学报（社会科学版）》2009年第2期，第99—102页。

> 海员从海上来到他们的国土，中国人便把商品存入货栈，保管六个月，直到最后一船海商到达时为止。他们提取十分之三的货物，把其余的十分之七交还商人。这是政府所需的物品，用最高的价格现钱购买，这一点是没有差错的①。

这一举措的推行无疑意味着管制的强化，即在开放民间贸易之前，官员有权检阅并暂存胡商的货物，上文所谓“临而存之”“中国人便把商品存入货栈，保管六个月”皆反映了这项制度的运作，特别是依据《中国印度见闻录》的记载需等到最后一艘商船到达后，商人、货物齐聚，才开始贸易，决定哪些由朝廷市买，唐后期有阅货宴的记载②，当与之有关。严格的管理与控制当然为宫廷采办提供了便利，但对于依赖季风往来于南洋的胡商而言③，集中贸易的方式无疑是颇为不便的，同时也为当地官员的上下其手提供了更大的方便④，正如文献记录的那样，阅货宴往往成为官吏索取贿赂的良机。路元叡之死无论是归咎他本人的贪渎，还是僚属的侵渔，恐怕多少都与这一诏书所导致的变化有关。

从另一线索而言，显庆六年敕也意味着唐廷有意改变南朝以降例由广府长官管理南海贸易的传统，改由朝廷直接介入，获致市舶之利。开元前期市舶使的出现，也可以循此脉络做进一步的讨论。目前学界所举出最早关于市舶使的记载是开元二年（公元 714 年）十二月，右威卫中郎将周庆立为安南市舶使，与波斯僧广造奇巧，将以进内，为柳泽所谏止⑤。因此有学者认为市舶使先置安南，后移置广州⑥，但这一事件更原始的记录见《唐会要》《册府元龟》，皆云周庆立为岭南市舶使⑦，而纠弹此事的柳泽时以殿中侍御史兼岭

---

① 佚名著，穆根来、汶江、黄倬汉译：《中国印度见闻录》，中华书局，1983 年，第 15 页。

② 黎虎：《唐代市舶使与市舶管理》，《历史研究》1998 年第 3 期，第 31 页；李锦绣：《押蕃舶使、阅货宴与唐代的海外贸易管理》，《隋唐辽宋金元史论丛》第 6 辑，上海古籍出版社，2016 年，第 133—137 页。

③ 一般而言，往来中国与南海贸易的胡商，四月末至五六月利用西南风来华，至十月末至十二月借东北风离开，［日］桑原骘藏著，陈裕菁译订：《蒲寿庚考》，第 37、79—80 页。

④ 《中国印度见闻录》记载的一个宦官利用市买之权强买呼罗珊商人的货物，商人愤而进京告御状的故事，便是典型的案例，第 115 页。另参桑原骘藏著、陈裕菁译订《蒲寿庚考》，第 154—115 页。

⑤ 《旧唐书》卷八《玄宗纪》，第 174 页。

⑥ 黎虎：《唐代市舶使与市舶管理》，《历史研究》1998 年第 3 期，第 25 页。

⑦ 《唐会要》卷六二，第 1270—1271 页；《册府元龟》卷一〇一，第 1209 页，卷五四六，第 6547—6548 页。

南监选使[①]，故得以察悉情状。可知《旧唐书》之安南系岭南之讹，市舶使很可能一开始便置广州，初仍以朝官为之。但可以提出的另一个推测是，市舶使最初或是由唐廷临时派遣，而非常驻岭南，新出《李元琮墓志》提示了有意思的线索："（天宝）十一年，奉使南海，入珠翠宝货之窟，羽毛齿革之乡，典职在斯，视同草芥。"[②] 此时市舶制度已建立，李元琮所任恐非市舶使，而是临时奉命赴使岭外，因"早宿卫北军"而获玄宗信任的李元琮，其身份与周庆立类似，甚至可以进一步推论，玄宗之所以选派出身禁军者充任使臣，盖是缘于其与宦官一样都具有皇帝家臣的身份。事实上，志文中便记录了肃宗对李元琮的评价"家臣无间"。

市舶使的设置，当即延续显庆六年敕的意图，强化对南海贸易的管理，方便宫廷采办，所不同的是从"委本道长史"改由朝廷派遣市舶使，分化了广州都督的权力，是对历代形成的由广府长官独掌市舶惯例的重大变革。进而大约至开元十年之后，以宦官韦光闰为广州市舶使，并于广州建造市舶使院[③]，这成为市舶使制度定型的标志。以宦官取代朝官掌市舶，或可被视为玄宗时代，宦官作为皇帝的私人逐步走出宫掖，更多地在外担负使命潮流下的产物[④]。直至安史之乱后，渐次形成了以岭南节度使兼押蕃舶使、监军兼市舶使的定制[⑤]，这一系列变化的源头大体可以追溯到显庆六年敕。

---

① 所谓岭南监选使是指柳泽以御史的身份监察选补使南选的是否公平，《通鉴》卷二〇二："壬寅，敕：'桂、广、交、黔等都督府，比来注拟土人，简择未精，自今每四年遣五品已上清正官充使，仍令御史同往注拟。'时人谓之南选。"第 6495 页。参读王承文《唐代"南选"制度相关问题新探索》，《唐研究》第 19 卷，北京大学出版社，2013 年，第 124—127 页。

② 拓本刊《西安新获墓志集萃》，文物出版社，2016 年，第 157 页。

③ 黄楼《〈进岭南王馆市舶使院图表〉撰者及制作年代考》一文据《韦光闰及妻宋氏墓志》考出《内给事谏议大夫韦公神道碑》中的韦公即韦光闰，进而指出《进岭南王馆市舶使院图表》中"海阳旧馆"非指在潮州海阳建造市舶使院，而是广州临海的北岸，基本廓清了韦光闰担任市舶使前后的情况，《中山大学学报》2009 年第 2 期，第 99—102 页。

④ 宦官承担朝命，玄宗时代最典型的无疑是杨思勖，多次领兵出征，参读《旧唐书》卷一八四《杨思勖传》，第 4755—4756 页；《杨思勖墓志》，《唐代墓志汇编》开元 515，第 1509—1510 页。

⑤ 黎虎：《唐代市舶使与市舶管理》，《历史研究》1998 年第 3 期，第 33—37 页；李锦绣：《押蕃舶使、阅货宴与唐代的海外贸易管理》，《隋唐辽宋金元史论丛》第 6 辑，第 126—132 页。出土的宦官墓志，进一步印证了监军兼市舶使的制度，除了之前学者已注意到的《李敬实墓志》等外（王川：《唐宋时代南海贸易中的市舶宦官》，《论衡丛刊》第 2 辑，巴蜀书社，2002 年，第 205—224 页），近年刊布的有《吴德鄘墓志》，拓片刊《西安碑林博物馆新藏墓志汇编》，线装书局，2007 年，第 835 页。

三、结　语

路元叡之死无疑是一桩意外，甚至在忙于改朝换代的朝廷中未必能掀起太大的波澜，《路季琳墓志》中没有提及其父获得追赠或官给丧事之类的礼遇，或许暗示了唐廷将胡商暴动归咎于路元叡的举措失当。路季琳于一年后迁葬于洛州缑氏县公路乡嵩山少室三福之原，这与之前之后路氏家族皆以京兆府万年县少陵原为祖茔不同①，不知是特意的安排，还是随着高宗武后时代政治中心移至东都，路氏也一度随之迁移。作为因偶然的贬谪而与岭南发生联系并在唐初活跃的关陇家族，路元叡同样也因偶然的被刺，以贪渎的形象被定格在史书之中，直到后来学者在海外交通史的视野下关注刺杀路氏的昆仑胡商，这一事件才被重新打捞出来，并在学术史中被放大。

---

① 如《路文昇墓志》即云其归葬万年县少陵原，直至路嗣恭之父路太一神道碑仍记其“以开元二十三年合祔于京兆府万年县少陵原，从先茔，礼也”，《文苑英华》卷九三〇《并州太原县令路公神道碑》，第4893页。

司马妙玉与北奔司马氏[①]

——读新出《元忠暨妻司马妙玉墓志》

孙正军　清华大学人文学院历史系

魏晋南北朝时代，中原板荡，战乱频仍，北方居民纷纷南迁，持续几近三个世纪，由此形成了中国历史上第一次大规模的移民潮。然而另一方面，也有一股潮流逆向而动，一批民众从南土北返，或为流民难舍桑梓，或为俘虏裹挟北向，还有一个群体即是在南方政治斗争中失利、被迫亡命北方的官僚贵族。而后者之中，又以原晋世皇族河内司马氏最具代表性。他们在晋宋之交先后受桓玄、刘裕等挤压后投向北魏，备受重视，加官进爵，成为北朝政权中的一支重要力量，迄至周隋仍不坠。这一点已为学界所熟知。

不过，与北奔司马氏的男性成员在北朝史乘上留下浓墨重彩的一笔不同（见《魏书》卷三七、《北史》卷二九等），司马家的女性成员则一如其他家族的女性，在正史书写中隐没无闻。然而实际情况却是，在司马氏于北方亡命、立足进而崛起之际，司马家的女性们可能发挥了无可替代的作用。关于此，此前公布的如《司马显姿墓志》《元谭妻司马氏墓志》《刁遵墓志》《高雅及妻司马显明墓志》[②] 等已经提供了不少信息，新见《元忠暨妻司马妙玉墓志》[③] 则进一步揭示相关证据。以下谨以墓志所记出身北奔司马氏的北魏城阳宣王元忠之妻司马妙玉的点滴生平为线索，结合北魏政治、社会及文化演变，在勾勒描

---

① 本文为国家社会科学基金青年项目“汉唐历史文献的史料批判研究”（16CZS037）阶段性成果之一。

② 分见赵超《汉魏南北朝墓志汇编》，天津古籍出版社，2008 年，第 120—121、136—137、96—98、322—323 页。

③ 图版、录文见大同北朝艺术研究院编著《北朝艺术研究院藏品图录・墓志》，文物出版社，2016 年，第 78—79 页；叶炜、刘秀峰主编《墨香阁藏北朝墓志》，上海古籍出版社，2016 年，第 4—5 页。

摹司马妙玉个体生命史的同时，兼论司马家的女性成员在北奔司马氏于元魏落地生根、重建乡里过程中的独特贡献。

兹先迻录墓志文字如下：

志额：

魏故/城阳/宣王/墓志/

志石：

侍中、征西大将军、尚书仆射、城阳宣王，讳忠，字仙德。昭成/皇帝之曾孙，丞相、常山王之孙，征西大将军、三都坐大官、常/山康王之中子。禀风云之秀气，体星景之嘉灵，识警机详，邃/量凝远。韫玉内映，怀素宝其奇，逸彩外彰，摛华尚其妙。故耐/下照旻晖，延恩天眷，文缨月徙，戎章岁袭。秘略宣谋，声誉出/内，心膂之寄，宠莫二焉。将远图昌国，永赞鸿业，而庆善靡征，/嘱纩在候，銮舆亲幸，使者属路。春秋卌有五，太和四年岁次/庚申七月乙未朔十日甲辰，薨于外弟。天子愍悼，民哀邦瘁，/赠襚[①]之厚，礼殊恒命。暨景明五年岁次甲申正月戊申朔十/四日辛酉，妃河内司马氏，晋谯王之孙也，字妙玉，春秋五十/有六，薨于洛阳清明里弟。缉融礼馈，式昭庭训，四德详著，母/仪帝宗。朝命[②]钦嘉，锡□梓乡，追赠温县君。粤十一月甲辰朔/六日己酉，谨惟周典，改穸迁兆，闔窆于代都永固白登之阳/阿。松门方杳，薰闼将扃，□[③]刊石泉宫，式永休烈。其辞曰：

业广维城，绵葛昌祚，曰懋君王，玉润渊度。德契机华，道蔚详/素，识镜秋明，义富春雾。优游其赏，昭晳其虑，敷庸景彻，锡光/天顾。秘谋云在，禁言己处，出入宠荣，频繁庆遇。端综九官，式/清百务，衡管克和，居键耐□[④]。方赖辅勋，台平俟誉，不憖[⑤]遗人，/与善冥数。灭景

① 《北朝艺术研究院藏品图录·墓志》作“襚”，《墨香阁藏北朝墓志》作“䍁”，今从前者。

② 《北朝艺术研究院藏品图录·墓志》作“朝命”，《墨香阁藏北朝墓志》未释，今从前者。

③ 《北朝艺术研究院藏品图录·墓志》作“迺”，《墨香阁藏北朝墓志》未释且未空格，今据图版无法释读，空一格。

④ 《北朝艺术研究院藏品图录·墓志》空一格，《墨香阁藏北朝墓志》未空格，今从前者。

⑤ 《北朝艺术研究院藏品图录·墓志》作“憖”，《墨香阁藏北朝墓志》作“慭”，今从前者。

幽轩，沉晖泉路，杨庭壹蔼，松门不曙，勒铭玄/图，休光永布。

需要说明的是，关于此方墓志，殷宪先生此前在《〈魏故城阳宣王（拓跋忠）墓志〉考》一文已有考释①，本文所引殷宪先生观点，如无说明皆出自该文，不另标出。

一、诞出晋绪

关于司马妙玉生平，墓志中只有一句：

> 暨景明五年岁次甲申正月戊申朔十四日辛酉，妃河内司马氏，晋谯王之孙也，字妙玉，春秋五十有六，薨于洛阳清明里弟。

司马妙玉卒于宣武帝景明五年（公元504年），时年56岁，则当生于太武帝太平真君十年（公元449年），距晋宋之交已过去将近三十年。据此可知，司马妙玉本人并未经历北奔亡命的艰险，其出生已是司马氏在北方立足并渐趋安定之后。

而其世系，与多数墓志详载父祖官历不同，墓志仅称“晋谯王之孙也”，不仅叙述不及乃父，对祖父任官记载也极为疏略，这在墓志书写业已定型的北魏后期不得不说是很另类的。案“晋谯王”，殷宪先生推测为司马文思，这个意见是准确的。文思为东晋末宗室重臣荆州刺史司马休之长子，出继桓玄之乱中身亡的司马尚之后，受封谯郡王。安帝义熙十一年（公元415年）司马休之因不满刘裕逼迫举兵反抗，导火索正是文思其人。休之兵败后走投姚秦，文思随父北奔，一同亡命的还有雍州刺史鲁宗之、鲁轨父子等②。后刘裕平姚秦，司马休之等继续北投元魏，休之于道病死，文思等则顺利抵达平城，时间在北魏明元帝泰常二年（公元417年）③。

---

① 殷宪：《〈魏故城阳宣王（拓跋忠）墓志〉考》，《中国国家博物馆馆刊》2014年第3期，第76—83页。

② （唐）房玄龄等撰：《晋书》卷三七《宗室传·谯刚王逊传附司马休之传》，中华书局，1974年，第1109—1111页；（北齐）魏收撰：《魏书》卷三七《司马休之传》，中华书局，1974年，第853—854页。

③ 《魏书》卷三《明元帝纪》，第57—58页。《晋书》卷三七《宗室传·谯刚王逊传附司马文思传》称文思“后与休之同怨望称兵，为裕所败而死”（第1109页），盖南朝史臣不实之辞。

司马文思入魏后，颇得重用，先是因告发司马国璠、道赐谋叛除授廷尉卿，赐爵郁林公，后又被委以捍边之任，先后出任征南大将军、怀荒镇将①，爵位亦晋升至谯王。像司马文思这样从南藩转至北边的任官经历在当时北奔司马氏中并不罕见，如长期驻屯北魏南境的司马楚之亦大约在同时转任云中镇大将、朔州刺史。发生在太武帝后期的这一动向，有学者认为，这是因为当时南朝正值"元嘉之治"，政局安定，招引边民不易，亡命北方的原南方官僚利用价值下降，且又有重返南方之虞，于是被迁往北边镇守②。不过佐川英治则怀疑，司马氏出镇北边，或是为了安抚被安置在六镇地区、对司马氏怀有特殊情感的凉州移民③。

无论如何，司马文思入北后频历显职，且亦被北魏封为谯王，然而墓志中却仅记载其"晋谯王"的身份，这不得不说是很奇怪的。从篇幅上看，墓志文字几乎布满整块志石，因此没有多余空间详列司马文思官职或是原因之一。不过，考虑到种种变通途径的存在④，空间不足显然并非主要原因。"晋谯王"之所以被墓志作者从司马文思诸官职中挑出并见于墓志，毋宁说对于志主或丧家来说，司马文思之"晋谯王"乃是一个更值得称道的身份。而其背后则是北魏政权上下对晋室皇族司马氏的推重。

北魏对司马氏的推重既有基于现实政治的考虑也包括文化心理的推动。从现实政治考虑而言，一方面，北魏希望亡奔北土的司马氏能在南北交界地带诱引边民，颉颃南朝；另一方面，"存立司马"在某些时候还构成北魏出师的口号，宣示其对南用兵的正当性⑤。因此在从南方亡奔北魏的诸族中，司马氏较

① 《魏书》原作"怀朔镇将"，中华书局点校本校勘记认为当作"怀荒镇将"，佐川英治亦赞成此说。《魏书》卷三七《司马休之传附司马文思传》校勘记③，第864页；［日］佐川英治：《北魏六镇史研究》，初刊2013年，后收入《中国中古史研究》第五卷（付晨晨译），中西书局，2015年，第106页。

② ［日］堀内淳一：《北魏における河内司馬氏—北朝貴族社会と南朝からの亡命者》，《史学雑誌》第119编第9号，2010年，第45—46页。郭津嵩也判断太武帝将司马氏北徙与刘宋外交相关，不过却认为系防止在南北交界地带颇有影响力的司马氏成为阻碍通好刘宋的不利因素。郭津嵩：《回归故里与重塑旧族——北朝隋唐的河内司马氏家族》，《唐研究》第17卷，北京大学出版社，2011年，第162页。

③ ［日］佐川英治：《北魏六镇史研究》，第107—112页。

④ 如更换志石、异刻等，关于后者，参看徐冲《从"异刻"现象看北魏后期墓志的"生产过程"》，初刊2011年，修订后收入余欣主编《中古时代的礼仪、宗教与制度》，上海古籍出版社，2012年，第423—447页。

⑤ ［日］堀内淳一：《北魏における河内司馬氏—北朝貴族社会と南朝からの亡命者》，第42—43页；郭津嵩：《回归故里与重塑旧族——北朝隋唐的河内司马氏家族》，第164—165页。

之他族往往更受鲜卑统治者的礼遇——学者注意到，北魏在授予北奔之人爵位时，司马氏家族成员（无论真伪）往往受封王、公，他族成员则多被封侯[①]。

而在文化心理层面，司马氏之于北魏君臣也具有特殊意义。一方面，在北魏社会，尤其是汉族士大夫群体中，视东晋为正统所在的思想不时可见。晋宋革命之前，不少北方汉族士大夫因故国之情对晋室心存忠诚；而在晋祚覆亡之后，以东晋及随后的南朝为正朔所在的思想仍不绝如缕。北魏太武帝太平真君十一年，比部尚书李孝伯与刘宋安北长史张畅阵前相对，自称“我是中州人，久处北国，自隔华风”，隐然以南方政权为正[②]。又宣武帝时崔鸿撰《十六国春秋》，因“二世仕江左，不录僭晋、刘、萧之书”，且上书表中称“遗晋僻远，势略孤微，民残兵革，靡所归控”，似亦表明其内心实不以东晋为“僭伪”[③]。要之，尽管北魏官方讫未承认偏居江南的东晋王朝的正统性[④]，主流意识也以北魏为正，但在社会层面，视东晋为正统的思想仍以无法言明的方式若隐若现地存在着，而后者无疑助长了东晋皇族司马氏在北魏社会中的地位。

另一方面，随着北魏华夏化程度日益加深，东晋南朝文化也日益受到推崇，尤其是在孝文帝秉政之后，北魏上下都弥漫着模仿、学习南方新文化的氛围。孝文帝甚至对其臣下发出“江南多好臣”的失当言辞[⑤]。不难想见，处于这样的氛围之中，南方士人势必较受欢迎，而包括司马氏在内的位于南方士人顶点的南方皇族也更易获得北魏朝廷的欣赏和青睐。

要之，无论是在现实政治层面抑或文化心理层面，司马氏都具有特别的象征意味。大约正因如此，丧家才会在墓志中特地标明司马妙玉为“晋谯王之孙”，甚至不惜舍弃“晋谯王”本人在北魏同样显赫的官名爵号。

不难想见，出生于如斯氛围中的司马妙玉，尽管不再是天潢贵胄，但仍应

---

① ［日］堀内淳一：《北魏における河内司馬氏—北朝貴族社会と南朝からの亡命者》，第 41 页。

② （梁）沈约撰：《宋书》卷五九《张畅传》，中华书局，1974 年，第 1603 页。

③ ［日］川本芳昭：《魏晋南北朝時代の民族問題》第一篇第二章《五胡十六国・北魏時代における「正統」王朝について》，初刊 1997 年，汲古书院，1998 年，第 95—97 页。

④ 太和十六年（公元 492 年），孝文帝改五德承晋为水德，不过如学者所论，孝文帝承认的只是西晋正统，东晋并不在此序列。何德章：《北魏国号与正统问题》，《历史研究》1992 年第 3 期，第 119—120 页；罗新：《十六国北朝的五德历运问题》，《中国史研究》2004 年第 3 期，第 52—56 页。按孝文帝改五德时间，《魏书》卷一〇八之《礼志一》置于太和十五年，《魏书》卷七下《孝文帝纪下》则置于太和十六年，川本芳昭以后者为是，今从之。《魏晋南北朝時代の民族問題》第一篇第二章《五胡十六国・北魏時代における「正統」王朝》，第 80 页。

⑤ （梁）萧子显撰：《南齐书》卷五七《魏虏传》，中华书局，1972 年，第 992 页。

是颇为荣耀的。不过这样的荣耀并未维持太久，随着文成帝兴光初年司马文思之子司马弥陀卷入一场重大政治事件，北奔司马氏司马休之一支遭受毁灭性的打击。《魏书·司马休之传》记载，文思“子弥陀，袭爵。以选尚临泾公主，而辞以先取毗陵公窦瑾女。与瑾并坐祝诅伏诛”①。关于此事，《窦瑾传》记载更为详细，兹引如下：

> 兴光初，瑾女婿郁林公司马弥陀以选尚临泾公主，瑾教弥陀辞托，有诽谤呪诅之言，与弥陀同诛。瑾有四子，秉、持、依并为中书学生，与父同时伏法。唯少子遵，逃匿得免②。

案兴光年号行用虽不足一年，但跨越两年，既称“兴光初”，则此事极有可能发生在元年，即公元454年。可以看到，对于此次诽谤呪诅事件，北魏朝廷的处罚是极其严厉的，不仅窦瑾、司马弥陀本人被杀，子嗣也受到牵连——如引文所见，窦瑾四子中除一子逃脱外，其余三子也一并伏诛。由此不难想见，司马弥陀兄弟大概也难逃干系。这就意味着，无论是司马妙玉的父亲即司马弥陀，抑或是其兄弟，在兴光初的这次事件中恐怕都未能幸免。关于此，我们有两点佐证。其一，从现有文献看，司马弥陀后除司马妙玉外再未见有其他司马休之后人，这似乎表明司马休之一支极有可能就此断绝了。其二，墓志不记载司马妙玉父亲，似乎也暗示其父或因犯事未得善终。

兴光初案件发生时，司马妙玉年仅5岁，覆巢之下，恐无完卵，年幼的司马妙玉大约也会受到牵连。尽管没有确切材料可以说明，但从北魏前期的法律看，司马妙玉极有可能是作为罪人亲属被籍没入宫。《魏书·刑罚志》载太武帝神䴥中（公元428—431年）令司徒崔浩定律令，“大逆不道腰斩，诛其同籍，年十四已下腐刑，女子没县官”③。如学者所论，这条法律在当时是获得严格实施了的，北魏宫廷中充斥着大量出身罪家的年幼女性④。而诽谤呪诅君

① 《魏书》卷三七《司马休之传》，第854页。

② 《魏书》卷四六《窦瑾传》，第1036页。

③ 《魏书》卷一一一《刑罚志》，第2874页。

④ 逯耀东：《拓跋氏与中原士族的婚姻关系》，初刊1965年，后收入氏著《从平城到洛阳——拓跋魏文化转变的历程》，中华书局，2006年，第201页；李凭：《北魏平城时代（修订本）》第四章《太后听政》，上海古籍出版社，2011年，第233—234页。

上，自秦代以来即属大逆不道[①]，不难想见，作为卷入此案的罪人亲属，司马妙玉大约也难免被籍没入宫的命运。若上述推测不误，则司马妙玉童年时代必定曾有一段岁月颇为艰辛。

二、作配帝宗

司马妙玉在度过了一段艰辛岁月后，生活何时迎来转机，我们不得而知，但嫁于北魏宗室元忠（当时仍称拓跋忠），无疑构成其人生的一大转折点。司马妙玉是在何时嫁于元忠的，墓志中没有明言，按照北朝妇女的一般婚龄（13—14 岁）计算[②]，或是在文成帝和平年间（公元 460—465 年）。

司马妙玉的丈夫元忠，依墓志所载，卒于孝文帝太和四年（公元 480 年），时年 45 岁，则当生于太武帝太延二年（公元 436 年），一生都处于北魏王朝疆域逐步扩大、政权日益强盛的平城时代。司马妙玉嫁入时，元忠已经 25 岁上下，从当时宗室男子普遍早婚的情形看[③]，不排除元忠在此之前曾有婚配。

司马妙玉与元忠，一为籍没入宫的罪人亲属，一为帝室宗亲，二人的联姻在后人看来似乎有些不可思议，不过在当时却颇为寻常。文成帝时，名臣高允曾以当时朝廷“婚娶丧葬，不依古式”上书进谏，云：

> 古之婚者，皆拣择德义之门，妙选贞闲之女，先之以媒娉，继之以礼物，集僚友以重其别，亲御轮以崇其敬，婚姻之际，如此之难。今诸王十五，便赐妻别居。然所配者，或长少差舛，或罪入掖庭，而作合宗王，妃嫔藩懿。失礼之甚，无复此过。往年及今，频有检劾。诚是诸王过酒致责，迹其元起，亦由色衰相弃，致此纷纭。今皇子娶妻，多出宫掖，令天下小民，必依礼限，此二异也[④]。

---

① （清）沈家本：《历代刑法考·汉律摭遗》卷三《贼律一·大逆无道》，中华书局，1985 年，第 1415—1420 页。

② 梁满仓：《论魏晋南北朝的早婚》，《历史教学问题》1990 年第 2 期，第 12 页；薛瑞泽：《魏晋南北朝婚龄考》，《许昌学院学报》1993 年第 2 期，第 23 页；谢宝富．《北朝婚龄考》，《中国史研究》1998 年第 1 期，第 71—73 页。

③ 周一良：《魏晋南北朝史札记·魏书》“晚有子”条，中华书局，1985 年，第 310—311 页。

④ 《魏书》卷四八《高允传》，第 1074 页。

其中明确说道“或罪入掖庭，而作合宗王”，“今皇子娶妻，多出宫掖”。而从史实来看，确有一部分被籍没入宫的女性成为帝室宗亲的配偶[①]，有的甚至还因缘际会成为皇后[②]。以此而论，则司马妙玉嫁于元忠，不过是遵循当时帝室宗亲婚姻的惯例而已。

关于元忠及其世系，这里再赘言几句。元忠其人，《魏书》《北史》有传，其父常山康王素，祖常山王遵，昭成子寿鸠之子，墓志以元忠为昭成皇帝曾孙，与史传不合。殷宪先生据元忠弟元淑墓志载其为“昭成皇帝曾孙常山康王第廿五之宠子”，认为元忠当为昭成玄孙，是。又墓志称元忠祖、父官职分别为“丞相”“征西大将军、三都坐大官”，后者于史有据，前者则史传无征。不过考元遵后人墓志，《元侔墓志》称其“右丞相常山王”，元昭、元诞兄弟的墓志亦分别称其“右丞相”“左丞相”[③]，可见尽管诸志在叙述元遵所任是左丞相还是右丞相时尚未统一，但对元遵曾任丞相，诸志记载是一致的。对于元遵是否曾担任丞相，墓志与史传记载的差异，或许可为元遵的突然死亡提供另一佐证[④]。

至于元忠本人官爵，墓志称其征西大将军、城阳宣王，与史传所载镇西将军、城阳公不符，与其曾孙元智墓志所记镇西大将军、城阳宣王也有出入[⑤]。镇西、征西或有一讹，而王、公差异，考虑到彼时城阳王尚有其人（元鸾），墓志记载当有误。

回到元忠与司马妙玉的婚姻。据现有文献，司马妙玉似乎是北奔司马家女性嫁入元氏的第一人。不过，考虑到早在泰常二年（公元 417 年）第一批北奔司马家族成员即已入国，司马氏最初嫁入元魏宗族的时间应该会更早。

而在司马妙玉之后，司马氏作配元氏的例子更是屡见不鲜，现存文献中至少可以找出四例。一例是司马悦女司马显姿，宣武帝正始初年（公元 504 年）被选为贵华，后升为第一贵嫔夫人；一例是司马纂女，孝明帝神龟元年（公元

---

① 如徐冲曾指出，南安王妃仇氏很可能就曾被籍没入宫为奴。徐冲：《北魏元融墓志小札》，初刊 2012 年，后收入余欣主编《存思集：中古中国共同研究班论文萃编》，上海古籍出版社，2013 年，第 134—135 页。

② 李凭：《北魏平城时代（修订本）》第四章《太后听政》，第 233 页。

③ 赵超：《汉魏南北朝墓志汇编》，第 60、146、233 页。

④ 刘军：《论北魏拓跋遵之死》，《历史教学》2011 年第 12 期，第 26—30 页。

⑤ 赵万里：《汉魏南北朝墓志集释》图版五一，《石刻史料新编》第 3 辑第 3 册，新文丰出版公司，1986 年，第 337 页。

518年）归于元谭；一例是司马鸿女，大约在东魏时期嫁于元景献①；一例是出身不明的司马妃，同在东魏或稍早时候作配元宁。据此可见，元氏当为司马氏一族女性成员稳定的联姻对象，且延续了相当长的时间。需要说明的是，司马妙玉与司马显姿及元谭妻、元景献妻虽同为司马氏，但并非一支，后三人皆琅邪王司马楚之、司马金龙后人，司马妙玉则出自司马休之、司马文思一族。

司马氏与元氏的联姻并不只是单向的嫁出，元魏宗女也有不少嫁入司马家，且从文献来看，这一进程时间似乎更早，人数也更多。

表一　北魏、东魏、西魏三朝司马氏与元氏联姻表（标注底纹者为女性）

时　期	司马氏	元　氏	文献来源
太武	司马楚之	河内公主	《魏书》卷三七
文成（?）	司马妙玉	拓跋忠	《元忠墓志》
孝文太和八年（公元484年）之前	司马跃	赵郡公主	《魏书》卷三七
宣武	司马显姿	宣武帝	《司马显姿墓志》
孝明	司马纂女	元谭	《元谭妻司马氏墓志》
孝明正光五年（公元524年）之前	司马朏	华阳公主	《魏书》卷三七
孝明	司马鸿	博陵公主元仲蒨	《北齐书》卷三九 《北史》卷四七 《元邵墓志》②
北魏末（?）	司马裔	襄城公主	《周大将军司马裔神道碑》③
东魏（?）	司马鸿女	元景献	《北齐书》卷三九 《北史》卷四七
东魏（?）	司马季冲	元客女	《司马季冲墓志》 《司马季冲妻元客女墓志》④
东魏（?）	司马妃	元宁	《元宁造像记》⑤

① 赵超：《汉魏南北朝墓志汇编》，第120、136页；（唐）李延寿撰：《北史》卷四七《祖莹传附子珽传》，中华书局，1974年，第1736页。

② 赵超：《汉魏南北朝墓志汇编》，第223页。

③ （北周）庾信撰，倪璠注：《庾子山集注》卷一三，中华书局，1980年，第803页。

④ 大同北朝艺术研究院编著：《北朝艺术研究院藏品图录·墓志》，第158—159、205—207页。

⑤ 邵正坤：《北朝纪年造像记汇编》，吉林人民出版社，2014年，第150页。

如上表所见，元魏三朝嫁入司马氏的元魏宗女多达六人，其中既包括公主、长公主，也包括宗室之女。此外如司马妙玉的父辈司马弥陀，也曾被北魏皇室看中，欲选尚临泾公主。由此可见，尽管北奔而来的司马氏身为亡命，也没有乡土根基可为依存，但作为晋世皇族后裔，他们仍然得到北魏皇室的青睐和赏识。

另一方面，对于来奔的司马氏妻以公主，亦是北魏皇族的一个婚姻传统。《魏书·崔玄伯传》记载：

> 太祖曾引玄伯讲《汉书》，至娄敬说汉祖欲以鲁元公主妻匈奴，善之，嗟叹者良久。是以诸公主皆厘降于宾附之国，朝臣子弟，虽名族美彦，不得尚焉①。

而北奔司马氏某种意义上正可被视为“宾附之国”。事实上，不仅司马氏，刘氏、萧氏等南朝皇族子弟北奔，也多获同等待遇。如宋文帝子刘昶父子三人皆被妻以公主，刘昶一人便三尚公主，齐明帝子萧宝夤归国后父子二人亦都尚公主，梁豫章王萧综（后改名萧赞）入魏后也被配以寿阳长公主②。可见对于北奔的南朝皇族，元魏妻以公主是有“故事”传统的。

无论如何，北魏时期司马氏与元氏的联姻是相当引人注目的，现存史料中，元氏也是北奔司马氏的第一联姻对象。司马楚之后人司马悦墓志所谓“男降懿主，女徽贵宾，姻娅绸叠，戚联紫掖”③，固是司马悦子女婚嫁之描述，但某种意义上也未尝不是司马氏与元氏二族联姻状况的写照。而作为其中的一环，司马妙玉嫁于元忠，虽然最初可能是以帝后赏赐的方式进行的④，性质上或犹“罪没家庭女眷充斥于北魏后宫的现状下所进行的性资源的再分配”⑤，但帝后赏赐背后或也不能排除妙玉出自司马家的考虑，而司马妙玉最终合葬元

① 《魏书》卷二四《崔玄伯传》，第621页。

② 《魏书》卷五九《刘昶传》，同卷《萧宝夤传》，第1307—1308、1311、1315、1324—1325页。

③ 赵超：《汉魏南北朝墓志汇编》，第58页。

④ 前引高允上书已提到“诸王十五，便赐妻别居”，济阴王元郁墓志也记载其妃慕容氏原为文成帝嫔妃，文成帝死后，被文明太后赐予元郁。赵君平、赵文成编：《秦晋豫新出墓志搜佚》，国家图书馆出版社，2012年，第17页。

⑤ 徐冲：《北魏元融墓志小札》，第136页。

忠墓，且成为元忠墓志书写中唯一被认可的王妃，无疑表明其与元忠的联姻早已摆脱罪人亲属与帝室宗亲的结合，而具有维系和巩固司马氏与元氏姻亲关系的作用。这对毫无乡里根基、完全依附北魏王朝的北奔司马氏来说，无疑是极为重要的。

如所周知，与有着乡里作为依靠的华北士族相比，北奔而来的司马氏几乎一无所有，他们只有依附北魏皇室才能在胡汉混杂的政治格局中占有一席之地，而联姻则是建构这种依附关系最有效的途径。司马氏之于元氏，如前所述，司马氏作为晋世皇族后裔，在北方社会依然享有崇高地位，即便尊贵如北魏皇族元氏，亦不得不受此影响。要之，司马氏与元氏联姻，对于双方而言都有需要，而这种需要则使得联姻频繁并能够持续下去。

司马妙玉归于元忠后，墓志称其“缉融礼馈，式昭庭训，四德详著，母仪帝宗”，所呈现的完全是一个贤妻良母的形象。不过，熟悉墓志书写的人都知道，这些文字不过是一种模式化的套词，司马妙玉为人妻母后的真实生活如何，我们无从知晓。至于子嗣，墓志中也没有明言（这在当时属于通例）。《魏书》载元忠有子十七人，并记有三子名：盛、寿兴（校勘记以为即《元智墓志》所叙及之元㬙）、益生，其中是否有司马妙玉后人，亦难作断言。

三、归葬代京与追赠县君

宣武帝景明五年（公元 504 年）正月，司马妙玉在洛阳清明里家中去世。清明里此前未见，可补史阙。司马妙玉卒于洛阳，可见她并未因元忠迁洛前已死而在代京平城孀居，而是可能随子嗣一起居住在洛阳城中。

不过，司马妙玉虽南迁洛阳，但并未按孝文帝规定，“迁洛之民，死葬河南，不得还北”①，而是返葬平城，“阖窆于代都永固白登之阳阿”。既称“阖窆”，可见司马妙玉乃是合葬于其夫元忠之墓。孝文帝虽然禁止迁洛之民归葬平城，但也有一些特例可以变通，如《北史》所见：

> 其有夫先葬北，妇今丧在南，妇人从夫，宜还代葬。若欲移父就母，

① 《魏书》卷七下《孝文帝纪下》，第 178 页。

亦得任之。其有妻坟于恒、代，夫死于洛，不得以尊就卑。欲移母就父，宜亦从之。若异葬，亦从之。若不在葬限，身在代丧，葬之彼此，皆得任之。其户属恒、燕，身官京洛，去留之宜，亦从所择①。

属于夫先葬北、移父就母或移母就父、身在代丧及户属恒燕等几种情况者均被允许归葬平城。元忠于太和四年（公元 480 年）迁洛之前身死，葬于平城附近，故司马妙玉得以按照“夫先葬北”的原则归葬平城。司马妙玉的例子并非孤例，济阴王元郁太和十五年死后葬于平城，其妃慕容氏应也是随子迁洛、去世后返回平城合葬其夫墓茔的②。当然，也非所有迁洛的孀居妇人都返葬平城。如阳平王元新成妃李氏，《魏书·献文帝纪》载新成卒于皇兴四年（公元 470 年），则其墓当营于平城；而据李氏墓志，李氏熙平二年（公元 517 年）死后即葬于“洛阳之西陵”，并未返回平城合葬③。

司马妙玉与元忠的合葬之地“代都永固白登之阳阿”，亦见于元忠弟元淑墓志，作“白登之阳”。案元淑虽然死于迁洛之后（宣武帝正始四年，公元 507 年），且家族墓地亦在洛阳，但因其死于平城镇将任上，符合“身在代丧，葬之彼此，皆得任之”的规定，故得葬于平城④。而“白登之阳”，顾名思义，即白登山（今马铺山）之南，元淑墓北距白登山 9. 75 公里，正处于白登山之南的位置。

从地形上看，位于大同城东南的白登山以南的广大地区为开阔的缓坡平原地带，这里西依御河，背山傍水，且去城不远，很适合作为古人埋藏之地。研究者据《魏书·恩倖传·王叡传》载王叡“将葬于城东，高祖登城楼以望之。……父子并葬城东，相去里余”，并结合墓葬资料推测该地域为北魏贵族、官僚等上层人物的墓葬区⑤。越来越多的考古发现也证实了这一点。除元淑墓外，墓主可辨的司马金龙墓、宋绍祖墓、高琨墓等皆位于此处，此外还有不知墓主姓名的雁北师院墓群、齐家坡北魏墓群、迎宾大道墓群、沙岭壁画墓等，埋藏之丰富，与大同南郊比肩，是北魏平城地区最重要的墓葬

---

① 《北史》卷一九《文成五王传·广川王略传附子谐传》，第 685 页。
② 赵君平、赵文成编：《秦晋豫新出墓志搜佚》，第 17 页。
③ 赵超：《汉魏南北朝墓志汇编》，第 100—101 页。
④ 罗新、叶炜：《新出魏晋南北朝墓志疏证（修订本）》，中华书局，2016 年，第 60—62 页。
⑤ 大同市博物馆：《大同东郊北魏元淑墓》，《文物》1989 年第 8 期，第 65 页。

区之一①。元忠葬于此地，可谓适得其所。而从元忠与元淑的兄弟关系以及墓志皆强调葬于“白登之阳”或可推测，宣武帝永平元年（公元508年）营构的元淑墓或即依其兄墓而建，两墓可能相去不远（殷宪先生疑此地为常山王子孙的祖茔，限于材料，尚未能确证）②。

又关于元忠墓志，殷宪先生据其质地为青石而非习见的白砂岩推测，墓志可能是在洛阳写好刻就，随司马妙玉灵柩运回平城的。不过，元忠墓志形制却非迁洛后洛阳地区常见的方形或类似方形的墓志，而是圆首碑形，这一点与元淑墓志同。圆首碑形墓志在北魏平城地区曾广为流行，除元忠、元淑墓志，平城地区出土的韩弩真妻王亿变墓志、司马金龙墓志（包括司马金龙之铭和司马金龙墓表）、封和突墓志等也都采用碑形墓志③。因此从墓志形制来看，毋宁认为元忠墓志更有可能是在平城制成的。元忠、元淑以及封和突墓志等制作于迁洛之后的墓志采用圆首碑形，显示出尽管迁洛之后北魏墓志形制渐趋定式④，但在平城地区，旧有墓志形制仍被顽强地保存了下来。

除了归葬平城外，司马妙玉死后的另一起重要事件就是被追赠温县君。县君即唐代所谓外命妇之一级，北魏时有郡君、县君、乡君等，封授对象除女性外戚外，乳母、宦官、宫官等或其亲属，乃至诸王妃、女都可以成为封授对象，后期更是扩展至功臣、官僚母妻⑤。司马妙玉之获赠县君，在墓志书写中，显然被认为是得益于其王妃的身份。

司马妙玉被追赠的县君为温县君，如所周知，河内郡温县正是司马氏郡望所在，故墓志称“锡□梓乡”。司马妙玉得以获赠温县君，一方面可能与当时封君授予的某些惯例或“故事”相关：尽管目前还无法确定元魏在选择封君邑

---

① 李晓蕾：《北魏平城时代墓葬研究》，吉林大学硕士学位论文，2012年，第42页。又新见出土于大同的元郁墓志，载其葬于“沙岐之阳”，或认为“沙岐”即“沙岭”，亦在此片区域。参王连龙《新见北朝墓志集释》，中国书籍出版社，2013年，第6页。

② 值得注意的是，元忠、元淑二人墓志极为类似，如志石都采用碑形形制，志文都以北魏罕见的夫妇合志形式书写等，似乎也暗示二墓关系密切。

③ 殷宪：《北魏早期平城墓铭析》，《北朝研究》第1辑，燕山出版社，2008年，第167页。

④ 赵超：《古代墓志通论》第三章《南北朝时期的墓志概况》，紫禁城出版社，2003年，第84—85页。不过近来也有学者提出，北魏墓志采用正方形形制，在孝明帝神龟、正光以后才逐渐定型。马立军：《北朝墓志文体与北朝文化》第二章《碑志分流与北朝墓志之形成》，中国社会科学出版社，2015年，第89—94页。

⑤ 顾江龙：《汉晋南北朝外命妇制度初探》，第四届中国中古史青年学者国际研讨会，台湾大学，2010年。

号时有什么规律可循，但以受封者郡望或籍贯作为封君邑号似乎颇有其例。郡君如长孙士亮妻宋灵妃，广平烈人人，死后赠广平郡君；王椿妻魏氏，钜鹿魏悦之女，封钜鹿郡君；尧荣妻赵胡仁，南阳宛人，封南阳郡君；赵彦深母傅华，清河贝丘人，封清河郡君；县君如李蕤妻王恩荣，为冯太后宠臣王叡女，王叡自称太原晋阳人，故恩荣封晋阳县君①。如此之例，文献中还有许多，兹不赘举。可以看到，尽管以受封者郡望或籍贯作为封君邑号或许并未列入制度规定，但作为一种惯例或“故事”存在应没有问题，而司马妙玉之赠温县君，大约正是基于此一惯例的结果。

另一方面，司马妙玉得封乡里，恐怕还与当时司马氏重建乡里基础的整体趋势相关。如所周知，以孝文帝定姓族为代表，北魏王朝开始有意识地“在统治区域内普遍建立包括鲜卑等族在内的新的门阀序列和体制”②，亦即重建士族社会。作为其中的一环，一些原先被强制迁徙至平城或流落他方的士族也纷纷返回郡望所在或原先居住的故里，重建乡里势力③，明元、太武时期被从南藩移往北边的司马氏，也在此时返归脱离关系已久的汉魏故里河内温县，构建新的乡里基础。其途径包括出任河内郡治中、别驾、中正等地方上佐，墓葬迁至温县（但似未形成家族葬地，如司马悦葬于“温县西乡岭山之阳”，司马绍葬于“温城西北廿里”，司马昞葬于“温城西十五都乡孝义之里”④），并与范阳卢氏、清河孟氏、渤海封氏等华北士族联姻等。通过这些努力，司马氏逐渐重建了在河内郡温县的在地势力，从北奔亡命化身为华北名族⑤。司马妙玉在宣武帝景明五年被追封温县君，显然与这一趋势是吻合的。尽管如学者所论，北魏的封君不少都是虚封，但即便如此，“温县君”作为一个有着明确寓意的象征符号，无疑也与司马氏重建乡里基础的努力有着密切的互动关系：一方面既是司马氏重建乡里基础的产物，另一方面也推动并强化了司马氏在河内温县

---

① 王椿妻魏氏见《魏书》卷九三《恩倖传·王叡传附子椿传》，第 1993 页；余分见赵超《汉魏南北朝墓志汇编》，第 301—302、372—373、473—474、48 页。

② 唐长孺：《论北魏孝文帝定姓族》，《魏晋南北朝史论拾遗》，中华书局，1983 年，第 90 页。

③ 返回郡望所在地的士族如弘农杨氏、太原王氏、荥阳郑氏、渤海高氏、渤海刁氏等，郭津嵩：《回归故里与重塑旧族——北朝隋唐的河内司马氏家族》，第 169—170 页；返回原先居住地的士族如平齐民，唐长孺：《北魏的青齐土民》，第 107—113 页。

④ 赵超：《汉魏南北朝墓志汇编》，第 58、59、117 页。

⑤ ［日］堀内淳一：《北魏における河内司馬氏—北朝貴族社会と南朝からの亡命者》，第 49—54 页；郭津嵩：《回归故里与重塑旧族——北朝隋唐的河内司马氏家族》，第 168—169 页。

权力结构中的地位。在这个意义上，司马妙玉受封温县君，并不只是王朝针对其个人的褒赏，同时亦在相当程度上体现了司马氏家族对自身地位的追求，其政治意义是非常突出的①。

四、余　论

以上我们通过司马妙玉人生的几个重要环节——诞出晋绪、出生北土、籍没入宫、嫁于元忠、迁居洛阳、返葬平城、追赠县君，大致勾勒出其个人生命历程。然而需要说明的是，由于缺乏充分史料，其中某些环节乃是基于当时政治、社会形势所做的推断。这也就意味着，这一生命历程与其说归司马妙玉个人独有，毋宁说是某一类女性所共有的，司马妙玉不过是其中之一。

如所周知，在漫长的中国古代社会，北朝时期的女性一般被认为在家庭和社会中享有较高地位，北朝政治社会中登场的诸多叱咤风云、颠倒乾坤的女性，似乎也证明了这一点。不过另一方面不能忽视的是，北朝也存在许多无法左右自己命运的女性，她们的人生很早就被各种形式的权力安排和规划好了。以司马妙玉为例，56 岁离世在当时来说也算是以寿终了，然而观其一生，尤其是在人生的重大关键节点上，却很难发现她个人的意志或选择：身为晋世皇族却在北方生长，以籍没之身归于元氏，年近知命迁往洛阳，乃至身死之后归葬代北、受赠温县君，无一不是出于父兄的连累，王朝的安排，家族的需要，以及社会大势的驱使。换言之，司马妙玉的一生毋宁说是被时势裹挟度过的一生，几番播迁，种种际遇，很大程度上都是由时势所决定的。

另一方面，尽管不是出自正面评述，我们须得承认，被裹挟的人生也非毫无意义。在皇权、父权、夫权主导的社会中，司马妙玉们被视为具有政治功能的棋子，发挥了一般男性所无法比拟的作用。司马妙玉之作配帝宗及受赠县君，固然对仓皇北窜的司马氏立足北魏未必具有决定性意义，但推动作用也不容忽视。借助于司马妙玉联姻拓跋王室，北奔司马氏更易摆脱毫无根基的“亡命者”身份，从而在胡汉混杂的政治格局中占有一席之地；而受益于司马妙玉

① 当然，从“温县君”系来自官方这一点而言，毋宁说司马氏重建乡里还得到了北魏王朝的支持。关于孝文帝迁洛以后北魏对包括司马氏在内的士族重建乡里的支持，参看郭津嵩《回归故里与重塑旧族——北朝隋唐的河内司马氏家族》，第 171—174 页。

被追赠具有指向意义的“温县君”邑号，北奔司马氏也可在北魏重建士族的社会浪潮中更好地融入地方社会，并在其家族发源地重建乡里基础。

公元 504 年司马妙玉在洛阳去世，距离公元 417 年司马氏最初北奔的时间已经过去了 87 年。在这将近一个世纪的时间内，一波又一波的司马氏家族成员或冒充司马氏者从南及北，进入北魏落地生根，司马氏也从最初窘迫狼狈的“亡命者”逐步稳定下来，并在其家族的发源地建立乡里势力，再度成为龙兴之前的华北世家大族。而公元 449 年出生的司马妙玉也在这一进程当中走完了人生——显然，司马妙玉 56 年的人生既受到这一进程的制约，同时又推动了这一进程的发展。

附记：本文初稿完成后，曾以“被裹挟的司马妙玉”为题于第三届古史新锐南开论坛（南开大学，2016 年）提交发表，蒙评议人安部聪一郎及与会诸位先生多所指正。又本文修改过程中，清华大学侯旭东先生亦曾予以宝贵教示。对于以上帮助，谨此一并致谢。

唐初元勋的家族历程

——以《李药王墓志》与李靖家族为中心

聂溦萌　首都师范大学历史学院

西安大唐西市博物馆藏《李药王墓志》，志石34行，满行36字，无首题，志盖未见。墓志序文中引录贞观二年（公元628年）追赠志主的诏书称“随故大将军、永康公李药王”，又提及“公第三弟刑部尚书、检校中书令、永康公药师”，知志主为初唐卫公李靖之兄李药王。先迻录志文于下[①]：

> 公讳药王，字□□，陇西狄道人也。自真人应迹，道德阐其玄风，飞将挺生，干戈深于止攻，贤达之才继踵，公侯之祚克昌。崇基峨峨，倚丘陵而峻峙，鸿源淼淼，括汉泗而遐注。曾祖欢，魏河陕二州刺史，永康县公。大父义，周岐州刺史、抚军将军，袭爵永康公。乘传而播时雨，褰帷而理棼丝，犹郑武之缁衣，若傅玄之司隶，芳猷无沫，遗烈犹存。考诠，随赵郡太守、上开府仪同三司，袭爵永康公。望重搢绅，材惟栋干，功业铭于钟鼎，名节殉于屯夷。公禀黄中之茂德，承积善之余庆，识宇贞正，风度宏远，业盛学年，声驰冠岁。会稽之美，括羽成七札之奇，蓝田之珍，琢磨倍十城之价。温恭流誉，倜傥标奇，戢鹓鸿之迅翮，俟扶摇而高引，整骐骥之逸辔，望康衢而延伫。随高祖虚心治道，

① 胡戟、荣新江：《大唐西市博物馆藏墓志》上册32号《李药王墓志》，北京大学出版社，2012年，第68—69页。墓志的录文、点校等工作，均属北京大学中国古代史研究中心和西安大唐西市博物馆共同主持的“《大唐西市博物馆藏墓志》整理与研究”集体研究成果。

寤寐求贤，旌先公之茂勋，钦君侯之令望，开皇九年，授上开府仪同三司，袭爵永康公。仪三台而命服，冠五等而胙土，声实允洽，朝野荣之。十年，除婺州刺史。导之以德，齐之以礼，渥泽随春云共远，惠化与凯风俱翔，列城兴咏，期月斯在。十四年，授南宁道行军总管。总熊罴之旅，振雷霆之威，□僰道之重氛，扫滇池之积雾，民无谤黩，讵俟马卿之文，师不疲劳，宁假唐蒙之使。旋旆荒裔，献凯京华，册授大将军，继仲卿之遗尘，迈伯度之芳烈，褒赏之典，于是茂焉。十八年，授云州道行军总管。猛志云腾，宏谋电断，曜霜戈于朔野，扬羽旆于塞垣，声振殊俗，功闻帷扆。十九年，又除石州刺史。励精思治，详求民瘼，刑清讼息，远至迩安，随之得人，于斯为盛。廿年，又授朔州道行军总管。深入虏庭，长驱漠北，亟摧骨都之阵，屡挫射雕之锋。既而单于畏威，左贤震慑，悉穹庐之长，倾引弓之民。众寡之势既殊，主客之形亦异，公临危弥勇，视险若夷，达旦通宵，兵穷矢尽。天长奸凶，我师丧律，然而煞伤巨万，亦足以畅乎天罚者矣。于时仆射杨素忌公雄烈，遂置之重议，因而除免。乃屏迹私庭，高卧虚室，同令尹之无愠，悟轩冕之傥来，优哉游哉，聊以卒岁。以随大业九年正月十九日终于东都之尚善里舍，春秋卌有七。公少而弘雅，长而俊发，仪表凝映，机神秀远，皎皎犹鲜云之开白日，肃肃若清风之拂高松，敦雅素于衿情，希静退于名教，怀金鸣玉，悠然结薜萝之想，绮栋华榱，澹焉有蓬茨之致，谅所谓瑚琏之宏器，廊庙之奇材者欤。然而运舛数奇，为山止于一篑，时屯道丧，远略顿于促涂，垂翅安归，桑榆暮矣。廉将军之志事，无复更鸣之期，窦丞相之英图，遽深夜台之痛。呜呼，天道何其爽哉！皇唐膺运，道迈三五，择前王之令典，录异代之嘉庸，恩隆守冢，泽深封墓。贞观二年正月七日乃下诏曰："随故大将军、永康公李药王，昔在随朝，早立功绩，久从风露，松价（槚）成行，眷言遗范，情深震悼，宜加宠命，被以哀荣。可赠持节、梓州诸军事、梓州刺史。"公第三弟刑部尚书、检校中书令、永康公药师，才兼文武，位隆台阁，陟岗之望既绝，在原之痛寔深，泣分株于古今，申哀荣于宅兆，以其月十九日迁厝于雍州长安县之高阳原。郁郁佳城，白日黯而难见，幽幽泉户，黄垆掩而长毕。惧缣竹之易朽，悲山岳之潜移，式扬徽烈，寄情雕篆，其词曰：

郁矣洪族，悠哉遐绪，积德累仁，重规迭矩。玉产昆岫，珠孕随渚，猗欤挺生，昂昂绝侣。夙表温恭，早标英俊，澄波万顷，直上千仞。雪白兰熏，金声玉振，展如之人，寔邦之镇。爰总戎律，亟举蕃麾，旌旆舒卷，珪组陆离。泽随雨散，威共风驰，绩宣方岳，功著边垂。道或污隆，时有通塞，迹冥愠喜，心夷语默。如何彼苍，遽殲明德，痛深泉壤，悲缠邦国。皇情追远，礼备哀荣，丹旐启路，白骥悲鸣。山空树古，陇暗云平，万古斯毕，千载飞声。

李药王卒于大业九年（公元613年），于贞观二年迁葬于“雍州长安县之高阳原”。其弟敳与之同日同地而葬，墓志亦藏于西市博物馆。《李敳墓志》行文模式及对家世的追述与《李药王墓志》基本一致，葬地亦为“雍州长安县之高阳原”，两人的安葬应是一并进行的，墓志亦一并撰写制作。此外，西市博物馆所藏墓志中还有《李令问墓志》，志主乃李药王之弟客师之孙，葬于开元十八年（公元730年）。虽然其葬地写作“京兆细柳营之东原”，与李药王、李敳不同，但极有可能本为一地①。《李药王墓志》涉及很多隋及唐初史事，尤令人瞩目的是其中引录贞观二年追赠诏书一首，为我们了解李药王及李靖家族，以及了解唐初封赠元勋先人的事件提供了很多重要信息。本文将首先对墓志进行考证，揭示李靖家族在周隋的情况及唐代的一些变化，再对唐初追封元勋先世进行考察。李靖家族的经历是不少唐初元勋家族所共有的，将其视为唐初元勋家族的个案进行探讨，以期对深入理解唐代历史有所裨益。

一、墓志与正史中名字、籍贯的差异

《新唐书》卷九三《李靖传》谓“靖兄端，字药王”，与《新唐书》所记的李靖字药师完全对应。但墓志云“公讳药王，字□□”，有所不同。墓志中出现空字，尤其是空谥号的情况时或有之，这作为一种异刻现象已经为学者所注

① 胡戟、荣新江：《大唐西市博物馆藏墓志》上册31号《李敳墓志》，第66—67页；中册210号《李令问墓志》，第462—464页。

意。其出现的原因，当与墓志序文铭辞的撰写和志石的刻制过程有关[①]。本志所阙正是志主之字。从大量墓志材料和文献材料的对比中我们可以知道，从北朝开始，人的名与字往往混淆，以字行于世者比比皆是。如果观察一些材料比较充分的家族，我们甚至会发现兄弟数人中一些人的名和另一些人的字相合（不论这种混淆是在成为历史记录的过程中还是在其他过程中形成的），这些迹象都表明时人对于名与字概念的区分似乎不大在意。颜之推亦言："河北士人全不辨之，名亦呼为字，字固呼为字。"[②]

除了《新唐书·李靖传》，正史中还有对志主的零星记述。《隋书》中出现了三条与他相关的史事，皆作"李药王"；《新唐书》卷七二上《宰相世系表》所记为"药王"。此外，这方墓志中提到志主兄弟时使用的是"李药王""药师"。按照一般观念来看，此墓志于志主名讳的正确写法应像《新唐书·李靖传》一样称为"讳端，字药王"，但是从《隋书》以及这方墓志中的内容来看，志主在隋及唐初无疑是以"药王"行的。而且李靖当时应该也以"药师"行，除了这方刻于贞观二年的墓志可以为证外，《文馆词林》卷六九一有"贞观年中授杜如晦等别检校官敕一首"，亦称为"李药师"，《旧唐书》卷二《太宗纪上》和卷五七《刘文静传》叙述武德九年（公元626年）功臣定食封时亦称之为"李药师"，这两段记载很可能也都是节引原敕诏。《李靖碑》[③]云"公讳靖，字药师"，而史料中"李靖"大概出现在盛唐以后。一种解释是药王、药师兄弟皆以字行[④]，不过《旧唐书·李靖传》称"药师"并非李靖之字，而是"本名"，是《旧唐书》作者对时人名字行用习俗理解有误，还是另有所凭呢？联系这方墓志中志主之讳谓"药王"、字则阙如，至少可以判断"靖"或"端"的名字看上去虽文雅而正式，但当时并不使用。

关于李靖家族地望的记载，也有几种版本。《旧唐书》本传记李靖为"雍

---

① 徐冲：《从"异刻"现象看北魏后期墓志的"生产过程"》，《复旦学报（社会科学版）》2011年第2期，第102—113页。

② （隋）颜之推著，王利器集解：《颜氏家训集解（增补本）》卷二《风操》，中华书局，1993年，第92页。

③ 《大唐故尚书右仆射特进开府仪同三司上柱国赠司徒并州都督卫景武公碑》，见（清）王昶辑《金石萃编》卷五一，中国书店，影印扫叶山房本，1985年，叶四正；又见（清）董诰等编《全唐文》卷一五二，中华书局，1983年，第1551页下栏。

④ 李靖之弟"客师"似乎也是以字行，不过《李䟬墓志》称"君讳䟬，字□□"，与其兄弟行用之名不合。

州三原人"，《新唐书》为"京兆三原人"，实同。此方墓志及《李𢿱墓志》所记均为"陇西狄道人"。《李靖碑》和李靖弟客师的三位后人的墓志皆称为"陇西成纪人"或"成纪人"①。据《新唐书》卷七二《宰相世系表》，李靖属丹阳房，其先世"与族人宝入后魏，因居京兆山北"，李宝为凉武昭王李暠之孙。丹阳房为唐帝室远裔，其郡望为陇西，实则久居京兆。也就是说，上述几种碑志记录的是郡望，而两《唐书》记录的则是实际情形。

陇西与京兆的差异来源于此，至于陇西狄道与陇西成纪的差异，则有些复杂。狄道和成纪实为两县，下表搜集了史料中关于李暠一族的籍贯记录。

陇西狄道人		陇西成纪人	
出　处	成书年代	出　处	成书年代
《御览》卷一二四"西凉李暠"条引崔鸿《十六国春秋》	北魏正始三年（公元506年）②		
《魏书》卷三九《李宝传》、卷九九《私署凉王暠传》	北齐天保五年（公元554年）		
《隋书》卷五〇《李礼成传》	唐贞观十年		
		《晋书》卷八七《凉武昭王玄盛传》	唐贞观二十二年
		《北齐书》卷二九《李玙传》	唐③
《旧唐书》卷一《高祖纪》	后晋开运二年（公元945年）		
		《新唐书》卷一《高祖纪》	宋嘉祐五年（公元1060年）

① 《李靖碑》《李令问墓志》已见前注。开元十九年《唐故华州郑县主簿李府君（景阳）墓志》，见周绍良主编《唐代墓志汇编》开元321，上海古籍出版社，1992年，第1379页，下文简称《李景阳墓志》；弘道二年正月廿六日《隰川县令李公（嘉）墓志铭》，见（宋）李昉等编《文苑英华》卷九五九，中华书局，1956年，第5039页下栏，下文简称《李嘉墓志》。

② 崔鸿初作《十六国春秋》在正始年间（公元504—508年），（北齐）魏收撰：《魏书》卷六七《崔鸿传》录其表曰："暨正始元年，写乃向备。谨于吏按之暇，草构此书。（中略）至三年之末，草成九十五卷。"中华书局，1974年，第1504页。

③ 据（唐）李百药撰《北齐书》卷二九校勘记，此卷与《北史》不同，而无论赞，宋人校语云"疑尚非正史"（中华书局，1972年，第399页）。钱大昕以为似经删改，或以《高氏小史》补（钱大昕著，方诗铭、周殿杰点校：《廿二史考异》卷三一"神武帝纪"条，上海古籍出版社，2004年，第511页）。《北齐书》成于贞观十年，《高氏小史》可能作于玄宗开元年间（参见张固也《高峻〈高氏小史〉考》，《史学史研究》2002年第2期，第50—52页）。

如上所示，《御览》引《十六国春秋》以及《魏书》中多处都称他们是“陇西狄道人”，早期未见“陇西成纪人”的说法。在石刻材料中，北朝墓志似乎亦未见云“陇西成纪”者，而唐代李氏的郡望作“成纪”或“狄道”之例都不少，也说明“成纪”当是后起之说，而与“狄道”并行。这两种郡望当各有依据。《十六国春秋》以来多种史籍都称李暠为李广之后，而《汉书》谓李广为陇西成纪人。《晋书》卷八七《凉武昭王玄盛传》云：

广曾祖仲翔，汉初为将军，讨叛羌于素昌，素昌乃狄道也，众寡不敌，死之。仲翔子伯考奔丧，因葬于狄道之东川，遂家焉。世为西州右姓①。

《晋书》这番解释，说明狄道实为李氏之家业所在。“陇西狄道”的郡望最初是与实在的地方势力相联系的，但随着西凉被灭，李氏成员最终进入北魏并显达于北魏周隋朝廷。“狄道”对最具影响力的这一支李氏的意义逐渐消退，加上这一时期不断滋长的攀冒家世的风气，出现径称为“陇西成纪人”的做法实在是顺理成章。

唐代的风气是称郡望，李靖家族早期自称为“陇西狄道人”，即如李药王和李敳两人墓志所示，而自贞观末年《李靖碑》以后皆称“陇西成纪人”。联系到李药王、李靖生前皆以“药王”“药师”行于世，似乎在唐初的动荡时期过后，伴随着社会的稳定和家族的不断发展，对自身的郡望和先人谱系都有所整理。

二、李靖先世的情况

墓志记李药王之世系云：

曾祖欢，魏河陕二州刺史，永康县公。大父义，周岐州刺史、抚军将军，袭爵永康公。乘传而播时雨，褰帷而理棼丝，犹郑武之缁衣，若傅玄之司隶，芳猷无沬，遗烈犹存。考诠，随赵郡太守、上开府仪同三司，袭爵永康公。望重搢绅，材惟栋干，功业铭于钟鼎，名节殉于屯夷。

---

① （唐）房玄龄等撰：《晋书》卷八七《凉武昭王玄盛传》，中华书局，1974年，第2257页。

《李敳墓志》所记与此基本一致。在具体讨论其家世前，首先应注意到这方墓志完全未提及李唐皇室，而据《宰相世系表》，李靖家族与李唐皇室皆是西凉李暠的后裔，《李靖碑》铭辞开篇即说“猗欤茂族，同源帝先”。《李药王墓志》和《李敳墓志》都未提及其家族与李唐皇室有任何联系，或许说明贞观初年李靖家族的谱系尚未像后来般与李唐皇族明确地联系在一起。

墓志仅从李药王之曾祖说起，更早的情况则见于《新唐书·宰相世系表》。李氏丹阳房的先人“文度，西凉安定太守，与族人宝入后魏，因居京兆山北”①，即这一支的始迁祖，他能够在西凉担任安定太守，自然是由于他与西凉君主同族的关系。李欢即文度之孙，但李欢父辈却付之阙如，说明文度入魏后这一家族便趋于平庸。北魏东西分裂后，除了北方六镇之民多腾达，关中和东西魏交界地区也有不少人凭借乡土势力或武力而崛起。李欢极有可能就是随着这一浪潮步步攀升，得至高位，而李欢以下几代人的官职不过刺史、郡守一类，盖皆为武人。

李药王曾祖、祖、父的官爵，在其他史料中亦有记录，兹列表如下：

出　处	曾　祖	祖	父
《李药王墓志》	欢，魏河陕二州刺史，永康县公	义，周岐州刺史、抚军将军，袭爵永康公	诠，随赵郡太守、上开府仪同三司，袭爵永康公
《李敳墓志》	欢，魏河陕二州刺史，永康县公	义，周和岐二州刺史、抚军将军，袭爵永康公	诠，随赵郡太守、上开府仪同三司，袭爵永康公
《李靖碑》	欢，后魏河秦□州刺史、□县开国公	（前阙）和复硖殷五州刺史、永康县公	（阙）军事、荆州刺史（阙）
《李嘉墓志》			赵郡太守、雍州大中正、上开府、永康公
《李令问墓志》			随车骑将军、开府仪同三司、赵郡太守、永康公，赠荆州大都督
《旧唐书·李靖传》		崇义，后魏殷州刺史、永康公	诠，隋赵郡守
《新唐书·宰相世系表》	权，后魏河秦二州刺史、杜县公	崇义，后周雍州大中正、广和复硖殷五州刺史，永康县公	诠，随赵郡太守、临汾襄公

① （宋）欧阳修、宋祁撰：《新唐书》卷七二上《宰相世系表》，中华书局，1975年，第2464页。

《李靖碑》与《宰相世系表》对曾祖、祖两代的记载基本吻合，唯《宰相世系表》将“欢”讹为“权”，《李靖碑》中曾祖欢的爵位虽残，但从所阙字数推断是“杜县开国公”的可能性极大。两处记载父辈的官爵虽不同，但《李靖碑》于此残损过甚，有可能荆州刺史、赵郡太守都是其官职的一部分，而《宰相世系表》略言之。《旧唐书》本传的记述十分简略，而与《世系表》无矛盾之处，姑且看作同一说。《李药王墓志》却与上述几种材料不同，最明显的一点在爵位上，称曾祖欢为“永康县公”，而祖、父皆“袭爵永康公”，另外序文还提到药王之弟“刑部尚书、检校中书令、永康公药师”，爵位同样是“永康公”，这是唐代所封，肯定与其家在先朝受封此爵有关。《李嘉墓志》仅及药王之父，所记爵位也是永康公，在这一点上与《李药王墓志》相同。但是，李欢的“杜县公”之爵、李诠的“临汾襄公”之爵和谥号也不会是杜撰出来的，这些歧异应该是由追赠引起的。

现在所知其家最早得到永康公爵位者应该是李崇义，但《旧唐书·李靖传》在其官爵前冠以“后魏”，而《宰相世系表》在其官爵前冠以“后周”，可能因他本人历仕两朝或是在北周获得赠官。如果李崇义在后魏仅为殷州刺史而到北周时又任四州刺史或被赠四州，说明其家在北周时有一定地位，这种地位明显超过了仅为“隋赵郡太守”的李诠所处的水平，换言之，李崇义的永康县公之嗣可能本非李诠，亦即李诠在北周并无永康公之爵，而《宰相世系表》所载临汾公或许是他原本的封爵。

关于李诠的生平，《李药王墓志》谓其“功业铭于钟鼎，名节殉于屯夷”，再加上他曾得到“襄”的谥号，推测他死于边境战争中。《旧唐书·李靖传》称“其舅韩擒虎”，知李诠所娶为韩雄之女，韩擒虎之姊妹。据《周书》卷四三《韩雄传》，韩雄卒于北周天和三年（公元 568 年），李药王生于天和二年，所以李诠娶韩雄女是在韩雄死前。不过婚后没几年韩雄便去世，韩雄诸子尚未成气候，所以北周末年是韩氏低潮的时期。入隋后韩擒虎功业渐显，自然会带动李诠一支地位上升，而迅速上升的最有可能的机会，就在开皇九年（公元 589 年）平陈时，韩擒虎于平陈有大功。其侄儿李药王在这一年袭爵，或许不是巧合。推测李氏家族正嫡本不在李诠这一支，然而由于韩擒虎的缘故，此时永康公之爵改由李诠、李药王承袭。

据墓志，李药王继承爵位之后的十一年中，曾担任过婺、石二州刺史，并几次任行军总管，以功册授大将军，地位较其先祖毫不逊色。但经过这十余年的家族复兴后，李药王的官宦生涯遭到毁灭性打击。墓志叙述这一段经历云：

> 廿年，又授朔州道行军总管。深入虏庭，长驱漠北，亟摧骨都之阵，屡挫射雕之锋。既而单于畏威，左贤震慑，悉穹庐之长，倾引弓之民。众寡之势既殊，主客之形亦异，公临危弥勇，视险若夷，达旦通宵，兵穷矢尽。天长奸凶，我师丧律，然而煞伤巨万，亦足以畅乎天罚者矣。于时仆射杨素忌公雄烈，遂置之重议，因而除免。

李药王于开皇二十年出任朔州道行军总管，与突厥作战失败而受到处罚，被废于家，直至逝世。墓志中所述战事见于《隋书》卷五二《韩洪传》、卷七四《酷吏传·赵仲卿》和卷八四《北狄传·突厥》。《酷吏传》与《北狄传》所记较略，《韩洪传》云：

> 寻拜代州总管。仁寿元年（公元601年），突厥达头可汗犯塞，洪率蔚州刺史刘隆、大将军李药王拒之。遇虏于恒安，众寡不敌，洪四面搏战，身被重创，将士沮气。虏悉众围之，矢下如雨。洪伪与虏和，围少解。洪率所领溃围而出，死者大半，杀虏亦倍。洪及药王除名为民，隆竟坐死①。

恒安即北魏旧都平城，据《元和郡县志》卷十三“河东道云州”，北齐初于平城故地置恒安镇，周、隋因之②。韩洪是韩擒虎季弟，也是李药王的舅舅，是这次行军的主帅。这次在恒安与达头交战，隋军因众寡不敌死伤甚众，主帅韩洪与李药王被除名为民，刘隆被处死。史传中没有涉及杨素在这件事中所起的作用，而墓志称“仆射杨素忌公雄烈，遂置之重议，因而除免”。但是墓志中常有回护逝者的倾向，因此也不能就此认为李药王之除名乃杨素从中作梗。可以肯定的是，李药王及其舅父韩洪同时被除名为民，对李药王家族的打击一定很大，直到十年后炀帝北巡至恒安，见到当年的战场白骨被野，感而伤怀，韩

---

① 《魏书》卷六八《韩洪传》，第1342页。

② （唐）李吉甫著，贺次君点校：《元和郡县图志》卷一三，中华书局，1983年，第409页。

洪才得以起为陇西太守，且不久因远征朱崖而病卒[①]，李药王则再未能出仕。这就是李靖在大业末仅为马邑郡丞的背景[②]。

三、唐初对元勋先世的封赠

李药王卒于大业九年，与其墓志所立时间相隔甚远，这是因为他作为唐开国功臣李靖之兄，在贞观二年受到追封，并被迁葬至长安。墓志云：

> 皇唐膺运，道迈三五，择前王之令典，录异代之嘉庸，恩隆守冢，泽深封墓。贞观二年正月七日乃下诏曰："随故大将军、永康公李药王，昔在随朝，早立功绩，久从风露，松价成行，眷言遗范，情深震悼，宜加宠命，被以哀荣。可赠持节、梓州诸军事、梓州刺史。"公第三弟刑部尚书、检校中书令、永康公药师，才兼文武，位隆台阁，陟岗之望既绝，在原之痛寔深，泣分株于古今，申哀荣于宅兆，以其月十九日迁厝于雍州长安县之高阳原。

《新唐书·李靖传》云李药王"以靖功袭永康公，梓州刺史"，但墓志称李药王于开皇九年袭永康公之爵，从墓志所引诏书来看，"大将军、永康公"是隋代官爵，唐代所赠只有"持节、梓州诸军事、梓州刺史"，且《隋书·酷吏传》亦谓"永康公李药王"，这些材料证明《新唐书·李靖传》实误。《李药王墓志》的材料，对于了解唐初对功臣先世的追封及迁葬赙赠情况极有帮助。

关于这一问题的重要材料，还有《房彦谦碑》[③]。房彦谦为房玄龄之父，死于隋代，于唐贞观三年及四年以玄龄之故被追赠，并在朝廷的赞助下迁葬本乡，这一系列过程与李药王基本一致。其碑云：

---

① 见（唐）魏徵等撰《隋书》卷五二《韩擒虎传》，中华书局，1973 年，第 1343 页。传在此事后云"未几，朱崖民王万昌作乱"，而据同书《炀帝纪》，王万昌作乱在大业六年（公元 610 年）。因此推断韩洪任陇西太守在战败被除名后十年左右。韩洪在讨平王万昌及其弟仲通的连续叛乱之后，未及旋师即病卒。

② （后晋）刘昫等撰：《旧唐书》卷六七《李靖传》："大业末，累除马邑郡丞。"中华书局，1975 年，第 2475 页。

③ 《房彦谦碑》，即《唐故都督徐州五州诸军事徐州刺史临淄定公房公碑》，见（清）王昶辑《金石萃编》卷四三，叶一正至叶二背；又见《全唐文》卷一四三，第 1447 页下栏至第 1451 页上栏。

> 高祖法寿，宋大明中，州主簿、武贲中郎将、魏郡太守，立功归魏，封庄武侯、使持节、龙骧将军、东冀州刺史，薨，赠□□□青州刺史，谥蔺侯。（中略）曾祖伯祖，州主簿，袭爵庄武侯，齐郡内史、幽州长史、□行州事。（中略）祖翼，年十六，郡辟功曹，州辟主簿，袭爵庄武伯，宋安太守。（中略）□伯熊，年廿，辟开府行参军，仍行□州清河广川二郡太守。

碑文还详细记录了房彦谦在唐代被追赠的情况：

> 降生一子，光辅帝唐，叶赞璇玑，参调玉烛，皇上情深遗烈，□□想于夷门，眷言才子，便有怀于袁焕。贞观三年十有二月，乃下诏曰："纪功褒德，列代通典，崇礼饰终，著在方策。隋故司隶刺史房彦谦，世袭簪缨，珪璋特秀，温恭好古，明闲治术，爰在隋季，时属卷怀，未遂通涂，奄从运往，以忠训子，义□过庭，佐命朝端，业隆功茂，宜锡以连率，光被九原，可赠使持节、都督徐泗仁谯沂五州诸军事、徐州刺史。"四年十一月，又发诏追封临淄公，食邑一千户，谥曰定公，礼也。

关于房彦谦及其先世的情况，《隋书》卷六六《房彦谦传》"庄武"皆作"壮武"，于房翼之爵谓为"庄武侯"而非"伯"，此外无矛盾之处；《新唐书》卷七一下《宰相世系表》和《房玄龄碑》所记亦与此略同[①]。由此可知，房玄龄先世房法寿得封壮武侯，至玄龄祖父熊失去了袭爵的资格，因此其祖、父两代在唐代以前都无爵位。其父在贞观四年被追封为"临淄公"，并赐予谥号，爵称来自房玄龄的"临淄侯"而不是其先世的"庄武侯"，而且碑文明言其得封是由于"降生一子，光辅帝唐"。唐初的追赠仅及房玄龄之父一代，未及其祖。与追封相联系的是迁葬。《房彦谦碑》碑阴详细记录了朝廷"前后为供葬事发敕旨行笔十有二条"[②] 之状，并有"从京师洛阳殡所送至本乡"之语，说明是将房彦谦从原葬地迁葬至其故里，即碑阳所谓"本乡齐州亭山县赵山之阳"。

---

① 《房玄龄碑》，即《大唐故左仆射上柱国太尉梁文昭公碑》，见《金石萃编》卷五〇（避讳作"房元龄碑"），叶一正、背；又见《全唐文》卷一四九，第 1516 页上栏至第 1517 页上栏。

② "行笔"或当作"御笔"，然《金石萃编》《全唐文》皆作"行笔"。

追赠诏书分别发于贞观三年和四年，迁葬时间在五年三月，“为供葬事”所发敕诏在“公之将葬”时。

此外，在史传和碑志中还可以找到一些唐初开国功臣之先人受封赠的例子。

长孙无忌之父长孙晟，于《隋书》卷五一有传，传曰：“贞观中，追赠司空、上柱国、齐国公，谥曰献。”而据《旧唐书》卷六五《长孙无忌传》，无忌于贞观元年封齐国公，贞观十一年改封赵国公，其父所得“齐国公”与他在贞观前期的爵封相同。

天册万岁元年（公元 695 年）《张忱墓志》载：“高祖敢之，齐司徒司马。曾祖士儒，唐持节、深州刺史、定远郡公。祖公谨，唐左骁卫大将军、使持节都督诸军事荆州刺史、郯国公，谥曰襄。”① 神功元年（公元 697 年）《张愃墓志》载：“曾祖□儒，唐使持节、深州诸军事、深州刺史，谥曰昭。”② 墓志中张公谨之父士儒的官爵前被明确冠以“唐”，显然是由公谨而得到的封赠，而公谨之祖敢之则未获得追赠。张公谨于武德九年玄武门之变后被封为定远郡公，贞观四年破颉利可汗于定襄后进封邹国公，其父所得的“定远郡公”与他在贞观元年至四年的爵封相同。

《陈子昂集》卷六《唐故循州司马申国公高君墓志》：“曾祖励，字敬德，北齐朔州大行台仆射，袭爵清河王，改封乐安王，周授开府，隋授杨楚洮三州刺史，我唐有命，崇宠典章，贞观初，赠恒定并赵四州刺史，垂拱中，又赠特进。”③ 高励即高士廉之父，他在北齐已是清河王，因此唐初追封可能仅赠予官位，而未赠爵。

显庆四年（公元 659 年）《尉迟敬德墓志》云：“曾祖本真，后魏西中郎将、冠军将军、渔阳懋公，赠六州诸军事幽州刺史。祖孟都，齐左兵郎中，金紫光禄大夫，周济州刺史。（中略）父伽，隋仪同，皇朝赠汾州刺史，幽州都督，幽檀妫易平燕等六州诸军事、幽州刺史，常宁安公。”④ 其曾祖本真所得

① 《潞州潞城县令张忱墓志》，《唐代墓志汇编》天册万岁 003，第 879 页。

② 《唐故朝散大夫益州大都督府郫县□张君（愃）墓志铭》，《唐代墓志汇编》神功 004，第 915 页。

③ 陈子昂著，徐鹏点校：《陈子昂集》卷六《唐故循州司马申国公高君墓志》，中华书局，1960 年，第 122 页。

④ 《大唐故开府仪同三司鄂国公尉迟君墓志》，《唐代墓志汇编》显庆 100，第 291 页。

赠官，应是先朝所赠，获得唐朝封赠的只有其父伽，墓志在其赠官前书“皇朝”。《旧唐书》卷六八《尉迟敬德传》云：“显庆三年，高宗以敬德功，追赠其父为幽州都督。”[①] 墓志与本传结合来看，唐朝对尉迟伽的封赠应是两次，第一次赠汾州刺史、常宁郡公，第二次赠幽州都督诸军事、刺史。虽然墓志中将“常宁安公”写在第二次赠官之后，但那只是为将官与爵分开记录，并不表示它一定是第二次所赠，《尉迟恭碑》中所书即为“考伽，隋授仪同三司、卫王记室，皇朝追封常宁安公，赠汾州刺史、幽州都督”[②]。碑文明言“常宁安公”为唐代追封，结合其他功臣之例，其与汾州刺史一起在第一次封赠时所得的可能性较大。

显庆元年《唐俭墓志》详细记录了唐俭高祖至父四代先人的官爵：“高祖岳，后魏肆州刺史。曾祖灵芝，齐赠尚书右仆射、司空公。（中略）祖邕，侍中、中书监、左右仆射、尚书令、录尚书事、晋昌王。（中略）父鉴，齐中书舍人、通直散骑常侍，隋武贲郎将、戎顺二州刺史，晋昌郡公，皇朝赠太常卿、上柱国。”[③] 看来只有唐俭之父鉴获得了唐朝的封赠，而且他在隋已为郡公，唐朝的封赠不包括爵位。

显庆五年《赵王妃宇文氏墓志》载宇文士及之父宇文述为“隋开府仪同三司、左翊卫大将军、司徒、尚书令、十郡太守，皇朝赠司空、上柱国，许国公”[④]。这里将“许国公”写在“皇朝赠”之后，也是由于要将官与爵分开记录，众所周知宇文述在隋封许国公，显然非唐朝所赠；而且这方墓志记录宇文士及的官爵亦是如此，将“郢国公”书于“赠左卫大将军、上柱国”之后，而宇文士及高祖时就封郢国公了。宇文述在隋有爵，因此唐朝所赠只有“司空、上柱国”。

麟德二年（公元665年）《程知节墓志》云：“曾祖兴，齐兖州司马。祖哲，齐黄州司马。（中略）父娄，济州大中正，皇朝赠使持节瀛洲诸军事、瀛

① 《旧唐书》卷六八，第2500页。

② 《文苑英华》卷九一一《唐并州都督鄂国公尉迟恭碑》，第4795页下栏、第4796页上栏。

③ 《大唐故开府仪同三司特进户部尚书上柱国莒国公唐君（俭）墓志》，周绍良、赵超主编：《唐代墓志汇编续集》显庆006，上海古籍出版社，2001年，第88—89页。

④ 《大唐赵王故妃宇文氏墓志铭》，《唐代墓志汇编续集》显庆042，第110页。墓志整理者原在“许国公”前点顿号，为避免误解，此处改为逗号。

洲刺史。”[①] 其曾祖及祖均未得到封赠。墓志未云唐朝赠其父爵位，但从程知节先人之历官及其早年经历来看[②]，应非显宦家庭出身，其父在隋不大可能有爵封。

李勣的情况比较特殊，其墓志云：“祖康，齐谯郡太守，皇朝赠济州刺史。（中略）显考盖，皇朝散骑常侍，封济阴郡王，固辞王爵，徙封舒国公，赠潭州都督，谥曰节。”[③] 不仅李勣父亲，其祖父也得到唐朝封赠。李勣在武德二年降唐时其父李盖仍在世，当时即“封其父盖为济阴王，盖固辞王爵，乃封舒国公，授散骑常侍、陵州刺史”[④]，所以李勣之祖也很可能是作为李盖之父而得到追赠。李盖约死于贞观初[⑤]，其生前已在唐朝获得官爵，因此李勣先世受封赠的情况与其他开国勋臣有所不同。下文暂不将李勣与其他勋臣一并讨论。

通过以上材料可知，唐初不仅对功臣本人进行封赏，亦对其先人加以褒赠，它应是一场有规划的集体褒赠行动[⑥]，下文将串联这些褒赠个案来阐释其整体规律。为便于论述，特将前文考订的一些史实列于下表。

勋臣	受赠先人	所赠官	所赠爵（先朝爵位）	封赠时间	备　注
李靖	兄药王	持节、梓州诸军事、梓州刺史	（隋永康公）	贞观二年	李靖时为永康公
房玄龄	父彦谦	使持节、都督徐泗仁谯沂五州诸军事、徐州刺史	临淄公	贞观三年、四年	玄龄武德时封临淄侯，贞观元年进邢国公

① 《大唐故骠骑大将军卢国公程使君墓志》，《唐代墓志汇编续集》麟德 019，第 151 页。

② 《旧唐书》卷六八《程知节传》云程知节“大业末，聚徒数百，共保乡里，以备他盗”，第 2503 页。

③ 《大唐故司空太子太师赠太尉扬州大都督上柱国英国公勣墓志铭》，周绍良主编：《唐代墓志汇编续集》总章 010，第 178 页。

④ 《旧唐书》卷六七《李勣传》，第 2484 页。

⑤ 据《旧唐书》卷六七《李勣传》，李勣丁父忧之事系于武德末至贞观十一年行代袭刺史之制之间，如果其父只获得一次赠官，也应在此时。

⑥ 徐乐帅在其《中古时期封赠制度的形成》一文中也说“我们推测唐初对功臣们（父祖）的封赠，很可能是以集体的方式进行的”，但并未展开论述，见《唐史论丛》第 10 辑，三秦出版社，第 98 页。吴丽娱：《光宗耀祖：试论唐代官员的父祖封赠》：“凌烟阁功臣之父多追赠刺史”，“赠父大约已是唐初对开国元勋的一项特殊待遇”，见《文史》2009 年第 1 辑，第 143 页。

续表

勋臣	受赠先人	所赠官	所赠爵（先朝爵位）	封赠时间	备注
长孙无忌	父晟	司空、上柱国	齐国公	贞观中	无忌贞观元年封齐国公，十一年改赵国公
张公谨	父士儒	持节、深州刺史	定远郡公	—	公谨贞观元年封定远郡公，四年进邹国公
高士廉	父励	赠恒定并赵四州刺史	（北齐乐安王）	贞观初	
尉迟敬德	父伽	汾州刺史	常宁郡公	—	敬德贞观元年封吴国公
唐俭	父鉴	太常卿、上柱国	（隋晋昌郡公）	—	
宇文士及	父述	司空、上柱国	（隋许国公）	—	
程知节	父娄	使持节、瀛州诸军事、瀛州刺史	—	—	

以上能够确定时间的三例（李靖、房玄龄、高士廉）都在贞观初年，因此这一时期当有一次集中褒赠功臣先人的行动发生。其他时期亦有类似活动，但可能较为零散，如前述尉迟敬德之父于高宗显庆三年被再度追赠。所赠包括官与爵，但爵不是普遍的。首先来看所赠之官。虽然很多材料来源于后人的墓志，其中对官职的记录可能有所简省，但还是可以看出所赠之官多为都督诸军事、刺史，至于是否有使持节或持节，以及督、刺州数的差异，可能并不像表中所见的那样明显。而长孙晟、唐鉴、宇文述三人所获赠官为公卿及上柱国，等级较高，可能与三人本身地位有关：长孙晟之女即太宗长孙皇后，宇文述在隋位极人臣，唐鉴“与高祖有旧，同领禁卫”①。

接下来看所赠之爵。在以上九例中，四例受封赠者（李药王、高励、唐鉴、宇文述）在前朝已有爵位，李药王墓志所引诏书明确表示其永康公为隋朝爵位，唐代所赠仅限于官而不及爵，其他几例在墓志中出现时亦书先朝之爵，唐所赠者亦应是有官无爵。另外五例受封赠者（房彦谦、长孙晟、张士儒、尉迟伽、程娄）在先朝尚无爵位，而唐朝的封赠不仅包括官，还包括爵。

那么唐朝所赠之爵是如何决定的呢？长孙晟、张士儒所得之爵与长孙无

① 《旧唐书》卷五八《唐俭传》，第2305页。

忌、张公谨在贞观初年的封爵完全相同，房彦谦所得“临淄公”，当与房玄龄先前受封“临淄侯”有关，只有尉迟伽的“常宁郡公”，既不是来自尉迟敬德，也不是来自尉迟先世，令人疑惑。这恐怕是由于过高的爵等不轻易授人。《通典》卷一九载唐封爵有“国王，郡王，国公，郡公，开国郡公、县公，开国侯、伯、子，凡九等”①。《唐六典》卷二“司封郎中”条云“至郡公，有余爵听回授子孙；其国公，皆特封焉”②，贞观初年为国公者屈指可数，也说明国公之爵的特殊性。上述几例中只有长孙无忌之父获赠国公级的爵位，长孙氏乃国之懿戚，而其他人皆获赠郡公，应是常例。于是，房彦谦和尉迟伽在受封时应得到郡公之爵，而他们儿子的爵位都已成为国公，国公与郡公的爵号属于两种系统，无法相互借用。房彦谦的情况是采用了房玄龄早先的爵号，而尉迟敬德，从本传和墓志的记载来看，是由于在玄武门之变中立下大功而直接获封“吴国公”，因此其父无法借用他的爵号，另得“常宁”之封。

《李药王墓志》和《房彦谦碑》都反映出追赠成为迁葬的契机，尤其是《房彦谦碑》所记唐政府对迁葬赙赠甚厚。其他各例由于材料本身的性质所限，无法知道是否伴随迁葬行为，但在隋末动乱中卒于异乡之人很多，唐初墓志中有大量迁葬的情况，如果受封的先人未葬于本乡，借此机会迁葬的可能性很大。而且迁葬往往是家族中多人同时进行，比如这里的李靖家族就至少有李药王及其弟李𢿱两人迁葬至长安。所以一位先人得到封赠，有可能带来对家族葬地的影响。

关于封赠的对象，有六例（李靖、房玄龄、张公谨、尉迟敬德、唐俭、程知节）明确显示仅封赠一人，其他几例亦不能说明有更多人受赠。绝大部分情况是封赠勋臣之父，但李药王是作为李靖之兄而得到追赠的，或许是由于他们的父亲李诠早逝，在李靖之前的永康公是李药王而不是李诠。

封赠制度本身即蕴含着对魏晋以来的门阀制度的反动因素。吴丽娱在讨论唐代官员父祖封赠及门荫制度的社会影响时指出：“唐宋官僚制下的封赠和用荫没有对子孙身份来源甚至数量的限制，嫡庶都可以用荫，反之嫡庶也都可以赠父祖。”这就打破了宗法制度，尤其是父祖封赠，通过制度使家族的历史可

① （唐）杜佑著，王文锦等点校：《通典》卷一九，中华书局，1988年，第488页。
② （唐）李林甫等著，陈仲夫点校：《唐六典》卷二，中华书局，1992年，第38页。

以借由现时的权势而改变，“但提供这一切可能的是皇帝”①。一个家族的门阀资历可以由现实决定，而且家族内的大宗也可以基于现实改变而不受制于嫡长子继承制，体现了与中古早期的门阀制度恰恰相反的由现时决定、由皇权决定的倾向。而贞观初年对元勋先世的封赠中这样的倾向更加强烈，尤其体现在对元勋先人的赐爵上。不仅是获得封赠的资格依托于当世的功业，甚至先人封爵名号就直接来自勋臣本人的爵号，而他本人的腾达及其爵号的获得，自然是完全仰仗太宗之皇权的，这与士族社会当世仕途仰仗先人官爵的过程完全相反。

将封赠的这一功能与前文考证的李靖家世相结合，更能看出贞观初期封赠元勋先世的意义。这一在隋末已经没落的家族，在唐初由于李靖而再度兴盛。虽然李药王在隋有永康公之爵而没有获得唐朝追封爵位，但唐朝封李靖亦为永康公，使其家族正嫡由李药王过渡为李靖。贞观初年，在较集中的时期、以较相似的方式对多位元勋先世进行封赠，可以说是一项成规模的行动。自北朝以来，国家对大臣先世进行追赠渐趋流行，但通常都是对当朝的某位权贵所赐予的殊荣，像贞观初期这样的成规模行动是前所未有的。众所周知，秦王李世民是在与太子的尖锐斗争中胜出而即位的，太子的支持者多是北周以来的关陇集团的旧贵族，而秦王的阵营中则有不少新力量。贞观初年亦即李世民即位后不久对元勋显然的封赠，将提升其家族，尤其是原本地位不高的新晋元勋家族的资望，进而可能影响当时贵族社会的格局。这是太宗巩固政局的一项措施，也表现出此时皇权对门阀贵族社会采取主动的倾向。

四、余　　论

李靖家族在北魏分裂后得以显达于关中，但李靖一支本非正嫡，到隋末已经没落。李靖投靠太宗，成为初唐元勋之一，使这一支再次崛起，而且地位远超过去。这也是唐初很多元勋家族的共同经历。李靖家族后来改称郡望，以及李靖兄弟后来以较文雅的名字出现在史书中，或许都是这个家族在身份地位上升的过程中对自身的修饰。贞观初年对元勋先人的封赠，也可以看作国家赋予这些处于政治核心的家族以门阀资历。

---

① 吴丽娱：《光宗耀祖：试论唐代官员的父祖封赠》，第175—180页。

历经太宗一朝，很多原本寒微的勋臣借助政治上的显达而使自己的家族一跃成为社会上层，甚至竞相与太宗深恶痛疾的山东士人联姻。《资治通鉴》卷二〇〇云："太宗疾山东士人自矜门地，（中略）而魏徵、房玄龄、李勣家皆盛与为婚，常左右之，由是旧望不减。"① 要与山东士族联姻的绝不止《资治通鉴》所举几人，如前引《程知节墓志》记程知节前夫人为"孙氏"，甚至不云郡望，而后夫人则为"清河崔氏"。从这种情况可以看出这些勋臣家族不仅在政治上显达，也寻求高级的社会和文化地位。这些新的勋臣家族的兴起，既依靠太宗的扶植，也有其自身的努力经营。中央政权核心人物的家族摇身变为高门大族，是北朝以来就存在的现象，这是士族社会价值观的巨大感染力与中央政权对社会各方面的有力控制共同作用的结果，不过这个问题已经远远超出了本文所能论述的范围，姑且就此结束。

原文刊于《唐研究》第 17 卷（北京大学出版社，2011 年），提交本论集时略有修改。

---

① （宋）司马光：《资治通鉴》卷二〇〇"唐显庆四年"条，中华书局，1956 年，第 6318 页。

唐代赵郡赞皇李氏婚宦二例

——论李栖筠隐居共城山下、李德裕妾刘致柔

靳亚娟　北京大学历史学系

一、李栖筠隐居共城山下发微

陈寅恪著《论李栖筠自赵迁卫事》，以李栖筠作为山东旧族，迁居且举进士科，进而与新兴词科进士不能并存，究其原因，“然非河北士族由胡族之侵入，失其累世之根据地，亦不致此”①。傅璇琮《李德裕年谱》认为开天之际河北胡族是否能有力逼走世族不无可疑，个人不能概括其他河北士族，唐人离家隐居山寺者极多；且安史之乱后河北战乱，不还居旧地合于情理②。本文旨在讨论李栖筠（公元719—776年）为何迁卫、为何隐居一事，管中窥豹，观当时仕进风气之大变。

(一) 幼孤贫与举进士

李肇《国史补·李氏公惭卿》（约长庆中撰成，之后或有增补）曰：

> 李载者，燕代豪杰，常臂鹰携妓以猎，旁若无人，方伯为之前席，终不肯仕。载生栖筠，为御史大夫，磊落可观，然其器不及父③。

---

① 原载《中山大学学报（社会科学版）》1956年第4期，今据陈寅恪《金明馆丛稿二编》，生活·读书·新知三联书店，2015年，第8页。

② 傅璇琮：《李德裕年谱》，初版于齐鲁书社，1984年；二版于河北教育出版社，2001年；本文据第三版，中华书局，2013年，第5页。

③ （唐）李肇撰，曹中孚校点：《唐国史补》卷中，《唐五代笔记小说大观》，上海古籍出版社，2000年，第184页。

陈寅恪先生考订李栖筠曾祖李君逸（君逸先人有名无考）所任隋谒者台郎是“乡居土豪之虚衔”，父祖二代不仕，结论为：

> 是栖筠之父载，终身不仕，而地方官吏敬惮之如此。斯亦山东士族本为地方豪强，不必以仕宦而保持其地位势力之例证也。……则知栖筠之祖肃然，亦不仕进，其行事当与其子载相似。两世如此，足征其家固不必以仕宦保持其社会地位也①。

关于这一结论，笔者心存怀疑。

首先，隋初在赞皇（李栖筠依家乡所在被封赞皇公）携鹰出猎大概就十分流行。《续高僧传·隋赵郡嶂洪山释智舜传》记载传主（公元533—604年）为赵州大陆人，本为通晓典籍的书生，二十余岁出家，为追随僧稠从赵州到卫州白鹿山居十年：

> 后北游赞皇许亭山，依倚结业，声绩及远。有资其道供者，便权避之，遂经纪载，不须资给。又，猎者逐雉，飞入舜房，苦加劝勉，终不肯止，遂将雉去。情不忍此，因割耳遗之。感舜苦谏，便投弓解鹰，从舜请道，渐学经义。于是课笃数村舍其猎业②。

即使智舜一时让数村停止携鹰打猎，也难以根除这一风俗，李载的豪杰形象在唐代早期的赞皇不一定稀奇。唐后期刘禹锡《同乐天和微之深春二十首》其十二：

> 何处深春好？春深豪士家。多沽味浓酒，贵买色深花。
> 已臂鹰随马，连催妓上车。城南蹋青处，村落逐原斜③。

① 陈寅恪：《李栖筠自赵徙卫事》，氏著《金明馆丛稿二编》，第7页。

② （唐）道宣撰，郭绍林点校：《续高僧传》卷一七《习禅》，中华书局，2014年，第646页。

③ （唐）刘禹锡撰，陶敏、陶红雨校注：《刘禹锡全集编年校注》卷七，岳麓书社，2003年，第482页。

可见“臂鹰携妓”可谓描写豪杰的套路。

更重要的是，纵然方伯曾为李载前席，其子李栖筠是否能够在幼年丧父后保持社会地位不无可疑。《新唐书·李栖筠传》云：

> 李栖筠字贞一，世为赵人。幼孤。有远度，庄重寡言，体貌轩特。喜书，多所通晓，为文章劲迅有体要。不妄交游。族子华每称有王佐才，士多慕向。始，居汲共城山下，华固请举进士，俄擢高第①。

陈寅恪指出，这段叙述本于权德舆《唐故银青光禄大夫御史大夫赠司徒赞皇文献公李栖筠文集序》：

> 赞皇文献公，以文行正直，祗事代宗。中行山立，乃协于极。初，未弱冠，隐于汲郡共城山下，营道抗志，不苟合于时。族子华，名知人，尝谓公曰：叔父上邻伊周，旁合管乐，声动律外，气横人间。感激西上，举秀才第一②。

然而笔者看来，《新唐书》这一段更像由《册府元龟》文辞改写：

> 李华，栖筠之族子也。栖筠，赵郡赞皇人，幼孤贫而器度雄远，体貌（环）[瑰]杰。博览坟籍，无所不通，属文劲迅。然本于理道教化，性严重寡言，造次不妄交接。故当时高名之士皆敬慕之。华有知人之鉴，每称其王佐才。初自负器业，耻从宾贡，隐居于郡共城山下。华固勉其应举，一试登进士第③。

---

① （宋）欧阳修、宋祁撰：《新唐书》卷一四六《李栖筠传》，中华书局，1975年，第4735页。

② （唐）权德舆撰，郭广伟点校：《权德舆诗文集》卷三三，上海古籍出版社，2008年，第504页。

③ （宋）王钦若等编纂，周勋初等校订：《册府元龟》卷八四三《总录部·知人二》，凤凰出版社，2006年，第9804页；校勘据同书卷七七七《总录部·名望二》，第9004页“李栖筠，字贞一，赵郡赞皇人……皆敬慕之”，省略部分与引文大致重合。“字贞一”，或与李栖筠原名李卓有关，裴松之注《三国志》引《平原祢衡传》中孔融荐祢衡曰：“淑质贞亮，英才卓荦。”见（晋）陈寿撰，（南朝宋）裴松之注《三国志》卷一〇《魏书·荀彧荀攸贾诩传》，中华书局，1982年，第311页。

现存《旧唐书》中并无《李栖筠传》，而《旧唐书·李吉甫传》言其父李栖筠“国史有传”，李吉甫之子李德裕传记言“祖、父自有传”[1]，《册府元龟》中此段很可能就是李栖筠在唐代实录中传记的一部分。它提供了其他史料没有的信息，李栖筠“幼孤”且“贫”。目前并无关于李栖筠兄弟的史料，其父事迹也很有可能来自早年丧父的李栖筠本人转述。

虽然推测《册府元龟》所引内容和《新传》当为同一史源，但权德舆的序为我们提供了一个重要年龄点“未弱冠”。李栖筠出生于开元七年。陈寅恪所言“胡族”举例为突厥压缩河北大族生存空间。但突厥逐渐衰微，到玄宗时对河北主要的压力来自契丹、奚。早在高宗后期、武则天时代，东北就面临很大的边防压力，致使河北疲于供军。陈子昂上书曰：“曩属北胡侵塞，西戎寇边，兵革相屠，向历十载。关、河自北，转输幽、燕；秦、蜀之西，驰骛湟、海。当时天下疲极矣！”[2] 从地区来看，“西戎”指吐蕃，“北胡”指代突厥。武则天统治时期，除了突厥默啜的侵扰外，奚、契丹的力量也成为河北的巨大威胁[3]。到了李栖筠青少年时即玄宗开元时代，与奚、契丹作战导致河北的压力更加明显。开元间有两次东北大捷后的告庙，具体为：

> 二十二年六月，幽州节度副大使张守珪大破林胡，遣使献捷。敕曰：“边境为患，莫甚于林胡，朝廷是虞，几烦于将帅。而车徒屡出，刍粟载劳，使燕赵黎萌，略无宁岁。而山戎种落，常为匪人。……积年逋诛，一朝剪灭。则东北之祲，便以廓清；河朔之人，顿宽征伐……”
>
> 二十八年八月，幽州节度使奏破奚、契丹[4]。

---

① （后晋）刘昫等撰：《旧唐书》卷一四八《李吉甫传》，中华书局，1975年，第3992页；卷一七四《李德裕传》，第4509页。

② 《旧唐书》卷五〇《刑法志》，第2145页。时间参见（宋）司马光《资治通鉴》（以下简称《通鉴》）卷二〇三，唐则天后垂拱二年（公元686年）三月，中华书局，1956年，第6440页节选改写了这篇上书。

③ 参见《旧唐书》卷一九九下《契丹传》，第5350—5351页；《通鉴》卷二〇五，唐则天后万岁通天元年（公元696年），第6505—6507页，五月契丹反，八月契丹大败周军于河北。

④ 《册府元龟》卷一二《帝王部·告功》，第123—124页。参（宋）王溥《唐会要》卷九六《契丹》，上海古籍出版社，2006年，第2034页；（宋）宋敏求编《唐大诏令集》卷一三〇《平戎告庙敕》，中华书局，2008年，第711页，注作“开元九年”，与其他不同，当误。

这两段应当来自元载监修的《玄宗实录》，《资治通鉴考异》曰《实录》之“林胡”指契丹[①]。

开元晚期的《唐六典》规定，“十六岁为‘中’，二十有一为‘丁’”[②]。第一次告庙，“赵”民李栖筠年龄还没有到“中”。然而战争一直断断续续[③]，运粮官都可能遇乱而死[④]，“燕赵黎萌，略无宁岁”肯定也在继续。直至开元二十八年（公元740年）李栖筠成丁，还有一次东北胜利的告庙活动，这必然伴随大规模战斗及河北巨大的后备压力。杜甫（公元712—770年）比李栖筠略长几岁，基本是同时代人，他因父祖的官职荫庇“生常免租税，名不隶征伐”，但仍感慨“抚迹犹酸辛，平人固骚屑”[⑤]。虽然诗成于杜甫幼子病饿而死后的安史之乱前夕，比李栖筠弱冠时晚十几年，但仍可从中看出下层士人的生活艰难。没有父祖官荫，也不见有其他亲戚的庇护，“幼孤且贫”、壮龄、无残疾的良家男子李栖筠若要免除赋役，除非经过朝廷旌表或当上流内官[⑥]。唐长孺《〈晋书·赵至传〉中所见的曹魏士家制度》言，赵至在十六岁成丁被征发前逃走[⑦]。笔者受

---

① 《通鉴》卷二一四，唐玄宗开元二十二年六月，第6807页。

② （唐）李林甫等撰，陈仲夫点校：《唐六典》卷三《户部郎中、员外郎》，中华书局，1992年，第74页。

③ 《通鉴》卷二一四，唐玄宗开元二十二年十二月，第6808页，张守珪斩契丹王；二十四年四月，第6814页，张守珪请因安禄山讨契丹、奚败而斩之未果；二十五年二月，第6826页，张守珪破契丹；二十七年六月，第6837页，张守珪隐匿败于契丹事。《册府元龟》卷一四二《帝王部·弭兵》，第1589页：开元“二十五年六月，敕曰‘今边隅无事，寰宇乂安，甸内置烽，诚则非要。其蒲、绛等二十二州置烽师等共一万八千九十八人，宜并停勒还本邑’”。虽然是罢兵，但可见当时华北人民边防负担之重。

④ 周绍良主编、赵超副主编：《唐代墓志汇编》（以下简称《汇编》）开元四一七《大唐故定州无极县丞白府君墓志并序》，墓主白庆先被“御史中丞兼幽府长史张守珪奏充判官”“驱驰燕蓟”，“今年二月廿二日，使差给熟奚粮，奚叛遇害，非命而卒”（上海古籍出版社，1992年，第1444页）。录文（第1445页）来源为“古文献室藏拓片”，笔者未在现有出版物见到拓片。李志凡《唐张守珪墓志浅释》指出张守珪任幽州在开元二十一年九月一日后，荣新江编：《唐研究》第5卷，北京大学出版社，1999年，第471页。《汇编》系白庆先葬年在开元二十三年，或根据《汇编》开元419《唐故中大夫行太子内直监白府君墓志铭（并序）》，志主白羡言、贺若氏为白庆先父母，二十三年八月安葬，言白庆先先于母亲去世。拓片见北京图书馆金石组编《北京图书馆藏中国历代石刻拓本汇编》第23册，中州古籍出版社，1989年，第150页。综上，白庆先亡于二十二年或翌年二月。

⑤ （唐）杜甫著，（清）仇兆鳌注：《杜诗详注》卷四《自京赴奉先县咏怀五百字》，中华书局，1979年，第273页。

⑥ 参见张泽咸《唐代的衣冠户和形势户——兼论唐代徭役的复除问题》，《中华文史论丛》1980年第3辑，第155—174页。据此研究，现存史料中进士及第就免除全家徭役的“衣冠户”概念最早于会昌五年（公元845年）被定义，开元年间未见。

⑦ 唐长孺：《魏晋南北朝史论丛》，首版于生活·读书·新知三联书店，1955年，本文据商务印书馆，2010年，第32页。

到启发，认为李栖筠在成丁前离开家乡，也有可能为逃避赋税、杂役乃至兵役。

李华是李栖筠举进士科的一个重要启蒙者。唐代最有名的李华，字遐叔，以文辞见长，正与李栖筠生活在同时。《旧唐书》本传、独孤及《检校尚书吏部员外郎赵郡李公中集序》言其赵郡人[①]，《新唐书》记载他是“赵州赞皇人”[②]，李华季弟李苕（公元730—781年）墓志也称其为“赵郡赞皇人”[③]，更添可信。若依《新唐书·宰相世系表》，赵郡李氏东祖、西祖为兄弟，东祖房李华，至东祖李叡共13代；西祖房李栖筠，至西祖李劲共11代[④]，两人相差两辈。然而，李华《常州刺史厅壁记》正是永泰二年（公元766年）二月，为常州刺史李栖筠所作，自称“赞皇公从子”[⑤]，与权德舆序及《册府元龟》相同。赞皇李氏人才辈出[⑥]，李栖筠、李华的交往至少贯穿了天宝至永泰约二十年。

据独孤及《序》，李华：

> 开元二十三年举进士，天宝二年（公元743年）举博学宏词，皆为科首，由南和尉擢秘书省校书郎，八年历伊阙尉。当斯时，唐兴百三十余年，天下一家，朝廷尚文。夫羿工乎中微，拙于使人无已誉。公才与时并，故不近名而名彰，时辈归望，如鳞羽之于虬龙也。十一年拜监察御史[⑦]。

李华进士及第时间和李栖筠“初未弱冠”，隐居共城山的时间非常接近。按徐松《登科记考》，李栖筠天宝七载进士及第[⑧]，两人当相识于前。虽曰族子，

---

① 《旧唐书》卷一九〇下《文苑·李华传》，第5047页；（唐）独孤及撰，刘鹏、李桃校注，蒋寅审定：《毗陵集校注》卷一三，辽海出版社，2006年，第285页。

② 《新唐书》卷二〇三《文艺·李华传》，第5775页。

③ 赵振华：《唐李苕墓志与徐珙书法》，《四川文物》2004年第3期，第68页。拓片、录文另见毛阳光、余扶危主编《洛阳流散唐代墓志汇编》，北京图书馆出版社，2013年，第430—431页。

④ 《新唐书》卷七二上《宰相世系表》，第2559、2591页。

⑤ （宋）李昉等编：《文苑英华》卷八〇〇，中华书局，1966年，第4234页。

⑥ 清仁宗敕撰：《嘉庆重修一统志》卷二八《正定府二·陵墓》据之前县志记载：“李栖筠墓（在赞皇县东延康村东）。李德裕墓（在赞皇县东二十五里）。李绛墓（在赞皇县西南）。李华墓（在赞皇县西二十里）。李峤墓（在赞皇县北二十里）。”（《四部丛刊续编·史部》，上海书店，1984年，第14页上。）李栖筠至李德裕家族诸人葬于洛阳，见傅璇琮《李德裕年谱》，第8页。史料未见有迁葬之事，疑地方志附丽先贤，或可待考古发现。

⑦ 《毗陵集校注》卷一三，第285页。

⑧ （清）徐松撰，孟二冬补正：《登科记考补正》卷九，北京燕山出版社，2003年，第365页。

李华不仅年龄大于李栖筠，更是杰出的科举前辈，大名鼎鼎。在“朝廷尚文”的风气下，或是李华自邢州南和路过卫州与其谋面，或是李栖筠去长安拜访这位“时辈归望”的族人，受到鼓励举进士，也许还受到李华一些帮助。

虽然一战成功，李栖筠登科前也有凄凉经历。五代何光远《鉴诫录·赀旧诗》讲士子不为李吉甫礼遇，将李栖筠未第干谒时辛酸旧诗抄送给李吉甫，被赠厚礼封口：

> 李相公吉甫，其先失其官讳初修进之日，献卷于维扬护军宋甄大夫。甄寡于博识，不哀王孙。连上数启，都不动念。李于馆舍栖旅之甚，去住无依，遂吟一绝句赞之，宋以微茫礼遗而已。李后上第，生吉甫……诗曰：“十处投人九处违，家乡万里又空归。严霜昨夜侵人骨，谁念尊堂未授衣。”①

笔者未能查出宋甄是谁，但此诗正能与“幼孤贫”相印证，可见李栖筠虽为旧族，然为举进士辛苦奔波，少被礼遇。这样就更能理解李德裕口中祖父对进士科的厌恶：“以仕进无他伎，勉强随计，一举登第。自后不于私家置《文选》，盖恶其祖尚浮华，不根艺实。”②

李栖筠同时代人的出仕途径，还可见于元和十年（公元 815 年）权德舆撰《故尚书工部员外郎赠礼部尚书王公神道碑铭（并序）》，提到王绍父亲王端（？—759 年）早中进士、宏词甲科：

> 遇安禄山反书闻，南游江湖，自适其适。乾元己亥，奄至大病，悲夫！自开元、天宝间，万方砥平，仕进者以文讲业，无他蹊隧。荐绅之伦，望三台如登青天。公与河南元德秀、天水阎伯玙，同岁中正鹄……③

王端和颜真卿、柳芳等交好，直到儿子王绍去世后，才由孙子返葬洛阳。他的仕进、避难履历和李栖筠有相似之处。“仕进者以文讲业，无他蹊隧”，可见当

① （五代）何光远撰，邓星亮等校注：《鉴诫录校注》卷七，巴蜀书社，2010 年，第 181—182 页。
② 《旧唐书》卷一八上《武宗纪》，第 603 页。
③ 《权德舆诗文集》卷一七，第 276 页。

时风气。《册府元龟》、权德舆笔下李华的赞扬鼓励，李德裕口中“勉强随计”即是李栖筠早期生涯的一部分，“幼孤贫”的窘状迫使他离开家乡，开始艰苦的隐居生活①，还要四处投卷，以求仕进。

（二）汲县和共城山下

李栖筠为什么选择“共城山下”隐居呢？李德裕奏“臣亡祖先臣，曾居卫州汲县，竟以汲县解进士及第”②。吴宗国先生《唐代科举制度研究》中已经注意到开天之际到唐代后期，举子不依籍贯到各地假名就贡，或因当地录取比例大，或因选拔者名声大，或因私人关系③。李栖筠选择卫州的具体原因未知，但应该不出以上几种④。卫州同属河北道，然而距契丹更远，离政治中心两京更近，也是中古有名的隐居之地。

我们试图寻找既在汲县又在“共城山下”的地方。李吉甫《元和郡县图志》载卫州“西南至东都三百九十里”，下辖汲县内无山；汲县西偏北的共城县“东南至州六十二里”，境内只有一山——“白鹿山，在县西五十四里”⑤，距离县城不算近。严耕望先生《唐人习业山林寺院之风尚》于太行山南段，将李栖筠居共城山编于白鹿山与王屋山之间⑥。不过，之前的《隋书》云河内郡共城县“有共山、白鹿山”⑦。《水经注》曰百门陂在共县故城，即共和之故国西：“共伯既归帝政，逍遥于共山之上，山在国北，所谓共北山也，仙者孙登之所处。”⑧ 难道李栖筠隐居的“共城山下”就是“共山”，但它不在汲县该如

---

① 从严耕望《唐人习业山林寺院之风尚》所引其他人的山林生活推论。原文短札刊于《大陆杂志》1951年第2卷第4期；补订初稿刊于《民主评论》1954年第5卷第23期；增定稿后载《中研院史语所集刊》第30本，1959年；又补订于1968年，今据氏著《唐史研究丛稿》，龙门书店，1969年，第412—414页。

② （唐）李德裕撰，傅璇琮、周建国校笺：《李德裕文集校笺》卷一八《请改封卫国公状》，中华书局，2018年，第437页，从《通鉴》系年于会昌四年八月。

③ 吴宗国：《唐代科举制度研究》，辽宁大学出版社，1992年，第43—44页。

④ 郁贤皓：《唐刺史考全编》卷一〇一（安徽大学出版社，2000年，第1420—1421页）列开元中至天宝间卫州刺史，最有名者为李邕，然并未发现李栖筠和刺史们的交往记录。

⑤ （唐）李吉甫撰，贺次君点校：《元和郡县图志》卷一六，中华书局，1983年，第459、461—462页。参见谭其骧主编《中国历史地图集》第五册《隋唐五代十国时期》，中国地图出版社，1982年，第49页，河北道南部（公元741年）之卫州。

⑥ 严耕望：《唐人习业山林寺院之风尚》，氏著《唐史研究丛稿》，第385页。

⑦ （唐）魏徵、令狐德棻：《隋书》卷三〇《地理志》，中华书局，1973年，第849页。

⑧ （北魏）郦道元注，王先谦校：《合校水经注》卷九《清水》，中华书局，2009年，第147页上。

何解释呢？

唐代共城县（今辉县市）在汲县（今卫辉市）西偏北六十二里，卫县（今浚县卫贤镇）在汲县东北六十八里、共城东北[①]。根据遥感地图，汲县、共城县之间有山地或丘陵阻隔。《元和郡县志》中百门陂在共县西北五里，苏门山在卫县“西北十一里。孙登所隐，阮籍、嵇康所造之处”[②]。关于孙登隐居的记载，似乎把苏门山与《水经注》之共山视为一山。北宋时共山在共城县北十里[③]，清代顾祖禹曰：“共山，在县北七里。亦名九峰山，又谓之共北山，苏门之别阜也。”[④] 嘉庆《一统志》苏门山“在辉县西北七里”，共山“在辉县北九里”[⑤]。

唐代隐居苏门山的中唐名将马燧之兄马炫（公元694—772年）就与李栖筠有交往。《旧唐书・马炫传》曰其“少以儒学闻于时，隐居苏门山，不应辟召”[⑥]。据马炫墓志，他文才出众：“少博学，工为文，而雅好□遁，不求闻达，尝隐居苏门山，慕孙、阮高踪，有终焉之志。会天宝末祸起河朔，因避地汾浍间。”[⑦] 后曾任李光弼掌书记、郓州刺史。

陈寅恪已经注意到《金石萃编》卷九九《黄石公祠记碑题》“布衣赵郡李卓撰”，碑阴有大历八年（公元773年）高阳齐嵩题记：“所题赵郡李卓，即今台长栖筠。”[⑧] 然陈先生并没有就此进一步挖掘李栖筠的早期经历。清代《山左金石志》中更早录入了这块碑，附有考订。缘何题名“布衣赵郡李卓”？齐嵩碑阴题记曰：

> 元（避清讳，实为“玄”）宗季年，济阳废而东平兼领之。所称河南

---

① 《元和郡县图志》卷一六，第461—460页。

② 《元和郡县图志》卷一六，第461页；杜佑撰，王文锦等点校：《通典》卷一七八《州郡》亦曰卫县“今县西北有黑山、苏门山，孙登隐处”（中华书局，1988年，第4695页）。

③ （宋）乐史撰，王文楚等点校：《太平寰宇记》卷五六，中华书局，2007年，第1158页。

④ （清）顾祖禹撰，贺次君、施和金点校：《读史方舆纪要》卷四九《河南四・卫辉府・辉县》，中华书局，2005年，第2313页。

⑤ 《嘉庆重修一统志》卷一九九《卫辉府一・山川》，第8a、9a页。

⑥ 《旧唐书》卷一三四，第3702页；《新唐书》卷一五五，第4891页略同。

⑦ 洛阳市第二文物工作队李献奇、郭引强编：《洛阳新获墓志》第82号《唐故银青光禄大大兵部尚书上柱国汉阳郡公赠太子少保马公墓志铭（并序）》，拓片见第88页，录文、考订见第254—265页。标点见吴钢主编《全唐文补遗》第六辑，三秦出版社，1999年，第105页。

⑧ 陈寅恪：《李栖筠自赵徙卫事》，氏著《金明馆丛稿二编》，第3—4页。

裴公，即故郡守名序；所题赵郡李卓，即今台长栖筠。顷岁，马公炫自郎官出牧，少与台长交契莫逆，尝勤雨于庙，不睹所记，乃搜李文以勒贞石，每叹曰：所谓经国文章者，其在兹乎！未及毕而谢病言归①。

对于济阳郡太守裴序，除了以上名李卓的李栖筠所撰碑，言其为“天宝岁，夏六月”旱灾祈福祭祀之外，尚未在史料中发现其他事迹②。不过，李栖筠后来娶妻裴氏（裴虬之女、裴复之姐）③，或许他们有姻亲关系？

《山左金石志》题跋认为李栖筠族子是《新唐书·文艺传》之李华，并推论“炫隐苏门山，与栖筠始居共城山下，地既相比，二人交契当在此时”④。马炫少与李栖筠“交契莫逆”，而且两个人隐居时间接近，则李栖筠当在苏门山或其附近隐居。据我理解，广义的苏门山北在卫县，南连共城县。天宝七载，27 岁的李栖筠一战成名，进士及第，文章题名“布衣赵郡李卓”当在之前。李氏改名，由“卓”变成“栖筠”——栖息、竹子，不禁使我们联想到苏门山或共山最著名的隐者文化意象——孙登、阮籍、嵇康乃至“竹林七贤”，这可能包含了他对隐居岁月的怀想。

李德裕奏言李栖筠曾居卫州汲县，《册府元龟》引唐代实录、权德舆作序曰李栖筠隐汲郡“共城山下”。有一个地方很符合条件，它在汲县，又离共城县治更近。苏门山（顾祖禹称共山为“苏门之别阜”）附近有一座霖落山，或苏门山上有霖落泉寺。《隋西京大兴善寺北天竺沙门那连提黎耶舍传》言北齐

---

① （清）毕沅、阮元：《山左金石志》卷一三《黄石公祠记》，山东文献集成编纂委员会编：《山东文献集成》第四辑，第 23 册，影印清嘉庆二年（公元 1817 年）仪征阮氏小琅嬛馆刻本，山东大学出版社，2011 年，第 214 页。李栖筠、齐嵩所著文，分别收入（清）董诰等编《全唐文》卷三七〇、四五九，中华书局，1983 年，第 3761、4694 页。

② 郁贤皓：《唐刺史考全编》卷七五，第 1071 页。

③ 《册府元龟》卷三三七《宰辅部·徇私》，第 3798 页，元和三年二月，“时吉甫之舅、新除河南少尹裴复，求速之任”。《唐会要》卷六八《刺史上》，第 1422—1423 作“正月”“河南尹”、人名“复求”，疑误。因为韩愈《河南少尹裴君墓志铭》提到“累迁至刑部郎中。疾病，改河南少尹。舆至官若干日卒，实元和三年四月二十三日，享年五十”（刘真伦、岳珍校注：《韩愈文集汇校笺注》卷一四，中华书局，2010 年，第 1577 页），与《册府元龟》《唐会要》中李吉甫之舅履历相合。吴钢主编：《全唐文补遗》（千唐志斋新藏专辑），三秦出版社，2006 年，第 261—262 页，有李吉甫撰裴虬妻崔氏改葬墓志“以吉甫忝辱婚姻之眷，能知闺阃之化”；第 268—269 页，有裴复撰其父裴虬（公元 723—786 年）及裴虬前妻崔氏、后妻薛氏合葬墓志。拓片见中国文物研究所、千唐志斋博物馆编《新中国出土墓志》（河南卷 3 千唐志斋），文物出版社，2008 年，第 192—220 页。

④ 《山左金石志》卷一三，第 215 页。

末年，天竺僧耶舍“又于汲郡西山建立三寺，依泉旁谷，制极山美”[①]，或与卫州西部的霖落泉寺有关。《隋怀州柏尖山寺释昙询传》言其东魏、北齐之际“游至白鹿山北霖落泉寺”出家[②]。据《唐卫州霖落泉释惠方传》，隋代时惠方“年九岁投苏门淋落泉寺”[③]。《宋史・张鉴传》记载他“入卫州霖落山肄业，凡十余年。太平兴国三年（公元978年），擢进士第”[④]。同时代的《太平寰宇记》中汲县有“霖落泉，在县界”[⑤]。可见苏门山淋落泉寺、霖落山、霖落泉至少在同一片地方。元代卫州人王恽作《游霖落山记》曰：“州西北四十里，有山曰霖落，寺曰香泉者。”[⑥] 嘉庆《一统志》单列霖落山“在汲县西北三十五里”，苏门山“在辉县西北七里”[⑦]。我们无从知晓唐宋时人称呼的苏门山、共山、霖落山是否有明显界线，但各山毗邻，即使定点隐居，也可想象僧人、隐者往来其中。

霖落泉、林落泉、淋落泉当为一地别名。隋末唐初，霖落泉寺因昙询成为一个禅学中心，他曾于约北齐末年跟随隐居卫州的邺西云门寺释僧稠学习[⑧]。《隋蒲州栖岩道场释真慧传》中，真慧（公元569—615年）生于陕州，被派往邺下、卫州、山西学习。他在约开皇十四年（公元594年）随林落泉昙询学习[⑨]，得到“禅侣三百”的称赞。《唐蒲州栖岩寺释道杰传》中道杰（公元573—627年）曾遍历青州、河北等地学习经义，不仅向汲郡洪该学习《成实论》，又在大业年间向真慧学习坐禅，被其称赞比“淋落泉中诸学坐者”更具有“利根”[⑩]，足见淋落泉之坐禅中心地位。之前提到的霖落泉寺惠方虽曾受隋文帝诏往长安，但他大业六年（公元610年）又辞还本寺，隋末避难汲郡隆善寺，唐初又回归霖落泉寺。《唐卫州霖落泉释僧伦传》中僧伦（公元565—

---

① 《续高僧传》卷二《译经》，第35页。

② 《续高僧传》卷一六《习禅》，第597—598页。明则《隋故柏尖山寺昙询禅师碑》曰“乃逢昙准法师于霖落泉寺”，见陈尚君辑校《全唐文补编》卷一（中华书局，2005年，第2219页，据《八琼室金石补正续编》卷一五录文，《续高僧传》卷一六推测作者）。

③ 《续高僧传》卷二一《习禅》，第804页。

④ （元）脱脱等撰：《宋史》卷二七七《张鉴传》，中华书局，1985年，第9415页。

⑤ 《太平寰宇记》卷五六，第1153页。

⑥ （元）王恽著，杨亮、钟彦飞点校：《王恽全集汇校》卷三六《游霖落山记》，中华书局，2013年，第1786页。

⑦ 《嘉庆重修一统志》卷一九九《卫辉府一・山川》，第8a、9a页。

⑧ 《续高僧传》卷一六《习禅》，第597—598页。

⑨ 《续高僧传》卷一八《习禅》，第671—672页。

⑩ 《续高僧传》卷一三《义解》，第460、462—463页。

649 年）是汲郡人，九岁出家云门寺，长期活动于太行南麓，隋末也领门人至隆善寺，贞观初本居于抱犊山（今石家庄市西），讲授念处法，学徒甚多，被卫州刺史请居霖落泉寺①。

霖落山的“香泉寺”名最早见于开元经幢，王恽癸亥年（公元 1263 年）游览后又经重建②，现存遗迹。清代刘源洁《重修香泉寺中殿碑文》曰：

> 其间枝辅诸山……而香泉尤为幽胜。泉之上曰霖落，东南距汲县四十里，瀑泉飞洒，若雨霖落，故名焉。其峭壁凌空，群峰环拱，中分一涧，东西构二寺，其西尤古，失所自。有石幢镌《尊胜经》，则开元间物也，历今千有余岁矣。殿前古碑，有元学士王秋涧恽撰文……③

不知道其中“其西尤古”者和隋唐之际的霖落泉寺有何关系。叶昌炽《缘督庐日记抄》丙辰年（公元 1916 年）四月收到朋友所赠卫辉府石刻题名：

> 《香泉寺经幢》（开元十六年十二月十五日，僧法明建，书手崔慧琮）……《香泉寺香台幢》（八面刻，广顺叁年〔公元 953 年〕，岁次癸丑闰正月壬午朔玖日庚寅）；《霖落山香泉寺重修塔记》（景德元年〔公元 1004 年〕甲辰岁二月，有阴，共二纸）④。

霖落泉寺可能改名为香泉寺，浓厚的佛教氛围可能影响到隐居附近的李栖筠，比如清昼（字皎然）撰《唐洞庭山福愿寺律和尚坟塔铭（并序）》，所列奉戒、服道弟子后有“钦风弟子前廉使亚相李公栖筠”⑤。

---

① 《续高僧传》卷二一《习禅》，第 790 页。

② （明）邹守愚修，李濂纂：《河南通志》卷一九，嘉靖三十五年刻本，第 14 页下至 15 页上，“在府城西北霖落山，元延祐（公元 1314—1320 年）间建”。

③ 《王恽全集汇校》附录第 4591—4592 页，引韩邦孚监修，田芸生总编《新乡县续志》卷四，民国十二年刻本（第 6 页）。

④ 卷一六，民国上海蟫隐庐石印本，第 7 页下。又见（清）叶昌炽撰，柯昌泗评，陈公柔、张明善点校《语石　语石异同评》卷四《经幢八则·香泉寺经塔跋》（中华书局，1994 年，第 280 页），“此幢在河南汲县香泉寺，唐开元十六年比丘僧法明造”。

⑤ 《全唐文》卷九一八，第 9568 页；傅璇琮《李德裕年谱》第 6 页据此曰李栖筠曾皈依佛教，然“饮风弟子”疑为排印错误。

马炫对李栖筠少年布衣所作即叹为“经国文章”，李华对其称赞也有名有实，可见其在进士及第前已经有些名气。也许像马炫一样怀着对孙登、阮籍、嵇康隐居风度的仰慕，孤贫的赵郡旧族李栖筠从家乡来到了卫州汲县，隐居山林，远离幽州征战契丹带来的赋役压力。此地同属河北道，然而离东都、西京更近，也没有许多大族子弟（潜在乡贡进士竞争者）。他读书作文，结交朋友，拜访前辈，为自己造势；之后从卫州解，登进士科，踏入仕途。

（三）白鹿山的隐居与仕进

为探讨李栖筠从隐居到举业，我们将目光放宽至整个卫州隐者，共城县西北五十里的白鹿山就此进入视野。它在今河南辉县市与山西交界的太行南麓，紧邻太行八陉之白陉，于今声名不显，而《唐六典》《新唐书》记载河北道“其名山：林虑、白鹿、封龙、井陉、碣石、常岳”①。此处在洛阳、邺城之间，是往来太行南麓的要道。北朝至唐皆有学者、僧人南北而来，隐居于此②。

佛道之外，白鹿山尤其是文士隐居佳地，兹录唐代此处隐者如下。《旧唐书》记唐初有史学家隐居这里：

> 邓世隆者，相州人也。大业末，王世充兄子太守河阳，引世隆为宾客，大见亲遇。及太宗攻洛阳，遣书谕太，世隆为复书，言辞不逊。洛阳平后，世隆惧罪，变姓名，自号隐玄先生，窜于白鹿山。贞观初，征授国子主簿，与崔仁师、慕容善行、刘顗、庾安礼、敬播等俱为修史学士③。

邓世隆后为修史学士，早年曾复书太宗，可见亦有文学。

亦有儒学家隐居、讲学于此。《旧唐书》曰：

> 马嘉运者，魏州繁水人也。少出家为沙门，明于《三论》。后更还俗，专精儒业，尤善论难。贞观初，累除越王东阁祭酒；顷之，罢归，隐居白鹿山。十一年，召拜太学博士，兼弘文馆学士，预修《文思博要》。嘉运

---

① 《唐六典》卷三，第67页；《新唐书》卷三九《地理志》，第1009页。唐宋人所称白鹿山多指今豫北太行南麓，但也有今四川、广东等地。本文列举将依据原文语境、人物活动范围判断其方位。

② 佛教可参看何利群《新乡北朝佛教史迹刍议》，《华夏考古》2016年第3期，第101—103页。

③ 《旧唐书》卷七三《邓世隆传》，第2599页。

以颖达所撰《正义》颇多繁杂，每掎摭之，诸儒亦称为允当。高宗居春宫，引为崇贤馆学士。数与洗马秦暐侍讲殿中，甚蒙礼异。十九年，迁国子博士卒。

《新唐书》本传有缩略，然而多一句“诸方来授业至千人”①，当与《册府元龟》中“四方受业者，常数千百人”来源相同②，可见规模之大。严耕望以其为贞观初仅见之私家教授③。以上两人分别于武德后期、贞观初隐居白鹿山，马嘉运有大规模讲学，未知邓世隆是否有讲学事。

之后白鹿山可能依然学风鼎盛。中宗时筑三受降城的名将张仁亶（？—714 年，后避睿宗讳改名张仁愿），“少有文武材干，累迁殿中侍御史”④。《广异记》记载其“幼时贫乏，恒在东都北市寓居”，已为“才学之士”，常被商贩阎庚救济。后闻阎父责怪阎庚，张仁亶曰“今将适诣白鹿山”，阎庚回答“方愿志学，今欲皆行”，并“私备驴马粮食”。两人“六日至陈留”，遇到主管河北婚姻的地曹，曰求娶“今河北去白鹿山百余里”的村中王氏女，可以改变阎庚贫贱的命运。两人“行六七日至村”⑤，后来阎庚留下，张仁亶独往就学。严耕望视其为习业山林⑥。

李栖筠弱冠隐居时代为开天之际，稍早隐居白鹿山的有杜鹏举、卢藏用。杜鹏举父亲为荆益二州大都督府长史，夫人为尉迟恭孙女，族兄弟为开元时宰相濮州濮阳杜暹，第三子为代宗宰相杜鸿渐（公元 709—769 年）。杨炎撰《安州刺史杜公神道碑》记睿宗登基之前，杜鹏举“少与范阳卢藏用隐于白鹿山，以太夫人有疾，与清河崔沔同授医于兰陵萧亮……属先府君作镇荆楚，有诏门子亲侍禁闱，起家修武县尉。岁满，以书判超等授济源尉，以正议登朝，拜右拾遗”⑦。

---

① 《旧唐书》卷七三《马嘉运传》，第 2603—2604 页；《新唐书》卷一九八《儒学》，第 5645 页。

② 《册府元龟》卷七六八《总录部·儒学》宋本曰“数十百人”，第 8882、8886 页；卷八一三《总录部·退迹》曰“数千百人”，第 9471 页。疑“十”误，从“千”。

③ 严耕望：《唐人习业山林寺院之风尚》，氏著《唐史研究丛稿》，第 370 页。

④ 《旧唐书》卷九三《张仁愿传》，第 2981 页；《广异记》后引文曰其寿命八十余，无从查证。

⑤ （宋）李昉等编：《太平广记》卷三二八，中华书局，1961 年，第 2604—2605 页。这段记载的问题在于白鹿山在洛阳东北，开封西北，为什么不直接沿太行山麓东北行前往白鹿山，而要绕道陈留？或为记载不实，或为大路安全，补给便利，两人为游学多识，不急于赶路。

⑥ 严耕望：《唐人习业山林寺院之风尚》，氏著《唐史研究丛稿》，第 370 页。

⑦ 《文苑英华》卷九二三，第 4857—4858 页。

杜暹擢明经第，“其为人少学术”，“然能以公清勤约自将”①。而其族兄弟杜鹏举“书判超等”，开元初上赋讽谏，当有文学之才。鹏举子鸿渐开元二十二年进士及第②，后为朔方军判官，安史之乱中迎奉太子至灵武，并劝其称帝，后为代宗宰相镇抚成都，但因胆怯、佞佛并不为史家称许③。

和杜鹏举一起隐居白鹿山的卢藏用《唐书》有传，只言其隐居终南、少室，以被嘲为“终南捷径”的假隐居者留名青史：

> 卢藏用，字子潜，幽州范阳人。父璥，魏州长史，号才吏。藏用能属文，举进士，不得调。与兄徵明偕隐终南、少室二山，学练气，为辟谷，登衡、庐，彷徉岷、峨。与陈子昂、赵贞固友善。长安中，召授左拾遗④。

与李栖筠隐居时间接近的，还有开元年间的崔良佐。其子崔元翰（公元729—795年）是建中二年（公元781年）进士，贞元三年（公元787年）入朝为太常博士，六年为礼部员外郎，七年知制诰，八年冬罢知制诰，十一年去世⑤。权德舆集中《唐故尚书比部郎中博陵崔君文集序》正在李栖筠集序之后：

> 东汉济北相长岑令之后也。曾祖某，济州刺史。祖某，凤阁舍人。考某，以经明历卫州汲县尉、虢州湖城县主簿，亲没遂不复仕。探古先微言，著《尚书演范》《周易忘象》及《三国春秋》幽观之书。门人诸儒，易其名曰贞文孝父。
>
> 君绍文宗雕龙之庆，究贞文法义之学。洁廉清方，敦直庄明，博见强志，不取合于俗。默而好深湛之思，舒而为彬蔚之文。师遵六籍，磅礴二汉，不为物迁，不为波流。初间关（《文苑英华》《全唐文》作“闭关”）隐约于河朔之间，年殆知天命，甫与计偕至京师。洎博学宏词、直言极

① 《新唐书》卷一二六《杜暹传》，第4422页。

② 《登科记考补正》卷八，第314页，未引史料印证。

③ 《旧唐书》卷一〇八《杜鸿渐传》，第3282—3285页；《新唐书》卷一二六《杜暹传附族子鸿渐传》，第4424页略同。

④ 《新唐书》卷一二三《卢藏用传》，第4374页；《旧唐书》卷九四《卢藏用传》，第3000—3001、3004页略同。

⑤ 王从仁：《崔元翰系年》，《上海师范大学学报（哲学社会科学版）》1982年第1期，第52—53页。

> 谏，凡三登甲科，名动天下[①]。

《新唐书·艺文志》有“崔良佐《三国春秋》”注曰：“卷亡。良佐，深州安平人，日用从子。居共白鹿山，门人谥曰贞文孝父。”[②] 同书《崔元翰传》较《艺文志》对其父著作有所补充：“治《诗》《易》《书》《春秋》，撰《演范》《忘象》《浑天》等论数十篇。隐共北白鹿山之阳。卒，门人共谥曰贞文孝父。”[③] 可见，崔元翰祖曾为撰写诏令的凤阁舍人，其父经史兼通，并有门人，当有讲学行为。崔元翰他早年在河北活动，虽然究其父“法义之学”，但最终大龄举进士、为藩镇幕僚、知制诰。他在博学多闻、不合于时方面类似李栖筠，但只以文辞知名。

（四）结论和余论

综上，唐初或因人才缺乏，白鹿山隐居者因其文学、儒学素养很快被征召入朝。之后记载隐居白鹿山的张仁愿、卢藏用、杜鹏举、崔良佐，苏门山的马炫、李栖筠，除张仁愿外皆有士族背景，只有李栖筠父祖不仕。张仁愿不言入仕途径。卢藏用能属文而举进士不第，被召入仕。杜鹏举有文采，而以门荫侍卫出仕。崔良佐以明经历县尉、主簿而隐居。然而前有杜鹏举之子，中有李栖筠，后有崔良佐之子，皆以进士登科，足见当时风俗之大变，已经波及山中之人。期间马炫因安史之乱被辟为李光弼掌书记，走上仕途，也因能文。严耕望业已注意到习业山林寺院，多在开元之后，除了佛教鼎盛、藏书丰富及文士山居风尚的一般原因外，更有经学衰、文学盛及其衍申的大族没落、寒士进用之故[④]。陆扬《唐代的清流文化》一文注意到开元二十四年张九龄反对牛仙客任尚书一事，敏锐地对这一时期开始的政治、社会文化转型做了概括：

> ……无论是公卿子弟、政治上衰微的旧门第成员或前期勋贵家族的后辈还是庶族人士，只要凭借文学科第的成功和符合“文”的理念和履历（从中央的清选职位到藩镇的掌书记等文职），他们就有可能进入这一群

---

① 《权德舆诗文集》卷三三，第507页。

② 《新唐书》卷五八《艺文志》，第1467页。

③ 《新唐书》卷二〇三《崔元翰传》，第5783页。王从仁据崔日用（公元673—722年）年龄和《新唐书·宰相世系表》，认为崔良佐是其从子。见王从仁《崔元翰系年》，第48页。

④ 严耕望：《唐人习业山林寺院之风尚》，氏著《唐史研究丛稿》，第416—420页。

> 体，成为其新成员，并逐渐形成清流家族。当然称这种以“文”为核心的政治文化观念为主流意识，并不表示唐后期社会中的代表各种政治力量的群体都心甘情愿地接受这种价值观，只是从8世纪后期以后，这种价值观和唐帝国的统治策略、皇帝的政治角色、官僚体系的权力分配等结合日趋紧密，使得他们不得不面对这一现实而做出主动或被动的调整，去迎合这一价值系统并从中获取政治资源①。

李栖筠正是出身于“政治上衰微的旧门第”，甚至可能面临赋役的压力，耻于科举而仕进别无他途，勉强为之；但其子孙李吉甫、李德裕一跃成为“公卿子弟”后，虽然文采斐然，却不从科举，仍经清要选职。李德裕认为进士科浮华不实，儿子李烨在家庭变故前也是未科举而历清要。然而，自大中初家世剧变后二十多年内，咸通三年（公元862年）李烨墓志撰者曰“从弟乡贡进士濬”，咸通十二年李德裕兄德修孙女墓志撰者曰“弟乡贡进士尚夷”②，则一百多年后李栖筠之曾孙、李吉甫之曾孙又踏上了举进士之路。这一家族的经历既有对这种清流文化的对抗，又不得不裹挟其中。

二、再论刘致柔为李德裕妾

大中三年（公元849年），李德裕被贬崖州后，撰《唐茅山燕洞宫大洞炼师彭城刘致柔墓志铭（并序）》：“以己巳岁八月二十一日终于海南旅舍，享年六十有二。”李德裕子李烨附记：

> 己巳岁冬十月十六日，贬所奄承凶讣，茹毒迷仆，岂复念生，匍匐诣桂管廉察使张鹭请解官奔讣，竟为抑塞。荏苒经时，罪逆衅深，仍钟酷罚，呼天不闻，叩心无益，抱痛负冤，块然骨立。阴阳致寇，棣萼尽凋，藐尔残生，寄命顷刻。殆及再期，乃蒙恩宥，命烨奉帷裳还祔先兆。烨舆

① 原载北京大学中国古代史研究中心编《田余庆先生九十华诞颂寿论文集》，中华书局，2014年；今据陆扬《清流文化与唐帝国》，北京大学出版社，2016年，第225页。

② 《汇编》咸通016《唐故郴县尉赵郡李君墓志铭（并序）》，第2390页；《汇编》咸通101《唐故赵郡李氏女墓志铭》，第2456页。拓片分别见《北京图书馆藏中国历代石刻拓本汇编》第33册，第17、116页。

> 曳就途，饮泣前进，壬申岁（公元 862 年）三月，扶护帷裳，陪先公旌旐发崖州[①]。

学者们对志主刘致柔（公元 788—849 年）是妻是妾颇有争论。我认为刘致柔为李德裕之妾。

回顾前人观点，20 世纪早期罗振玉《贞松老人遗稿·石交录》四[②]、陈寅恪《李德裕贬死年月及归葬传说辨正·附记》以其为李德裕妾，顺理成章，并未论证[③]。中叶岑仲勉《唐史余沈》卷三《李德裕妻刘致柔及其子女》认为刘致柔是妻，陈寅恪"未暇详审"[④]。理由如下：1. 李德裕撰其妾《徐盼墓志》"辞允而昵"，《刘致柔墓志》（以下简称《刘志》）"辞等而庄"；2. 刘致柔仅小李德裕（贞元三年出生）一岁，年龄非姬妾之比；3.《刘志》中提到非其亲生幼子是明嫡庶之位；4.《刘志》中李烨附记"顾复""凶讣"、奔"讣"、不能终"养""帷裳"，引号内字上空两格，是尊敬嫡母；5. 李烨方处危疑，非三年大丧，不会求解官奔讣；6. 李庄（李德裕之孙、李烨之子）称生母为"炼师"，则"无疑乎"李德裕也称其妻刘氏为"炼师"，况且可能由于远谪更不愿用夫人称呼。

之后学者受岑仲勉影响者颇多。汤承业《李德裕研究》，未提出具体根据而认为她是妻。傅璇琮《李德裕年谱》承袭了岑仲勉的看法。黄楼《李德裕归葬缘由新解》也赞同岑说。曹圆《出土墓志与唐代夫妻关系》认为岑说"最全面、最有说服力"[⑤]。

---

① 《汇编》大中 071，第 2303—2304 页。拓片见《北京图书馆藏中国历代石刻拓本汇编》第 32 册，第 82 页。

② 罗振玉：《石交录》卷四，罗继祖主编《罗振玉学术论著集》第三集《雪堂所藏古器物图说》（外九种），上海古籍出版社，2013 年，第 331 页。

③ 原载《中研院史语所集刊》第 5 本第 2 分，1935 年，今据陈寅恪《金明馆丛稿二编》，第 51、48 页。

④ 原版于上海人民出版社，1957 年；今据中华书局，2004 年，第 191—194 页。

⑤ 汤承业：《李德裕研究》，嘉新水泥公司文化基金会，1973 年，第 37—40 页；傅璇琮：《李德裕年谱》，第 59—60 页；黄楼：《唐宣宗大中政局研究》，天津古籍出版社，2012 年，第 284 页；曹圆：《出土墓志与唐代夫妻关系》，复旦大学博士学位论文，2013 年，第 85 页。另外，李希泌、毛华轩：《关于李德裕晚年史料的一点考订——〈刘致柔墓志〉及其他》，《文献》1993 年第 4 期，第 66—72 页，误以为刘致柔是李德裕晚年道号。周建国：《〈关于李德裕晚年史料的一点考订〉辨误》，《文献》1994 年第 3 期，第 274—275 页已指出前文错误，但按岑仲勉、傅璇琮的意见，以刘致柔为李德裕正妻。

20 世纪 90 年代以来，反驳刘致柔是正妻的文章依次出现。封野《李德裕夫人刘氏考》提出墓志全无“聘”“嫔”“归”等妇女婚嫁字语，很可能是以婢为妾，即“婢为主人所幸因而有子……听为妾”[①]。孙桂平《〈唐茅山燕洞宫大洞炼师彭城刘氏墓志铭并序〉诸问题考辨》反驳了岑仲勉的 1—3 条理由[②]。以刘致柔仅小李德裕一岁判定是妻，有臆断之嫌。其次李德裕对刘致柔、徐氏措辞相异，缘于徐氏以才貌取悦夫君，死时二十三岁，令人惋惜；刘致柔为李德裕生养五个子女，并抚养了别出二子，措辞自然要庄重。李德裕谪贬后多得刘致柔安慰，最终从死贬所，显以姬妾名分尽正妻之责，故一再被称颂。刘致柔为妾的理由有：一、唐代士庶不婚，直接导致李德裕贬死崖州的“吴湘案”中，李绅处死吴湘罪状之一为娶民颜悦女，犯当时格律。二、朝官夫人中年出为女冠，太悖常情。三、妻妾宗祧地位不同。墓志中李德裕不称刘致柔为夫人，李烨附记中称“先公”，而不言“先妣”，径称“帷裳”。李濬撰李烨墓志铭云“君躬护显考及昆弟、亡姊凡六丧”，独不言刘致柔。最后提出徐氏、刘致柔入道可能是为了得葬夫家，以致祭奠。

陈尚君《陈寅恪先生唐史研究中的石刻文献利用》提到李德裕为妾刘致柔所撰墓志[③]。刘燕俪《唐律中的夫妻关系》也认定刘致柔是妾。刘致柔家世不明，不大可能是士族婚姻对象；罗振玉、陈寅恪和翁育瑄皆有学养，认为刘致柔是妾[④]。

笔者赞同刘致柔并非正妻的观点，首先因为并未看到政敌对李德裕婚姻失类的攻击。据现有史料，李德裕家族有正妻裴氏、卢氏、郑氏。元和三年二月，“时吉甫之舅、新除河南少尹裴复，求速之任”[⑤]，可见其父李栖筠娶裴氏。韩愈为裴复（公元 759—808 年）所撰墓志铭曰：“裴为显姓，入唐尤盛

---

① 封野：《李德裕夫人刘氏考》，《江海学刊》1996 年第 3 期，第 163 页。

② 孙桂平：《〈唐茅山燕洞宫大洞炼师彭城刘氏墓志铭并序〉诸问题考辨》，《古籍研究》1999 年第 4 期，第 77—79 页。

③ 原载《中山大学学报（社会科学版）》2000 年第 1 期，今据陈尚君《汉唐文学与文献论考》，上海古籍出版社，2008 年，第 460 页。

④ 刘燕俪：《唐律中的夫妻关系》，五南图书出版公司，2007 年，第 323—324 页；翁育瑄：《唐代における官人階級の婚姻形態》，《東洋學報》83—2，2001 年，第 150 页。

⑤ 《册府元龟》卷三三七《宰辅部·徇私》，第 3798 页；《唐会要》卷六八《刺史上》，第 1422—1423 作“正月”“河南尹”、人名“复求”，疑误。见下注。

……惟公之系，德隆位细。”① 但也可称宦门。新发现的裴虬之妻崔氏（公元730—763年）改葬墓志，撰者为李吉甫（公元758—814年），她名义上的外孙，提到崔氏之子裴竦“以吉甫忝辱婚姻之眷，能知闺阃之化”②。李栖筠子老彭娶范阳卢氏，见于李德裕撰堂姐崔氏妻的墓志③。

据《新唐书·宰相世系表》，裴璟是裴虬孙子、裴复儿子，即李吉甫的表兄弟。“虬，谏议大夫”。“复字茂绍，河南少尹”。“璟，生蟾”④。但是李吉甫和舅舅裴复年龄相近，李德裕和表叔裴璟或许也是如此，两人的密切交往见于笔记。旧本《玉泉子》云：“李德裕退朝，多与亲表裴璟破体笑语，询以新事。”《太平广记》引《芝田录》曰：“李德裕退朝归第，多与亲表裴璟无间破体笑，与

---

① （唐）韩愈著，刘真伦、岳珍校注：《韩愈文集汇校笺注》卷一四《河南少尹裴君墓志铭》，第1577页，“累迁至刑部郎中。疾病，改河南少尹。舆至官若干日卒，实元和三年四月二十三日，享年五十”，与《册府元龟》《唐会要》中李吉甫之舅履历相合。墓志拓片在《北京图书馆藏中国历代石刻拓本汇编》第29册，第36页，注明“陆增祥疑为伪刻”；录文另见《汇编》元和023，第1965页。墓志原石情况参见《韩愈文集汇校笺注》，第1579—1580页，笺注者延续陆增祥等意见，以墓志为伪作，未言志主和李吉甫的关系。

② 吴钢主编：《全唐文补遗》（千唐志斋新藏专辑），第244页，有阎伯均撰裴虬妻崔氏墓志，“权窆于丹阳”；第261—262页，有李吉甫撰崔氏改葬“邙山”墓志；第268—269页，有裴复撰裴虬（公元723—786年）及前妻崔氏、后妻薛氏合葬墓志。拓片见中国文物研究所、千唐志斋博物馆编《新中国出土墓志》（河南卷3千唐志斋），第193、192、220页。胡可先：《新出土石刻史料与李德裕相关问题探索》，《河南社会科学》2017年第5期，第88页已经留意到裴复、李吉甫所撰两方。齐运通、杨建锋编：《洛阳新获墓志二〇一五》，中华书局，2017年，第221页，有李吉甫撰崔氏改葬墓志：拓片题记，将崔氏去世之“宝应年”据字形补为“宝应元年（公元762年）”，误；据阎伯均当年为逝者崔氏所撰墓志“宝应癸卯”，当为“宝应二年”（七月改元广德）；裴复在裴虬墓志中言崔氏“先公廿二年终于丹杨”，应为23年前。气贺泽保规编：《新编唐代墓誌所在総合目録》，明治大学アジア石刻文物研究所，2017年，第294页，7696号将崔氏改葬墓志定在与裴虬合葬的贞元三年（公元787年）。据《旧唐书》本传（卷一四八，第3992页）生卒年，李吉甫在公元784年“年二十七，为太常博士……迁屯田员外郎，博士如故”。崔氏墓志不言改葬时间，李吉甫结衔为“朝议郎、前行京兆参军”。《旧唐书》卷四二《职官志》之永泰二年官品，京兆诸曹参军正七品下，太常博士从七品上，但后者属于升迁优先的“清官”（李林甫《唐六典》卷二“吏部郎中”条，第34页）。推测行京兆参军在太常博士前，则崔氏自丹阳改葬至邙山在公元784年之前。崔氏去世时，阎伯均言，“小男呱矣，幼女孩矣”；李吉甫言，独子裴“竦始襁褓”，后来“长子竦”改葬；裴复在其父墓志中自称“长子”。依韩愈记载的裴复生卒年，崔氏去世时，他已经虚岁五岁。若记年龄无差，则裴复是裴竦庶兄；若“呱”“襁褓”有较大年龄偏差，那么裴竦可能后来改名为“裴复”（他主持了崔氏、裴虬合葬，且裴复妻博陵崔氏）。墓主崔氏比撰者李吉甫只年长29岁，去世时女儿还小，不是李吉甫的亲生外祖母。

③ 吴钢主编：《全唐文补遗》第四辑《唐故博陵崔君夫人李氏墓志铭（并序）》，三秦出版社，1997年，第182页。拓片见洛阳市文物工作队《洛阳出土历代墓志辑绳》，中国社会科学出版社，1991年，第680页。

④ 《新唐书》卷七十一上《宰相世系表一上》，第2188页。

李多询以内外新事。"[①]《唐语林》曰："李卫公性简傲……唯与中书舍人裴璟相见，亦中表也，多访裴以外事。"[②] 总之，李德裕和父祖姻亲裴氏交谊尚好。

李烨是李德裕之子，他为妻子荥阳郑氏（公元827—855年）所撰墓志中，连郑氏祖母清河崔氏、母亲范阳卢氏都列出[③]，可见对门第之夸耀。郑氏墓志记载她"开成庚申岁（公元840年）八月望"归于李家，年方十四，李烨（公元826—860年）年仅十五[④]。本年正月文宗去世，武宗即位，淮南节度使李德裕七月被召入朝，九月初至长安拜相[⑤]。郑氏父亲官名为"舒城县令"，正在淮南辖内。八月时，李德裕亟须进京拜相，任职地变动，这可能促使李烨紧急成婚。墓志只言郑氏"当予家之盛，逮事先公，僮僮首饰，祁祁忘疲，婉娩敬从，友穆娣姒"，可见李德裕没有正妻，所以才不写郑氏孝敬婆母。

另外，现在发现的李德裕家族出嫁的女儿，均婚大姓。如毕諴撰范阳卢就墓志，开头不叙家世，即言其为淮南李公甥，李公以朝廷选举浮华，开成末任宰相，应是李德裕。则李德裕这一姐妹嫁范阳卢倕[⑥]。李德裕所书墓志中，他的堂姐——李栖筠子老彭之女，贞元末李吉甫在饶州刺史任上使嫁博陵崔氏[⑦]。综上李氏姻亲，几乎不可能娶世系不明的刘致柔为妻。

据《资治通鉴》记载，会昌五年九月："王才人宠冠后庭，上欲立以为后。李德裕以才人寒族，且无子，恐不厌天下之望，乃止。"[⑧] 从唐武宗时期《通鉴》史源判断，这条很可能来自李德裕《文武两朝献替记》[⑨]。既然反对王才

---

① （唐）佚名撰，夏婧点校：《新辑玉泉子》之《旧本玉泉子佚文辨正》，中华书局，2014年，第162页；《太平广记》卷二六五《轻薄一·崔骈》，第2080页，出处见第2081页。

② （宋）王谠撰，周勋初校证：《唐语林校证》卷七《补遗》，中华书局，2008年，第620页，第621页周勋初按语认为这条和《玉泉子》或《芝田录》内容类似，文字出入较大，王谠或另有所据。

③ 《汇编》大中157《大唐赵郡李烨亡妻荥阳郑氏墓志（并铭）》，第2373—2374页。拓片见《北京图书馆藏中国历代石刻拓本汇编》第32册，第171页。

④ 《汇编》咸通016，《唐故郴县尉赵郡李君墓志铭（并序）》，第2390页。

⑤ 傅璇琮：《李德裕年谱》，第291—293页。

⑥ 《汇编》大中064《唐故朝请大夫尚书刑部郎中上柱国范阳卢府君墓志铭（并序）》，第2299页。拓片见《北京图书馆藏中国历代石刻拓本汇编》第32册，第73页。

⑦ 吴钢主编：《全唐文补遗》第四辑，第182页。拓片见洛阳市文物工作队《洛阳出土历代墓志辑绳》，第680页。

⑧ 《通鉴》卷二四八，唐武宗会昌五年九月，第8020页。

⑨ 我统计《资治通鉴考异》唐代部分有1476条，会昌元年至六年为1028—1076共49条，其中10条引《文武两朝献替记》。尤其是《考异》（《通鉴》卷二四八，会昌六年八月，第8025页）关于葬王贵妃引李德裕《献替记》"五年十月"内容："自上临御，王妃有专房之宠。至是，以骄妒忤旨，一夕而殒，群情无不惊惧，以谓上功成之后，喜怒不测。德裕因以进谏。"虽然《考异》从蔡京《王贵妃传》，不取《献替记》，但可见《献替记》有王氏的相关内容。

人为后的理由之一是“寒族”，那么很难想象父祖皆为高官、联姻著姓的家族中，宰相李德裕会降低对正妻的门第要求。

岑仲勉第 6 条理由有一点问题，李烨之子李庄，正因母亲是妾侍而称“炼师”[①]。那如何解释第 4 条以示尊敬的空格和第 5 条要求危难之下奔丧呢？李烨生母徐氏（公元 807—829 年）在他四岁去世[②]，据李德裕撰刘致柔墓志“幼子烨、钜，同感顾复之恩，难申欲报之德，朝夕孺慕”，感情上视刘致柔为母亲，要求奔丧在情理之中。然而刘致柔在礼法上只是李烨“慈母”，即妾养别妾子之无母者。郑注《丧服》：“大夫妾子，父在为母大功。士之妾子，父在为母期。”唐初孔颖达疏曰：“则父在为慈母亦当与已母同也。”[③] 礼法地位低于正妻，恐怕也是上峰拒绝他奔丧的理由之一。需要注意，之后“仍钟酷罚”，当是其父死讯传来，这次并没有写不许奔丧。李烨墓志也只说他被贬之后，“旋丁大艰，嚎哭北向，请归护伊洛”，“大艰”应当代指父丧，不言其母去世。

唐代大族尊敬庶母另有例证：

> 初［崔］涣有宠妾郑氏，［崔］纵以母事之。郑氏性刚戾，待纵不以理，虽为大僚，每加笞诟。纵率妻子候颜，敬顺不懈，时以为难[④]。

可见有些妾被家族成员在感情、行事上多有礼遇，但这并不代表她们的礼法地位同于正妻。

综上，我认为从祖父李栖筠到儿子李烨，李德裕家族四代人都联姻名门，李德裕也很看重身份，所以谱系不明的刘致柔不应是他的正妻；李烨撰刘致柔墓志后记、李烨撰妻子郑氏墓志、族兄弟所书李烨墓志，也表明刘致柔不是李烨的嫡母。

---

① 《汇编》咸通 098 李烨之子李庄书其妹《悬黎墓志》“妣荥阳郑氏夫人……炼师陈氏，实生余与尔”，第 2455 页。拓片见《北京图书馆藏中国历代石刻拓本汇编》第 33 册，第 111 页。

② 《汇编》大和 025，第 2114 页。拓片见《北京图书馆藏中国历代石刻拓本汇编》第 30 册，第 95 页。

③ （汉）郑玄注，（唐）孔颖达疏，龚抗云整理：《礼记正义》卷一八，北京大学出版社，1999 年，第 590 页。

④ 《旧唐书》卷一〇八《崔涣传附崔纵传》，第 3282 页。崔涣在唐代宗大历三年（公元 768 年）去世。

唐末义武军节度使王处存家世考略

刘　喆　中国人民大学历史学院

义武军，又称易定镇，脱胎于“河朔三镇”之一的成德镇，是唐代的著名藩镇。唐德宗建中二年（公元 781 年），成德李惟岳叛乱，不久被平定。三年，德宗罢去成德镇，将其地一分为三，置恒冀观察使、深赵观察使和义武节度使，义武军由此而来。因其重要的地理位置和强大的实力，义武军在晚唐五代时期一直是梁晋双方争相拉拢的对象，而其倒向也在一定程度上左右着梁晋争衡的结果。本文依据传世史料和出土墓志资料对唐末义武军节度使王处存的家世进行梳理和考证。王处存所在的王氏家族在晚唐五代一直执掌义武军，其家族兴衰在很大程度上反映了当时中央对河北地区政策的变化，具有重要的学术价值。笔者才疏学浅，草成此文，望方家批评指正。

一

王处存，唐末任义武军节度使，两《唐书》均有传。按本传记载，其“世隶神策军”，“起家右军镇使，累至骁卫将军、左军巡使。乾符六年（公元 879 年）十月，检校刑部尚书、义武军节度使”。黄巢攻陷长安，王处存率军勤王，首倡义举，唐军收复长安之后，论功行赏，“勤王举义，处存为之最；收城破贼，克用为之最”。王处存和李克用一起参加了镇压黄巢起义，“地又亲邻”，因此“修好往来”，双方有“姻亲之好”。处存镇守易定，“善修邻欢，内抚民有恩，痛折节下贤，协穆太原以自助，远近同心。岁时讲兵，与诸镇抗，无能侵轧者”，是河北地区的重要军事将领。乾宁二年九月，王处存死，“年六十五，赠太子太师，谥曰忠肃”①。按

① （后晋）刘昫等撰：《旧唐书》，中华书局，1975 年，第 4699—4701 页。

乾宁二年为公元 895 年，故王处存应生于公元 830 年，即唐文宗大和四年。

关于王处存的父祖辈，传世文献中记载不多。《旧唐书·王处存传》载，处存之父名为王宗，其人“善兴利，乘时贸易，由是富拟王者，仕宦因赀而贵”，“自军校累至检校司空、金吾大将军，左街使，遥领兴元节度使”①。另据出土的《晋沧州刺史王廷胤墓志铭》（以下简称《王廷胤墓志铭》）记载，王廷胤“曾祖宗，皇兴元节度使、检校司空、守金吾卫大将军、充街使、赠太傅。……祖处存，皇易定节度使、检校太保兼侍中、赠太师”②。墓志内容与传世史料相互印证，则处存之父名为王宗当属无疑之事。但《旧唐书·王处存传》对处存祖父及其以上世系只字未提，幸有处存之弟王处直之墓志铭（《唐故易定祁等州节度观察处置等使检校太师兼中书令北平王太原郡王公府郡墓志铭》，以下简称《王处直墓志铭》）出土，使得这处阙遗得以补充。

按《王处直墓志铭》记载，其“曾祖讳仁俊，赠司徒。……祖讳全义，赠太保”③。二人均没有入仕做官，其赠官当因处直之故。《旧唐书·王处直传》载：“处直，字允明，处存母弟也。”④ 按“母弟”一词，在我国古代有两个意思，一为同母之弟，别于庶弟；二为母亲的弟弟，即舅父，此处很明显是取第一个意思。即王处直乃王宗之子，王处存的胞弟。但按《王处直墓志铭》：“（王处直）列考讳寮，……公即太保之元子也。公禀申岳而生，……旋属公之元昆忠肃公，荣膺宠寄，出临是邦。”⑤ 王处直之父名为王寮，并非与王处存一父所生。但唐代兄弟、朋友之间有时会出现互赠姬妾侍女的情况，二人有没有可能是异父同母所生呢？据墓志记载，王处直为“太保之元子”，所谓“元子”，即嫡长子，则王处直乃王寮正妻所生。王宗与王寮兄弟之间即使曾经有过互赠姬妾的情况，也绝无可能将己之侍妾送予兄弟为正妻，故王处存与王处直绝不可能是异父同母所生，而应是异父异母的堂兄弟，处存为处直之“元昆”，即长兄。故《旧唐书·王处直传》所载“处直，字允明，处存母弟也”一句中，“母弟”二字，实为谬误，宜改“从弟”为宜。至于处存之父王宗是否亦为王全义之子，因史料阙遗，已很难考证而出，兹存疑于此。然王仁俊与

① 《旧唐书》，第 4699 页。

② 周阿根：《五代墓志汇考》，黄山书社，2012 年，第 390 页。

③ 周阿根：《五代墓志汇考》，第 153 页。

④ 《旧唐书》，第 4701 页。

⑤ 周阿根：《五代墓志汇考》，第 153 页。

王全义均是处存族中长辈，当是无疑之事。

二

王处存的同辈兄弟，史料中可考知的仅有一人，即上文提到的王处直。

王处直，字允明，正史亦有载，两《唐书》附事迹于乃兄之后，语焉未详，两《五代史》有传，失之简略，幸有其墓志出土，可补正史之阙。按《王处直墓志铭》记载，其为并州晋阳人，因长兄处存举荐而得以担任易州刺史，后因政绩卓著，又"授祁州牧"，与兄长共同镇守易定，王处存死后，处直继续辅佐其子王郜。史载："三军以河朔旧事，推其子副大使郜为留后。朝廷从而命之。授以旄钺，寻加检校司空、同平章事，累至太保。"① 唐昭宗光化三年（公元 900 年），朱全忠伐刘守光，派张存敬攻幽州。"郜方与刘守光厚，乃畀叔处直兵扰其尾"，"处直壁沙河，存敬军河北，挑战，处直不出，涉河乃战，处直大败，亡大将十五，士死者数万。存敬收械甲以赋战士，而焚其余，遂围定州"。王郜求和不得，于是"以其族奔太原，使处直主留后"。王处直被逼无奈，"以从孙为质"，降于朱全忠。"全忠表处直为节度留后、检校尚书左仆射"②，继续镇守易定。"天祐元年，加太保，进封太原郡王。……至四年，加太尉兼侍中"。后梁代唐后，"加开府仪同三司、检校太师兼中书令，进封北平王，食邑五千户，食实封三百户"③。可谓官运亨通，位高权重。后梁龙德元年（公元 921 年），王处直被其子王都"乃并其妻妾幽之西第"，并"尽杀处直子孙在中山及将佐之为处直腹心者"④，本人也在不久之后死去。关于王处直的死亡时间，《资治通鉴》卷二七一"后梁均王龙德二年"条载："春，正月，壬午朔，王都省王处直于西第，处直奋拳殴其胸，曰：'逆贼，我何负于汝！'既无兵刃，将噬其鼻，都掣袂获免。未几，处直忧愤而卒。"⑤ 按后梁均王龙德二年为公元 922 年，即依《资治通鉴》载，王处直死于公元 922 年。但

---

① 《旧唐书》，第 4701 页。

② （宋）欧阳修、宋祁撰：《新唐书》，中华书局，1975 年，第 5419—5420 页。

③ 周阿根：《五代墓志汇考》，第 154 页。

④ （宋）司马光：《资治通鉴》，中华书局，1956 年，第 8869 页。

⑤ 《资治通鉴》，第 8871 页。

据《王处直墓志铭》，王处直“以廿年正月十八日薨，享年六十一”[①]。按天祐为唐昭宗和唐哀帝的年号，行用于公元 904—907 年，朱温代唐后，晋王李克用、岐王李茂贞、淮南节度使杨渥等仍沿用天祐年号，以示与后梁对抗。天祐廿年应为公元 923 年，即王处直实际上死于公元 923 年正月十八日，故《通鉴》言处直卒于后梁均王龙德二年，实为谬误。王处直享年六十一岁，故其应生于公元 862 年，即唐懿宗咸通三年。

按墓志记载，王处直一生共娶妻四人，分别是博陵郡夫人崔氏、豳国夫人费氏、楚国夫人卜氏和陇西齐国夫人。子嗣十三人，为八子五女。八子分别是王郁、王都、王鄑、王郇、王邠、王郕、王郴、王郾。

长子王郁，娶晋王李克用之女，史载“处直有孽子郁，无宠，奔晋，晋王克用以女妻之，累迁至新州团练使”[②]。

次子王都，《旧五代史》有传，为处直养子，于天祐十七年将处直软禁，夺据父位。初有宠于庄宗，后为明宗所不喜，天成四年（公元 929 年）三月，因叛乱失败自焚而死，“府库妻孥，一夕俱烬，惟擒秃馁并其男四人、弟一人献于行在”[③]。王都四子均不具姓名，另有一女，嫁魏王李继岌为妻。“都有爱女，十余岁，庄宗与之论婚，许为皇子继岌妻之”[④]。同光三年（公元 925 年），魏王李继岌与郭崇韬率军伐蜀，一路势如破竹，同光四年，李继岌率伐蜀之师回，“至渭南，闻庄宗败，师徒溃散，自缢死”[⑤]。史料中并未提及其家眷的情况，故王氏的生死，也就无从考知了。

其余诸子情况为：王鄑，光禄大夫、检校司徒、守左骁卫大将军；王郇，光禄大夫、检校司徒，早亡；王邠，金紫光禄大夫、检校刑部尚书；王郕，银青光禄大夫、检校左散骑常侍，早亡；王郴，检校右散骑常侍，早亡；王郾，检校太子宾客、左千牛卫将军[⑥]。另据《新五代史·杂传》载：“初，处直为都所囚，幼子威北走契丹。”[⑦] 从墓志记载来看，史籍中的王威应与王郾是同一人。

---

① 周阿根：《五代墓志汇考》，第 155 页。
② 《资治通鉴》，第 8868 页。
③ （宋）薛居正等撰：《旧五代史》，中华书局，1976 年，第 733 页。
④ 《旧五代史》，第 732 页。
⑤ 《旧五代史》，第 692 页。
⑥ 周阿根：《五代墓志汇考》，第 155 页。
⑦ （宋）欧阳修撰，徐无党注：《新五代史》，中华书局，1974 年，第 422 页。

女五人，均不具名。“长女，早亡；次适幽州中军使周绍弼，早亡；次适北京留守李存纪；次披剃；次在室”①。

三

王处存的子嗣，现存文献中可以考知姓名的有两人，即：王郜、王邺。

王郜，乾宁二年九月王处存死后，继承父位任义武军节度使，与幽州刘守光交厚。后朱全忠派张存敬攻幽州，王郜出兵相救，兵败后携全族投奔李克用，此事前文已经提及，兹不赘述。王郜至太原后，李克用上表奏其为检校太尉，“天复初，卒于晋阳”②。

王邺，从其兄王郜一起投奔李克用，“克用以女妻之”，历任“岚、石、沔三州刺史、大同军防御使。天祐中卒”③。

王处存的孙辈，可考知确凿的共有四人，另有一人存疑。前文已经提及，处存之子王邺娶晋王李克用之女为妻，二人共育有两子两女，其中一子，正是《晋沧州刺史王廷胤墓志铭》的墓主人王廷胤。

王廷胤，字绍基，并州太原人，事迹见于两《五代史》，但失于简略。按墓志铭记载，其“曾祖宗，皇兴元节度使、检校司空、守金吾卫大将军、充街使、赠太傅。……祖处存，皇易定节度使、检校太保兼侍中、赠太师。……叔祖处直，皇易定节度使、检校太师兼中书令、赠守太师。……父邺，皇晋慈隰等州节度使、检校司空、赠太保”。王邺妻李氏为李克用之女，是故王廷胤“荣联帝戚，世本侯家。河东故先晋武皇帝讳克用，是公之亲舅氏也。庄宗皇帝，是公之亲表兄”。王廷胤以孝勇著称，在庄宗攻灭后梁时屡立战功，“充马前直都指挥使兼贝州刺史”；明宗嗣位后，因其“素有令名，藉以宏材，崇其勋旧”，历任密、澶、隰三州刺史，加司徒；应顺皇帝继位，“当年加转太保”；清泰皇帝时，又授相州刺史；石敬瑭立晋，王廷胤“充魏府行营中军都指挥使兼贝州防御使”，参与镇压范延光叛乱，不久又“授相州节度使，加太傅”，之后仕途一直通达，先是担任横海军节度使，后又任幽州道行营右厢都指挥使，

---

① 周阿根：《五代墓志汇考》，第 155 页。

② 《旧唐书》，第 4701 页。

③ 《旧唐书》，第 4701 页。

“天福七年，加太尉”，“开运元年，改授太师、充北面行营步军左右厢都指挥使”。王廷胤一生“七典郡符，三分节制，唯勤勠力，奉事七朝，内外兵帅，遍曾叠领”，堪称位极人臣，富贵非常。娶妻二人，分别是沛郡夫人周氏和清河郡夫人张氏，都是贤良淑德之妇。开运元年（公元 944 年）九月二十三日，王廷胤因病死于任所浮阳，享年五十四岁①。

《王廷胤墓志铭》中提到王廷胤有“姊一人，适赵殷图，任太原府西尹。妹一人，适杨廷颜，任龙门镇遏使。……弟□□，任河东鹰扬军使”②。此三人也应是王郧与其妻李氏所育。前文谈到王处直投降朱全忠时，曾以从孙为质。按当时王郧并未娶妻，故不可能有子嗣，而王部则是携全族投奔李克用。该名从孙必是王廷胤同辈兄长无疑，但究竟是否为处存嫡孙，据现存史料已很难考证出，兹存疑于此。

王处存的曾孙辈，可考知确凿的共有五人。按《王廷胤墓志铭》记载，王廷胤共有子五人：“长曰昭敏，任横海军衙内指挥使、银青光禄大夫、检校工部尚书兼御史大夫、轻车都尉。次子昭懿，任横海军中军使、银青光禄大夫、检校太子宾客兼武骑尉。次子昭煦，任横海军节院使、银青光禄大夫、检校国子祭酒兼骑都尉。次子昭素，任横海军山河使、银青光禄大夫、检校御史中丞、骑都尉。次子合子，见无所任。”③ 王昭敏兄弟五人正史均无传，事迹阙遗，亦无碑刻墓志等资料发现，前文谈王处直子孙自王都乱后亦是门庭凋零，无可称道之人，王处存家族世系可考知者至此结束。

四

义武军是典型的河北藩镇，具有严重的“地域主义”倾向，其“拒绝中央染指河朔事务，也无心对外扩张”④。王处存、王处直乃至以后王都的执政理念均是如此。在强大的军事和经济实力的基础上，这一理念在梁晋争衡的初期推行得比较成功。王处存结盟于河东，保境自安，李克用也乐于获得一个强

① 周阿根：《五代墓志汇考》，第 390—392 页。
② 周阿根：《五代墓志汇考》，第 392 页。
③ 周阿根：《五代墓志汇考》，第 392 页。
④ 冯金忠：《唐代河北藩镇研究》，科学出版社，2012 年，第 207 页。

大的盟友；朱温大败义武军后，亦未对其斩尽杀绝，而是与之结盟，获得了王处直的支持。此时，王氏家族的两支分别托庇于梁、晋，并获得了优厚的待遇，这种现象反映出的实质问题就是梁晋双方在实力均衡的情况下对义武军力量的争夺。当然，这个阶段的胜利者是朱温，他获得了王处直统领下的义武军的效忠，亦通过各种手段得到了其他河北藩镇的支持，故能击败河东，篡唐称帝。

后梁的建立是一个大事件。大事件会触动一系列的结构性反应，并开启一个结构重组的过程。称帝后的朱温不能满足于对义武军的羁縻统治，意欲掌控易、定的实权。史载："其后梁祖常虑河朔悠久难制，会罗绍威卒，因欲除移镇、定。先遣亲军三千，分据鎔深、冀二郡，以镇守为名。又遣大将王景仁、李思安率师七万，营于柏乡。"① 前文已言，河北藩镇的终极追求是固境自安，朱温兵锋所指，已严重危及包括成德、易定等在内的河北藩镇的安全，故引起了后者的强烈反应，义武军转而结盟于河东。梁开平五年（公元 911 年），燕人侵易、定，王处直告难于李存勖；凤历元年（公元 913 年），李存勖至定州曲阳，与王处直同游北岳庙；贞明元年（公元 915 年），王处直又与其他节度使一起遣使劝进于李存勖。王处直巧妙地利用了梁、晋之间的矛盾，维持了义武军的"半独立"地位，也维持了王氏家族的兴旺不衰。

后梁失河北，败亡已成定局，王处直本可以开国之功继续加官晋爵，坐享富贵，但他却于此时做了一件让人费解的事情——勾连契丹，以至于部下普遍不解，其子王都甚至乘机将其幽禁。考《资治通鉴》，于此事记载颇详："及晋王存勖讨张文礼，处直以平日镇、定相为唇齿，恐镇亡而定孤，固谏，以为方御梁寇，宜且赦文礼。晋王答以文礼弑君，义不可赦；又潜引梁兵，恐于易定亦不利。处直患之，以新州地邻契丹，乃潜遣人语郁，使赂契丹，召令犯塞，务以解镇州之围。"② 由此观之，处直的所作所为，归根结底还是出于"地域主义"的观念，为了维持义武军的"半独立"地位，只是手下人不解或不赞同罢了。历史证明，王处直还是很有远见的，他可能预料到了后唐已经下定决心要打破"河朔故事"。王都代替王处直任义武节度使后，坐视庄宗平定镇州，得到了庄宗的宠爱。但好景不长，明宗嗣位之后，虽加其官为中书令，但因其

---

① 《旧五代史》，第 728 页。

② 《资治通鉴》，第 8868—8869 页。

夺据父位，“深心恶之”。同光时，“祁、易二州刺史，都奏部下将校为之，不进户口，租赋自赡本军，天成初仍旧”。安重诲用事之后，“稍以朝政厘之”[①]。王都不满朝廷干涉，意欲复河北故事，外结契丹造反，很快就被明宗平定，王氏家族处直一脉自此衰微。易、定被中央掌控使得处存一脉的利用价值也大为削弱，虽然王廷胤以国戚之贵保持了富贵，但其子辈也只是在其任职的横海镇担任僚佐，孙辈便不见录于史书了。

家族的兴衰是历史发展的一个缩影。义武军王氏家族的盛衰与晚唐五代中央对河北地区的政策是密不可分的。王氏世隶神策军，起家于乱世，其家族勃兴是中央权威衰落、地方势力崛起的结果。梁、晋争衡，中央与地方力量分化重组时是晚唐五代中央权威最弱的时刻，也是王氏家族发展最为鼎盛的时期。在中央与地方的矛盾运动下，中央权威最终重建，王氏家族亦随着地方势力的衰微而最终萧条衰败。

---

① 《旧五代史》，第732页。

附：王氏家族世系图

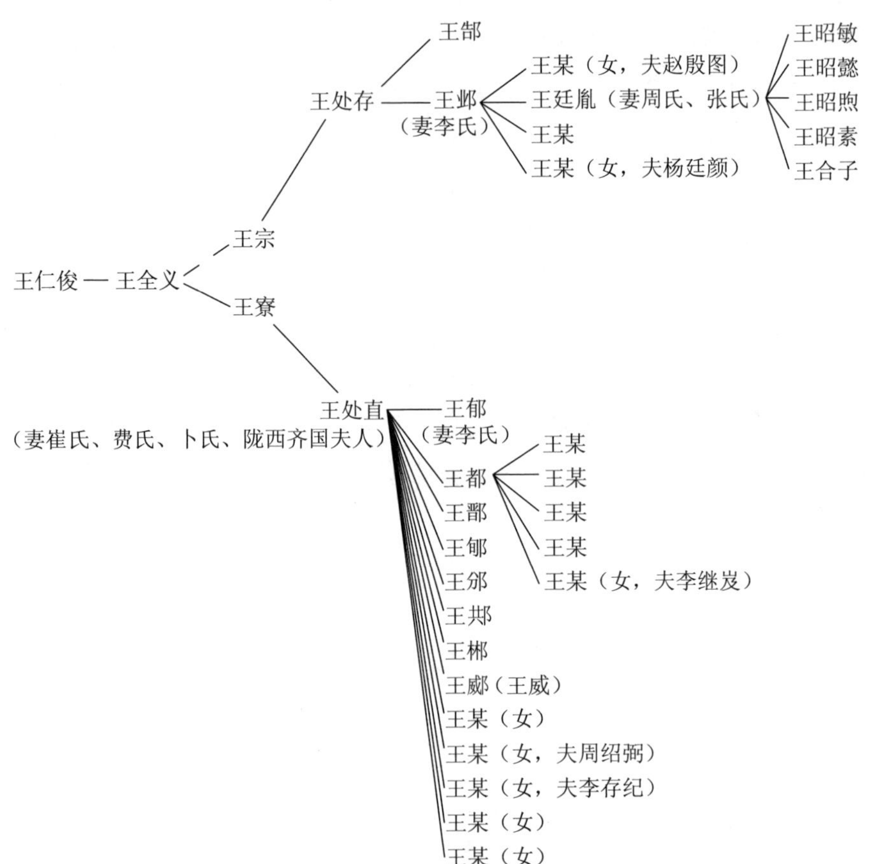
王仁俊
王全义
王宗
王寮
王处存
王部
王郱
（妻李氏）
王某（女，夫赵殷图）
王廷胤（妻周氏、张氏）
王某
王某（女，夫杨廷颜）
王昭敏
王昭懿
王昭煦
王昭素
王合子
王处直
（妻崔氏、费氏、卜氏、陇西齐国夫人）
王郁
（妻李氏）
王都
王鄑
王郇
王邠
王邦
王郴
王郾（王威）
王某（女）
王某（女，夫周绍弼）
王某（女，夫李存纪）
王某（女）
王某（女）
王某
王某
王某
王某
王某（女，夫李继岌）

隋至唐初墓志志题的国号书写刍议

陈　耕　北京大学历史学系

中古时期墓志志题中的国号常与“故”字配合使用，笔者据所见出土隋至唐初墓志材料分析，试提出国号具有双重属性，即志主埋葬时代和职官授予时代，并探讨其不同形式的可能理路。

一、相关研究与思考

盖题，常指墓志盖上所题标题性文字，多为盝顶篆文“……墓志铭”之属，四字至十余字不等。志题，亦称首题，指墓志文首行标题文字，常记志主官职、郡望、姓氏等信息，多以“并序”作结①。因其历史信息丰富，前贤多对志题有所关注与论述，如杨向奎先生《唐代墓志义例研究》② 一书围绕唐代墓志的义例展开论述，“例”即“同一类事用相同手法记下来的记事规则”，而“义”则指“推动‘例’之产生、变化、消亡的一切内在、外在因素”③。书中辟专章论述志题中职官、夫妻合葬、郡望的书写习惯④，给笔者以很大启发，然尚未对其中国号信息作充分探讨。

黄清发先生《唐代墓志文研究》⑤ 是较早系统研究唐代墓志文体的重要成

---

① 盖题与志题并非墓志文之必需。除极个别墓志盖空白者，某墓志对应之墓志盖若未发现，则盖题内容即不可知。志题则亦有许多墓志并未撰写。同一墓志盖题、志题所用国号也可能出现不一致的情况，如后文举例隋开皇三年（公元583年）《梁邕墓志》，但其出现位置往往相当，而后者正是本文分析的重要根据。因此以下行文中如非特殊盖题举例，则均以志题囊括之。

② 华东师范大学古代文学2012年博士学位论文，岳麓书社2013年出版，以后者为准。

③ 杨向奎：《唐代墓志义例研究》绪论第一节《“义例”释义》，岳麓书社，2013年，第1—5页。

④ 杨向奎：《唐代墓志义例研究》第一章《首题研究》，第12—50页。

⑤ 复旦大学古代文学2002年博士学位论文。感谢友人鼎力相助，笔者方得阅此鸿著。

果，其将唐人墓志置于当时文化背景下考察，揭示唐代文人社会生活方面之内容，并利用出土墓志保持了刻石原貌的重要价值，从文章学角度探讨唐代墓志文。第二章《唐代墓志文的文章学探讨（上）》第二节《墓志文的结构》提出："一篇完整的墓志由四部分文字组成，即志盖（指志盖上的文字，下同）、志题、志文和铭词。"① 并分别论述志盖志题关系、志题名称、志题书法等诸多方面，如志题中官爵、郡望、姓氏的书法举《唐故云麾将军行右龙武军将军上柱国开国侯南阳张公墓志铭并序》为例，认为"'云麾将军行右龙武军将军上柱国开国侯'为墓主官爵"②。这种认识应为学界主流观点。

笔者以为，志题言明"唐"，并非仅言志主埋葬时代，应亦涵盖官爵授予时代，因此前例中"唐"也应是官爵信息中的一部分。清初黄宗羲《金石要例》"书国号例"云："凡书出仕于前代，称其国号，当代称'皇'。"③ 已认识到国号和"出仕"即获授官职的密切联系。一些墓志题也可佐证，如贞观十二年（公元638年）《李同仁及妻宋氏墓志》志题为"随宣惠尉大唐陕东道大行台屯主李君墓志"④，据志文，其中"随（隋）""大唐（唐）"均应视为授官时代。又如贞观十四年《孟保同及妻郝氏墓志》志题为"前梁开府漳川郡太守山阴县开国侯孟府君墓志"⑤，据志文，志主授官在西梁明帝萧岿时，隋大业九年去世，志题云"前梁"可能是与萧铣后梁政权相别，也可能"前"与"故"相类似，均与授官时代相关⑥。

以上可知志题国号表示职官授予时代的情况是存在的。同时不禁令人产生疑问，志题中哪些国号表示志主埋葬时代，哪些又是职官授予时代呢？

二、以出现位置为中心的解释

对于常见含"故"字的志题国号书写，试建立一"国号＋故＋国号"模型

---

① 黄清发：《唐代墓志文研究》，第20页。

② 黄清发：《唐代墓志文研究》，第25页。

③ （清）黄宗羲：《金石要例》，第12页上，（清）朱记荣辑《金石全例》（外一种）影印本上册，北京图书馆出版社，2008年，第439页；（清）鲍振方：《金石订例》"书国号例"条引黄氏原文后云："皇帝及皇上，今上、今天子。"（《金石订例》卷三，第12页上，《金石全例》下册，第757页。）

④ 赵君平：《邙洛碑志三百种》54《隋李同仁墓志》，中华书局，2004年，第65页。

⑤ 周绍良、赵超：《唐代墓志汇编》贞观071，上海古籍出版社，1992年，第54页。

⑥ 清人刘宝楠《汉石例》卷一"碑额书国号、书官、书姓、称君例"条小字注已有类似说法："盖'故某官'犹言'前某官'，原非物故之故，然在今日则生者讳言'故'矣。"见（清）刘宝楠：《汉石例》卷一，第13页下，《金石全例》上册，第732页。汉碑额用例或合于后世墓志盖题、志题，亦可解释为何"故"常出现于官职之前。

以解释之："故"前国号常为埋葬时所用国号；"故"后国号连下文职官读，为授官时所用国号①。

（一）若两国号不同，则可以同时出现。可从下引隋至唐初的几种常见形式来分析：

1."隋故齐"，北齐官、隋葬者。

大业九年（公元613年）《皇甫深墓志》，志题为"隋故齐汉阳王府记室参军皇甫君墓志铭"②。据《汉魏南北朝墓志集释》卷九考证，"齐汉阳王"指高洽③。

2."唐故隋"，隋官、唐葬者。较为常见，故选列一些据志文记载可明确属隋官唐葬者。

永徽元年（公元650年）《曹谅及妻安氏墓志》，志题为"唐故隋泗城府鹰扬曹君及琅耶郡君安氏墓志并序"④。据志文，志主授鹰扬在卒年大业十年前。

显庆二年（公元657年）《韩政及妻张氏墓志》，志题为"唐故隋黄梅县尉韩君墓志铭"⑤。据志文，"既尉黄梅"应在"运属道消"⑥（可能暗示隋朝灭亡）之前。

显庆三年《杨道纲墓志》，志题为"唐故隋邵州录事参军杨君墓志铭并序"⑦。据志文"秩满，授邵州录事参军事，俄属乱离，豺豕为害"⑧可知授官在隋末战乱之前。

显庆四年《张义墓志》，志题为"唐故隋并州司兵张君墓志铭"⑨。据志文

---

① 此谓国号，为通常意义之国家政权称号，在隋唐墓志中包括"大+国号"等不同形式，在下述分析中为行文整洁而省略处理，如"大唐"与"唐"均省为"唐"。（明）朱国祯《涌幢小品》卷二"国号"条："国号上加大字，始于胡元，我朝因之。盖返左衽之旧，自合如此，且以别于小明王也。其言大汉、大唐、大宋者，乃臣子及外夷尊称之词。近见新安刻《历祚考》一书，于汉、唐、宋及司马晋，皆加大字，失其初矣。"（中华书局上海编辑所，1959年，第22页。）其实刘宝楠《汉石例》卷六"国号上加'大'字例"条等已注意到汉碑中有类似"大+国号"的用法。（《汉石例》卷六，第13页，《金石全例》中册，第253—254页。）

② 王其祎、周晓薇等：《隋代墓志铭汇考》第四册，379，线装书局，2007年，第312—316页。

③ 赵万里：《汉魏南北朝墓志集释》卷九《皇甫深墓志并盖》，第99页下，《石刻史料新编》第三辑第三册，影印中国科学院考古研究所考古学专刊乙种本，新文丰出版公司，1986年，第232页。

④ 周绍良、赵超：《唐代墓志汇编》永徽008，第135—136页。

⑤ 周绍良、赵超：《唐代墓志汇编》显庆052，第260—261页。

⑥ 周绍良、赵超：《唐代墓志汇编》显庆052，第261页。

⑦ 周绍良、赵超：《唐代墓志汇编》显庆082，第279—280页。

⑧ 周绍良、赵超：《唐代墓志汇编》显庆082，第280页。

⑨ 周绍良、赵超：《唐代墓志汇编》显庆106，第296页。

“学优行著，策最文华，授并州司兵”[①] 可知，授官在隋末战乱之前。

龙朔二年（公元662年）《袁相墓志》，志题为“唐故隋立信尉袁君墓志铭并序”[②]。志文明言“君隋立信尉”[③]。

麟德元年（公元664年）《王君及妻杜氏墓志》，志题为“唐故隋幽州先贤府车骑王府君墓志铭并序”[④]。据志文，“授公幽州先贤府车骑将军”在“大业年中，先锋辽左”[⑤] 之前。

麟德二年《权豹及妻李氏墓志》，志题为“唐故隋金谷府鹰扬权公墓志铭并序”[⑥]。志云：“又属隋纲弛紊，寓内波惊，人怀逐鹿之心，公莅鹰扬之职。自皇唐启运……”[⑦] 可知此鹰扬为隋官。

麟德二年《杨康及妻刘氏墓志》，志题为“大唐故隋怀州王屋县令杨君墓志铭并序”[⑧]。据志文，志主杨康卒于开皇五年，麟德二年与夫人刘氏合葬。可知王屋县令为隋官。

麟德二年《王宣及妻张氏墓志》，志题为“唐故隋上仪同三司朝散大夫右监门校尉王君墓志铭并序”[⑨]。志云：“（志主）授建节尉，又加上仪同三司朝散大夫右监门校尉。属隋历失序，匿影周南……”[⑩] 可知为隋官。

咸亨元年（公元670年）《吕道及妻王氏墓志》，志题为“唐故隋车骑将军吕君墓志铭并序”[⑪]。志云：“有隋之季，累迁车骑将军。”[⑫] 可知为隋官。

咸亨元年《段玮墓志》，志题为“唐故隋奉车都尉姑臧段君□志铭并序”[⑬]。据志文，志主授奉车都尉在大业十二年[⑭]。

---

① 周绍良、赵超：《唐代墓志汇编》显庆106，第296页。
② 周绍良、赵超：《唐代墓志汇编》龙朔050，第368页。
③ 周绍良、赵超：《唐代墓志汇编》龙朔050，第368页。
④ 周绍良、赵超：《唐代墓志汇编》麟德027，第414页。
⑤ 周绍良、赵超：《唐代墓志汇编》麟德027，第414页。
⑥ 周绍良、赵超：《唐代墓志汇编》麟德038，第421页。
⑦ 周绍良、赵超：《唐代墓志汇编》麟德038，第421页。
⑧ 周绍良、赵超：《唐代墓志汇编》麟德039，第421—422页。
⑨ 周绍良、赵超：《唐代墓志汇编》麟德064，第436—437页。
⑩ 周绍良、赵超：《唐代墓志汇编》麟德064，第437页。
⑪ 周绍良、赵超：《唐代墓志汇编》咸亨020，第523—524页。
⑫ 周绍良、赵超：《唐代墓志汇编》咸亨020，第523页。
⑬ 周绍良、赵超：《唐代墓志汇编》咸亨025，第527—528页。
⑭ 周绍良、赵超：《唐代墓志汇编》咸亨025，第527页。

3. 亦有满足以上条件的墓志，但志题只出现两国号之一，并且出现位置与其为埋葬时代或授官时代相合，应是省略另一国号使然。

开皇二年《高潭墓志》，志题为“故周殄寇将军益州阳安县令高君墓志铭”①。志主周武帝时获官，死于大象二年（公元 580 年），故为北周官，则“隋故周”省为“故周”。

开皇十四年《陶蛮朗墓志》，志题为“故齐戎昭将军袁水渑池二县平越将军墓志铭并序”②。据志文，志主北齐时获授戎昭将军、袁水县、平越将军，隋兴后获除渑池县，似乎不应列在一起，单看国号则符合“故”后授官时国号的要求。

贞观八年《郭提墓志》，志题为“故隋阳平郡发干县主簿郭君墓志铭并序”③。志云：“隋仁寿四年被征，除阳平之发干县主簿。”④ 可知为隋官，则“唐故隋”省为“故隋”。

贞观十六年《张孝绪墓志》，志题为“大唐故大将军张府君墓志”⑤。据志文，志主“隋大业五年，从驾辽佐，授大将军”，“武德五年，授郑州阳武县令。贞观十年，改任兖州曲阜”⑥，可知“大将军”为隋官⑦，则“唐故隋”省为“唐故”。

（二）以上所举用例为志主埋葬时代与授官时代国号不同者，如果两国号相同，则省略为一。此种最为常见，仅略举数例：

1.“隋故隋”，隋官、隋葬者，省略为“隋故”或“故隋”。

大业十二年《段济墓志》，志题为“大隋故银青光禄大夫始扶汴蔡四州刺史段使君墓志铭”⑧。据志文，志主开皇七年任扶州、始州刺史，大业元年任汴州、二年蔡州、三年银青光禄大夫，俱为隋官。

2.“唐故唐”，唐官、唐葬者，省略为“唐故”或“故唐”。

贞观二十年《李桀及妻杨氏墓志》，志题为“故大唐睦州桐庐县主簿李君

---

① 王其祎、周晓薇等：《隋代墓志铭汇考》第一册，002，第 6—10 页。

② 王其祎、周晓薇等：《隋代墓志铭汇考》第二册，131，第 125—127 页。

③ 周绍良、赵超：《唐代墓志汇编》贞观 037，第 32—33 页。

④ 周绍良、赵超：《唐代墓志汇编》贞观 037，第 33 页。

⑤ 周绍良、赵超：《唐代墓志汇编》贞观 086，第 63—64 页。

⑥ 周绍良、赵超：《唐代墓志汇编》贞观 086，第 64 页。

⑦ 可能是出于“官职书写的趋尊倾向”，该志题记隋官而非唐官。可参看杨向奎《唐代墓志义例研究》第一章《首题研究》第一节《官宦墓志首题的职官书写》，第 13—23 页。

⑧ 王其祎、周晓薇等：《隋代墓志铭汇考》第五册，465，第 282—287 页。

墓志之铭”[1]。据志文，志主“隋授朝散大夫。久之，唐室龙兴，旁求俊乂，爰授睦州桐庐县主簿”[2]。可知志题所记为唐官，则“唐故唐”省为“故唐”。

3.“郑故郑”，郑官、郑葬者，省略为“郑故”。

开明二年（公元620年）《曲举墓志》，盖题为“郑故大将军郢公墓铭”，志题为“郑故上柱国游击大将军洺贝等十州刺史郢公曲君铭”[3]，应为郑官。

开明二年《韦匡伯墓志》，盖题为“郑故大将军韦公之铭”，志题为“郑故大将军舒懿公之墓志铭”[4]。据志文，韦匡伯大业十三年辞世，郑时“娉公长女为皇太子妃”，下诏“赠大将军，谥曰懿公”[5]，即为郑官。

志主为处士者，若将“处士”也看作一官职，亦符合上述用法，如开明二年《王仲及妻淳于氏墓志》，志题为“郑故处士王君墓志”[6]，应为“郑故郑”省。又如显庆五年《赵轨墓志》，志题为“故大唐处士赵君墓志铭并序”[7]，应为“唐故唐”省。

（三）常例之外有变例。如有应省为“故隋”的志题却作“隋故”。

贞观元年《程钟及妻刘氏墓志》，志题为“隋故上仪同三司黎阳镇将程府君墓志铭并序”[8]，志云志主“以军功授上仪同、黎阳镇将”[9]，并未言明时间，是唯一的职官。去世时67岁，而贞观元年与夫人刘氏合葬，可知隋亡时志主已至少58岁，则其职官很可能是隋官。然依上述规律，唐葬隋官应为“唐故隋”，省为“唐故”或“故隋”，而志题却作“隋故”。

笔者于此有两种猜测，一者，可能是因为志主程钟其实是在隋代去世，此志是在隋代初葬墓志的基础上修改而成，故云“隋故”。从志主父亲程鉴职官

---

① 周绍良、赵超：《唐代墓志汇编》贞观133，第92—93页。

② 周绍良、赵超：《唐代墓志汇编》贞观133，第93页。

③ 周绍良、赵超：《唐代墓志汇编》开明002，第6页；王其祎、周晓薇等：《隋代墓志铭汇考》第六册，508，第24—27页。

④ 周绍良、赵超：《唐代墓志汇编》开明003，第6—7页；王其祎、周晓薇等：《隋代墓志铭汇考》第六册，509，第28—34页。《唐代墓志汇编》盖题录为“郑故大将军虞公之铭”并注引《芒洛冢墓遗文》上作“郑故大将军韦公之铭”，今据《隋代墓志铭汇考》录文及拓片改。

⑤ 周绍良、赵超：《唐代墓志汇编》开明004，第7页。“娉”《唐代墓志汇编》录为“聘”，据《隋代墓志铭汇考》录文拓片改。

⑥ 周绍良、赵超：《唐代墓志汇编》开明004，第7—8页；王其祎、周晓薇等：《隋代墓志铭汇考》第六册，510，第35—38页。

⑦ 周绍良、赵超：《唐代墓志汇编》显庆136，第315—316页。

⑧ 周绍良、赵超：《唐代墓志汇编》贞观004，第11页。

⑨ 周绍良、赵超：《唐代墓志汇编》贞观004，第11页。

仅言“谯令”而不言朝代亦可推测。

二者，可能是受常见用法“国号+故”的影响，将表示授官时代的国号提到“故”之前。从较多的例证来看，似以第二种推测为佳。以下例举一些明确授官时代与埋葬时代不同的墓志，并试解释之。

1. 如“隋故齐”省作“齐故”者：

开皇三年《王轨及妻冯氏墓志》，志题为“齐故章武郡主簿王君墓志铭”①。志主王轨北齐天保七年（公元556年）去世，故为北齐官。

开皇十八年《段君妻元渠姨墓志》，志题为“齐故左丞相平原王元妃墓志铭”②。据附考王其祎师案，“元妃夫段氏，即北齐段韶”③，为北齐官。

开皇十八年《李盛及妻刘氏墓志》，志题为“齐故東周县令李明府墓志铭”④。志云：“齐武定四年（公元546年），瀛州刺史刘凝，褰帷访善，乃辟君为西曹书佐。……乃令君行東周县令事。”⑤ 据《汉魏南北朝墓志集释》卷八考证，齐为魏之误⑥。不论志主为北齐官还是魏官，志题与志文职官信息一致是显然的。

仁寿元年（公元601年）《张法及妻马氏墓志》，志题为“齐故张君墓志铭”⑦。虽然志主张法卒于北周，合葬于隋，但志文明言“处士齐朝，避时不仕”⑧，可知志主身份为北齐处士，故志题题齐。

仁寿四年《马少敏墓志》，志题为“齐故员外郎马君志铭”⑨。志文云志主“齐武平初，起家淮阳王参军，又授员外郎”⑩，知为北齐官。

大业六年《刘神妻张令墓志》，志题为“齐故司州修武县令刘陁罗夫人张氏墓志铭”⑪。志文云刘神为“齐修武县令”⑫，为北齐官。

---

① 王其祎、周晓薇等：《隋代墓志铭汇考》第一册，021，第90—92页。
② 王其祎、周晓薇等：《隋代墓志铭汇考》第二册，165，第277—279页。
③ 王其祎、周晓薇等：《隋代墓志铭汇考》第二册，165，第279页。
④ 王其祎、周晓薇等：《隋代墓志铭汇考》第二册，168，第287—291页。
⑤ 王其祎、周晓薇等：《隋代墓志铭汇考》第二册，168，第289页。
⑥ 赵万里：《汉魏南北朝墓志集释》卷八，第87页上，影印本第207页。
⑦ 王其祎、周晓薇等：《隋代墓志铭汇考》第二册，188，第361—362页。
⑧ 王其祎、周晓薇等：《隋代墓志铭汇考》第二册，188，第362页。
⑨ 王其祎、周晓薇等：《隋代墓志铭汇考》第三册，225，第92—95页。
⑩ 王其祎、周晓薇等：《隋代墓志铭汇考》第三册，225，第94页。
⑪ 王其祎、周晓薇等：《隋代墓志铭汇考》第四册，325，第99—100页。
⑫ 王其祎、周晓薇等：《隋代墓志铭汇考》第四册，325，第99页。

大业九年《张囧妻苏恒墓志》，志题为“齐故武阳县令张君妻苏夫人等墓志铭”[①]。志文云张囧“齐皇建元年，释褐积射将军，除伏波将军、直卫第一都督、武阳襄城二县令，又除直突大都督”[②]，为北齐官。

2. 如“隋故魏”省作“魏故”者：

开皇三年《寇炽妻姜敬亲墓志》，志题为“魏故广州长史襄城顺阳二郡太守寇府君夫人昌平郡君姜氏墓志铭”[③]。北周宣政二年（公元579年）《寇炽墓志》亦已出土，据《汉魏南北朝墓志集释》卷七考证，志题“昌平郡君”为志文所云“昌城郡君”之误，且北魏永安三年（公元530年）寇炽授广州别驾，俄宰襄城，又转顺阳，应为魏官[④]。

开皇三年《梁邕墓志》，盖题为“大隋奉朝请梁君墓志”，志题为“魏故奉朝请梁君之墓志”[⑤]。据志文，志主“魏武定年，释褐除奉朝请”[⑥]，为魏官。盖题作“隋”，因其葬于隋代。正为授官时代与埋葬时代不同之例。

开皇三年《梁坦及妻杜氏墓志》，志题为“魏故使持节征虏将军东豫州大都督梁朝同州刺史梁君之铭”[⑦]。志文云梁坦“太昌之末……遂除征虏将军。……复以君为使持节、大都督、东豫州长史。……入梁……梁帝委以北边，授使持节、同州刺史”[⑧]，知“东豫州大都督”之前（含）为魏官，之后为梁官，正与两国号对应。然而据《汉魏南北朝墓志集释》卷八考证，此志授官时间与亡时有所抵牾[⑨]，但志题与志文显然相合。

开皇十二年《吕思礼及妻辛氏墓志》，志题为“魏故七兵尚书汶阳吕侯墓志”[⑩]。据志文，吕思礼西魏大统四年去世，“诏赠本官，加使持节、车骑大将军、定州诸军事、定州刺史，改封汶阳县开国侯”[⑪]，知汶阳侯也为魏官。

---

① 王其祎、周晓薇等：《隋代墓志铭汇考》第四册，376，第298—302页。
② 王其祎、周晓薇等：《隋代墓志铭汇考》第四册，376，第300—301页。
③ 王其祎、周晓薇等：《隋代墓志铭汇考》第一册，014，第52—57页。
④ 赵万里：《汉魏南北朝墓志集释》卷七，第77页下，影印本第188页。
⑤ 王其祎、周晓薇等：《隋代墓志铭汇考》第一册，019，第80—84页。
⑥ 王其祎、周晓薇等：《隋代墓志铭汇考》第一册，019，第82—83页。
⑦ 王其祎、周晓薇等：《隋代墓志铭汇考》第一册，020，第85—89页。
⑧ 王其祎、周晓薇等：《隋代墓志铭汇考》第一册，020，第87—88页。
⑨ 赵万里：《汉魏南北朝墓志集释》卷八，第80页上，影印本第193页。
⑩ 王其祎、周晓薇等：《隋代墓志铭汇考》第二册，113，第56—59页。
⑪ 王其祎、周晓薇等：《隋代墓志铭汇考》第二册，113，第58页。

大业三年《王昞及妻桑氏墓志》，志题为“魏故开府长兼行参军王君墓志铭”①。据志文，志主王昞“武定二年，起家开府长兼行参军”②，武定为东魏年号，知为魏官。

3. 如“隋故周”省作“周故”者：

开皇二年《茹洪墓志》，志题为“周故使持节开府仪同纯永二州刺史成忠县开国公茹君墓志铭”③。志主大象二年去世，志题所记职官为周官。

开皇九年《王昌及妻薛氏墓志》，志题为“周故使持节仪同三司王府君墓志铭”④，志主建德二年（公元 573 年）去世。

开皇九年《赵慎墓志》，志题为“周故仪同赵使君之墓志”⑤。据志文，志主亡时不明，北周时曾“授使持节、车骑大将军、仪同三司、蒙州诸军事、蒙州刺史”⑥，志题国号应指授官时代。

开皇十一年《杨緄墓志》，志题为“周故开府仪同三司膳部大夫杨公墓志铭”⑦，志主建德六年去世。

开皇十五年《段威及妻刘妙容墓志》，志题为“周故开府仪同三司洮甘二州刺史新阳段公墓志铭”⑧，志主建德四年去世。

大业六年《段摸墓志》，志题为“周故仪同大将军府参军事段君墓志铭并序”⑨，志文明言仪同大将军府参军事为周官。

大业九年《张子明墓志》，志题为“周故金紫光禄大夫清河县男张府君墓志”⑩，志主大统八年（公元 542 年）去世。

4. 如“唐故隋”省作“隋故”者，较为常见，此处仅举贞观年间数方墓志为例：

贞观七年《贾通墓志》，志题为“隋故越王府司兵参军事贾君墓志铭并

---

① 王其祎、周晓薇等：《隋代墓志铭汇考》第三册，277，第 294—296 页。
② 王其祎、周晓薇等：《隋代墓志铭汇考》第三册，277，第 295 页。
③ 王其祎、周晓薇等：《隋代墓志铭汇考》第一册，005，第 18—22 页。
④ 王其祎、周晓薇等：《隋代墓志铭汇考》第一册，077，第 301—303 页。
⑤ 王其祎、周晓薇等：《隋代墓志铭汇考》第一册，091，第 353—356 页。
⑥ 王其祎、周晓薇等：《隋代墓志铭汇考》第一册，091，第 355 页。
⑦ 王其祎、周晓薇等：《隋代墓志铭汇考》第二册，110，第 43—45 页。
⑧ 王其祎、周晓薇等：《隋代墓志铭汇考》第二册，146，第 196—200 页。
⑨ 王其祎、周晓薇等：《隋代墓志铭汇考》第四册，331，第 121—124 页。
⑩ 王其祎、周晓薇等：《隋代墓志铭汇考》第四册，395，第 379—381 页。

序"[1]。据志文，志主"仁寿末，补越王府司兵参军事"[2]，隋亡后并未做官，贞观七年去世。

贞观八年《解深墓志》，志题为"隋故征士解君墓志铭并序"[3]。据志文，志主"隋开皇初，以贤良辟，不就"[4]，贞观八年去世。

贞观十一年《王护及妻路氏墓志》，志题为"隋故仪同三司王府君墓志铭并序"[5]。王护任隋官，大业五年去世。

贞观十六年《刘政及妻董氏墓志》，志题为"隋故西平郡化隆县长刘府君墓志铭并序"[6]。刘政任隋官，大业十三年卒。

贞观二十年《段师及妻和氏墓志》，志题为"隋故银青光禄殷州刺史志铭"[7]。据志文，银青光禄大夫、殷州诸军事、殷州刺史均为隋官。

贞观二十一年《元质墓志》，志题为"隋故奋武尉元君墓志"[8]。据志文，志主隋末授奋武尉，贞观二十一年去世。

贞观二十二年《张育及妻赵氏墓志》，志题为"隋故平州录事参军张君墓志"[9]。据志文，张育任隋官，大业十一年去世。

贞观二十二年《辛衡卿及妻卢氏墓志》，志题为"隋故仓部侍郎辛君墓志铭并序"[10]。据志文，辛衡卿任隋官，大业元年去世。

贞观二十三年《侯云及妻吕氏墓志》，志题为"隋故楼烦郡秀容县长侯府君墓志"[11]。据志文，侯云"隋左亲侍，俄迁楼烦郡秀容县长"[12]，为隋官，武德二年去世。

而一种较少见的国号用法也可暗示第二种猜测既占多数，又有内在合理性，即"大唐隋故"。

---

① 周绍良、赵超：《唐代墓志汇编》贞观 034，第 31 页。
② 周绍良、赵超：《唐代墓志汇编》贞观 034，第 31 页。
③ 周绍良、赵超：《唐代墓志汇编》贞观 038，第 33—34 页。
④ 周绍良、赵超：《唐代墓志汇编》贞观 038，第 33 页。
⑤ 周绍良、赵超：《唐代墓志汇编》贞观 056，第 44—45 页。
⑥ 周绍良、赵超：《唐代墓志汇编》贞观 088，第 64—65 页。
⑦ 周绍良、赵超：《唐代墓志汇编》贞观 131，第 91—92 页。
⑧ 周绍良、赵超：《唐代墓志汇编》贞观 136，第 94 页。
⑨ 周绍良、赵超：《唐代墓志汇编》贞观 145，第 99—100 页。
⑩ 周绍良、赵超：《唐代墓志汇编》贞观 157，第 107—108 页。
⑪ 周绍良、赵超：《唐代墓志汇编》贞观 167，第 121 页。
⑫ 周绍良、赵超：《唐代墓志汇编》贞观 167，第 121 页。

贞观十九年《明雅及妻孟氏墓志》，志题为“大唐隋故邛州司户参军明君墓志”[①]。明雅仁寿元年去世，夫人孟氏贞观十九年去世。则应题为“唐故隋”，然“隋”提于“故”前。

永徽元年《金行举及妻郭氏墓志》，志题为“大唐隋故车骑将军金公墓志铭并序”[②]。金行举隋末迁车骑将军，永徽元年卒，夫人郭氏贞观十六年卒。

亦有“大周唐故”。

天授二年（公元691年）《皇甫玄志及妻董氏墓志》，志题为“大周唐故儒林郎行魏州馆陶县主簿皇甫君墓志并序”[③]。志主“显庆二年授魏州馆陶县主簿”[④]，显庆四年去世，夫人董氏载初元年（公元689年）去世后合葬。则应题为“大周故唐”，然“唐”提于“故”前。

天授二年《焦松及妻种氏墓志》，志题为“大周唐故文林郎焦府君墓志铭并序”[⑤]。志主“唐授散官文林郎”，“大唐永昌元年”卒，夫人种氏“大唐垂拱二年”（公元686年）卒，“大周天授二年”（公元691年）合葬[⑥]。此志文多处出现“唐”“周”国号，应是在国号更迭时志文撰者的有意识运用与强调，亦可说明志题“大周唐故”非随意而为。

证圣元年（公元695年）《古君妻匹娄净德墓志》，志题为“大周唐故左戎卫右郎将古君夫人匹娄氏墓志并序”[⑦]。未详古君履历，附于此俟考。

“大唐隋故”与“大周唐故”的生成，以表授官时代的国号提前之说为佳。可能有人产生这一疑问，即为何“大唐故隋”不能是“大唐隋故”进而把表授官时代的国号移后所致呢？笔者并不认为此两种形式必然有先后之分，而且区分其先后显无可能，因此这里是从假说构建的简单性趋向来选择解释理路，如果基本不可能探究清楚古人的思维细节，那么一种假说应将有助于当代人更好地认识材料内容并予以重点考虑。

---

① 周绍良、赵超：《唐代墓志汇编》贞观108，第76—77页。

② 周绍良、赵超：《唐代墓志汇编》永徽002，第132页。

③ 周绍良、赵超：《唐代墓志汇编》天授009，第798—799页。

④ 周绍良、赵超：《唐代墓志汇编》天授009，第799页。

⑤ 周绍良、赵超：《唐代墓志汇编》天授036，第819页。

⑥ 周绍良、赵超：《唐代墓志汇编》天授036，第819页。

⑦ 周绍良、赵超：《唐代墓志汇编》证圣008，第871—872页。

总结隋至唐初墓志盖题与志题中的国号书写规律：从基本用法“葬时国号+故+职官国号”出发，或全题写，或省略其一。两国号相同者更可能省略其一。某些变例（大唐隋故、大周唐故）显示职官国号也可能提到“故”前。因此，笔者认为盖题与志题中的国号信息，并非仅表示埋葬时代，而有一部分表示授官时代。

三、余　　论

以上分析集中于对国号出现位置的考察，然而不能否认的是，国号书写也应与撰者的心理认同有一定联系①。以颜之推为例，其经历四朝，梁、齐、周、隋均有职衔，但成于隋文帝灭陈后、隋炀帝即位前的《颜氏家训》②一书，撰者署名仍为“北齐黄门侍郎颜之推撰”，王利器先生推测是因黄门侍郎“最为清显”③，可能与心理上的身份认同有关系，然今已无法确证。但应注意到，颜之推并未使用如“隋黄门侍郎”等拼凑而成、未曾获得的职官信息作为题署，而是依旧使用“齐”国号，可见职官与表其授官时代国号的紧密联系，这也使墓志志题中“故”前国号出现“故”后职官的授官时代成为可能。

当然，出土墓志中也有并未严格遵循以上规律的盖题或志题，是另有原因，如与朝代更替中的身份认同有关，还是仅仅因为误题误刻，因实在缺乏足够证据，尚不十分清楚。但据笔者陋见，这些疑似“反例”都可以做出相应解释。

---

① 比如安史之乱期间墓志中国号的书写与心态已有多篇研究。可参看冻国栋《墓志所见唐安史乱间的“伪号”行用及吏民心态——附说“伪号”的模仿问题》，《魏晋南北朝隋唐史资料》2003年第20辑，第179—189页；仇鹿鸣《五星会聚与安史起兵的政治宣传——新发现燕〈严复墓志〉考释》《复旦大学学报（社会科学版）》2011年第2期，第114—123页（亦见仇鹿鸣《长安与河北之间：中晚唐的政治与文化》，北京师范大学出版社，2018年）；李欣怡《安史乱间行用僭号墓志研究》，扬州大学硕士学位论文，2013年等。此文完成后，笔者曾两次就墓志撰写中格套和心理认同的较量问题请教仇鹿鸣先生，特此感谢。

② 《颜氏家训》成书时代依王利器先生《颜氏家训集解（增补本）》叙录，中华书局，1993年，第2页。

③ 《颜氏家训》成书时代依王利器先生《颜氏家训集解（增补本）》叙录，第2页。

如黄清发先生所举五方志题表明墓主葬期的墓志即为例证①，又有隋开皇二年《李君妻崔芷蘩墓志》志题为“维大隋开皇二年岁次壬寅十二月辛未朔廿六日丙申齐故侍中开府仪同三司吏部尚书殷州刺史李公夫人崔氏墓志铭”②，唐代亦有天授二年《王智通及妻李氏墓志》题“大周天授二年赵王亲事洛州故王君墓志铭一首并序”③，其中有“故”的例子似也说明表示葬时的词语（含国号）只会出现在“故”之前，与前述规律并不矛盾。而不含“故”的例子亦与上述规律无涉，因为如果没有“故”作分界，葬时国号与职官国号就出现在同一位置，即同时用于职官之前，也没有区分的必要与可能了。如永徽三年《吴孝及妻贾氏墓志》志题为“大唐游击将军吴君墓志并序”④，据志文，志主在隋朝任游击将军，貌似是上述规律的反例，然而此志题并无“故”字，不适用上述规律，同时也可以用省略授官时代国号来解释。但是必须承认，此种用例可能与时人职官及其所处时代之习惯相左，因此并不常见。

又如天授二年《杜季方墓志》题“唐故大周故沧州弓高县令杜君墓志铭并序”⑤，志主唐时获官，唐永昌元年（公元 689 年）卒，周天授二年改窆，按上述规律应为“大周故唐”，或“大周唐故”“大周故”“唐故”等形式，但出现两个“故”暗示此墓志志题存在误刻的可能，细审拓片图版，可发现“唐故”二字似有凿痕，而且整理者提示“葬期干支有误”⑥。

再如“故”字也可不与国号一起使用，如贞观十二年《唐逊妻柳婆归墓志》志题为“大唐护军魏王府主簿唐逊故夫人柳氏墓志铭并序”⑦，“故夫人”为一连贯用语，则不属本文讨论范围。

---

① 见《唐代墓志文研究》，第 28—29 页，有《隋唐五代墓志汇编》洛阳卷第三册《唐永徽四年故孔君墓志》，山西卷第一册《唐龙朔二年岁次壬戌十一月丙辰朔十三日戊辰前故皮氏府校尉上骑都尉郑吉昌二县令恭公墓志》《大唐咸亨四年岁次癸酉十二月壬午朔十五日丙申并州晋阳县令刘君文倔墓志铭并序》，《唐代墓志汇编续集》所收《维大唐龙朔三年岁次癸亥四月甲申朔廿五日戊申赵海玫墓志》《唯大唐十四年岁次庚子十二月朔十三日己巳陈君之柩》。此五方墓志志题中年月日均表示葬时。

② 王其祎、周晓薇等：《隋代墓志铭汇考》第一册，008，第 31—33 页。

③ 周绍良、赵超：《唐代墓志汇编》天授 010，第 799—800 页。

④ 周绍良、赵超：《唐代墓志汇编》永徽 043，第 158—159 页。

⑤ 周绍良、赵超：《唐代墓志汇编》天授 008，第 798 页。

⑥ 北京图书馆金石组：《北京图书馆藏中国历代石刻拓本汇编》第 17 册，中州古籍出版社，1989 年，第 131 页。

⑦ 周绍良、赵超：《唐代墓志汇编》贞观 061，第 48—49 页。

洞幽烛微

北美士族研究的学术史

——以姜士彬和伊沛霞的研究为线索

范兆飞　中山大学历史学系

从现代学术发展的角度而言，关于中古士族的研究已逾百年之久。百年之间，海内外不同学派的不同学人对于士族这个在中古时期占据重要地位的政治社会阶层，从不同角度、不同文献、不同方法，各申己说，相持不下，交互辩难，展开极为有益的探索和争论，中古士族研究的学术史遂风起云涌、波澜壮阔。海内外研究士族者，若以国别和地域作为划分标准，大体可划分为三股重要的研究力量：中国、欧美和日本。若以 1950 年作为分水岭的话，此前是中国学人的"一枝独秀"，此后则是海内外学人"各领风骚数十年"，先后实现了从日本到欧美，再到中国大陆的"典范大转移"。关于中日学者的士族研究情况，学人多有述评和反思①；英文世界关于中古士族研究的概况，当时中外学人也有粗线条的勾勒、介绍和评价②。但是，我们不无遗憾地说，就英美学人

---

① 陈爽：《近 20 年中国大陆地区六朝士族研究概观》，《中国史学》2001 年第 11 期，第 15—26 页；宋德熹：《中国中古门第社会史研究在台湾——以研究课题取向为例（1949—1995）》，《兴大历史学报》1996 年第 6 期，第 139—147 页；甘怀真：《再思考士族研究的下一步：从统治阶级观点出发》，载《身分、文化与权力：士族研究新探》，台湾大学出版中心，2012 年，第 1—26 页；［日］中村圭尔著，夏日新译：《六朝贵族制论》，载刘俊文主编《日本学者研究中国史论著选译》第二卷《专论》，中华书局，1993 年，第 359—391 页；刘俊文：《中国史研究的学派与论争（上）（中）（下）（续）》，《文史知识》1992 年第 4、5、7、8 期，第 45—50、64—72、86—91、85—92 页。关于日本贵族制比较重要的学术史论文，参见林晓光《比较视域下的回顾与批判——日本六朝贵族制研究平议》，《文史哲》2017 年第 5 期。

② ［美］李约翰：《英米における中国中世贵族制研究の成果と课题》，《史林》1984 年第 67 卷第 1 号，中译文参见齐威译《英美关于中国中世贵族制研究的成果与课题》，《中国史研究动态》1984 年第 7 期，第 19—28 页；张广达：《近年西方学者对中国中世纪世家大族的研究》，《中国史研究动态》1984 年第 12 期，后收于氏著《史家、史学与现代学术》，广西师范大学出版社，2008 年，第 263—266 页；金应熙：《国外对六朝世族的研究述评》，《暨南学报（哲学社会科学版）》1987 年第 2 期，第 69—76 页，后收于氏著《国外关于中国古代史的研究述评》，内蒙古人民出版社，1994 年，第 189—199 页；陈美丽、裴士凯著，张建中译：《美国学者对中国中古时期历史和社会的研究》，以及陆扬《西方唐史研究概观》，俱收于张海惠主编《北美中国学——研究概述与文献资源》，中华书局，2010 年，第 70—110 页。

研究士族的整体情况而言，尤其是作为问题意识的士族研究，在英文世界何以兴起、何以衰落，其中有哪些代表性学派和人物，其研究的理论和方法是什么，他们的观点差异及根据何在，学术渊源和系谱如何等问题，我们依然是一知半解，停留在“雾里看花”的朦胧状态。有鉴于此，笔者不揣浅陋，拟对英文世界士族研究的滥觞、兴起、流派、分野、影响和演变等来龙去脉进行系统追溯和梳理，并对其中最为关键的话题进行集中评析和讨论。但是，兹事体大，尤其英文世界的士族研究成果因语言和方法等问题，大多数都有详细评介之必要，非一篇小文所能涵括，故拙文仅以姜士彬和伊沛霞研究的异同为主线①，辅以其他学者所展开的士族研究，纵横比较，整合分析，期望丰富中古士族研究的学术史，并以此为契机，反思和推动士族研究的深入开展。

一、引　言

英文世界研究中古士族的学人并不像中日学界那样层出不穷，但也可圈可点。若以在欧美乃至中日学界的影响力而言，姜士彬（David Johnson）的《中古中国的寡头政治》和伊沛霞（Patricia Ebrey）的《早期中华帝国的贵族家庭——博陵崔氏个案研究》，堪称欧美学人研究士族学术史上的“双璧”。两部著作相继出版于1977年和1978年，在当时的中古史学界，姜氏和伊氏关于中古士族政治的观点可谓风靡一时：在英文世界，多位重要学者如艾伯华（Wolfram Eberhard）、蒲立本（E.G.Pulleyblank）、多尔比（Michael Dalby）、萨默斯（Robert M.Somers）和许倬云等人迅速做出反应，在欧美权威刊物上撰写书评，加以评介②；而中文世界的反应也比较快速，周一良、张广达、金应

① ［美］伊沛霞著，范兆飞译：《早期中华帝国的贵族家庭——博陵崔氏个案研究》，上海古籍出版社，2011年；［美］姜士彬著，范兆飞等译：《中古中国的寡头政治》，中西书局，2016年。为方便起见，拙文在行文过程中简称为“姜著”“伊著”。

② 关于姜著和伊著的重要书评，参见 Robert M.Somers，“The Society of Early Imperial China：Three Recent Studies”，*The Journal of Asian Studies*，Vol.38，No.1(1978)：pp.127-142。关于姜著的书评分别是：Reviewed by：Benjamin E.Wallacker，*Journal of the American Oriental Society*，Vol.100，No.1(1980)：pp.93-94；Yves Hervouet，*Journal of the Economic and Social History of the Orient*，Vol.25，No.3(1982)：pp.333-335；Cho-Yun Hsü，*The American Historical Review*，Vol.87，No.1(1982)：pp.235-236。关于伊著的书评分别是：B.J.Mansvelt Beck，*T'oung Pao*，Vol.68，Livr.1/3(1982)：pp.154-157；Yves Hervouet，*Journal of the Economic and Social History of the Orient*，Vol.23，No.3(1980)：pp.324-327；E.G.Pulleyblank，*Pacific Affairs*，Vol.52，No.1(1979)：pp.115-117；Evelyn S.Rawski，*The American Historical* （转下页）

熙等先生撰写较为重要的书评加以介绍；与此同时，李约翰（John Lee）介绍英美学人研究士族（主要是姜士彬和伊沛霞的著作）的论文，也迅速被译成中文①。

姜士彬出生于1938年，伊沛霞出生于1947年，两人相差将近十岁，却有师生之谊。伊氏1975年毕业于哥伦比亚大学，师承毕汉思（Hans H. A. Bielenstein）；当时，姜士彬供职于此，伊氏对笔者自称，姜氏亦为其师；姜氏则告诉笔者，伊氏是他在哥大就任助理教授时协助指导的首位博士生。两氏的参考文献多有重叠，显示他们具有相近的知识结构，尤其是他们都受到欧美人类学家和社会学家的深刻影响。正如艾伯华所论，姜伊二氏所关心的问题，不仅是纯粹的历史问题，同时也是社会学问题②。姜氏和伊氏关于中古精英家族研究的方法、思路和结论，可谓和而不同，大异其趣。两氏著作出版已逾四十年，若从后来“他者”的眼光来看，显然需要溯其源流，探其传统。姜伊二氏的著作最初被中国学者所知，几乎出于相同的原因：两氏著作分别由周一良和张广达先生加以介绍。周一良先生关于伊著的介绍，吹响了中国学人利用个案方法研究士族问题的号角。

张广达先生对于姜氏的介绍文字，其实只有姜氏自行撰述的梗概。关于姜著的意义和价值，张先生着墨并不多。姜著从讨论大族的身份入手，前四章都是着力考察大族的身份及其定义，剖析统治阶层的重要概念，认为“士”阶层并不具备法律和制度上“统治阶层”的意义；接着考察人们的崇高地位，正是源于担任的官职；但同时强调，只有地位崇高的人们，才能获得官位。姜氏进而确定这个地位崇高的人群，就是数百个家族组成的集团：他们有“四姓”

（接上页）*Review*, Vol.84, No.4(1979): pp.1124-1125; Herbert Franke, *Historische Zeitschrift*, Bd.230, H.2(1980): pp.390-396; Emily M. Ahern, *Man*, New Series, Vol.14, No.2(1979): pp.359-360; Wolfram Eberhard, *Journal of the American Oriental Society*, Vol.102, No.3(1982): pp.574-575; Michael Dalby, *Harvard Journal of Asiatic Studies*, Vol.40, No.1(1980): pp.249-263。

① 周一良：《〈博陵崔氏个案研究〉评介》，原载《中国史研究》1982年第1期，后收于氏著《魏晋南北朝史论集》，北京大学出版社，1997年，第517—528页；张广达：《近年西方学者对中国中世纪世家大族的研究》，《中国史研究动态》1984年第12期，后收于氏著《史家、史学与现代学术》，广西师范大学出版社，2008年，第263—266页；金应熙：《国外对元朝世族研究的述评》，《暨南学报（哲学社会科学版）》1987年第2期，第69—76页，后收于氏著《国外关于中国古代史的研究述评》，第189—199页；［美］李约翰：《英美关于中国中世贵族制研究的成果与课题》，《中国史研究动态》1984年第7期，第19—28页。

② Reviewed by: Wolfram Eberhard, *Journal of the American Oriental Society*, pp.574-575.

"二品""贵族""门阀"等称谓，也就是所谓的寡头家族（oligarchy）。那么，这些"oligarchy"的边界在哪里，哪些家族包括在内，哪些家族又被排除在外？姜氏从考察中古氏族谱入手，着重对残存的几件敦煌姓望氏族谱之逻辑关系进行复原。姜氏发现，晋唐时期所有高官尤其是宰相，相当一部分都来自唐代氏族谱所列举的家族。这些家族在晋唐时期具有相当的连续性和稳定性。姜氏同时指出，这些氏族谱中的成员资格，看似具有相当的稳定性和持续性，但其地位不是源于血统的世袭，而是在每次修订谱牒时都必须经过政府的确定和认同。正是在这个意义上，姜先生不同意将这个群体称作"贵族家族"，而是称为"寡头家族"：其要义包括家族地位源于任官；这个群体又是根深蒂固、持续长久的，贯穿中国的晋唐时期。不仅如此，姜氏同时论证谱牒是中古士族认同的唯一纽带，声称这是中古士族与近世宗族的根本区别（姜著，第157页）。由此，我们就能看到，姜著浑然一体，自成逻辑，关于中古时期的统治阶层和政治形态，贵族制和官僚制结合的"寡头政治论"可备一说。

从学术系谱的角度追根溯源，我们就会发现姜氏的研究不是无源之水。姜著的骨干正是其博士论文，原文还有副标题"大家族的社会、政治和组织结构之研究"（*A Study of The Great Families in Their Social, Political and Institutional Setting*）。姜士彬于1970年毕业于伯克利加州大学，获历史学博士学位，导师是艾伯华（Wolfram Eberhard）。艾伯华是犹太学者，因希特勒反犹太政策而辗转赴美①。在20世纪50—60年代，艾伯华陆续出版关于传统中国统治阶层和社会流动的著作②。在艾氏看来，唐代郡望表所列门阀贵族的社会地位、经济力量持续不断，即便在后汉至五代的社会变动下仍然不受影响。六朝贵族制或唐宋变革论，背后涉及的宏大问题都与历史分期有关。如艾伯华将中国史与欧洲史等同看待，认为中国的古代（ancient）即周代，等同于欧洲的中世纪；中国的近代或近世（modern），与欧洲大致同步等。大概同时，艾伯华揭

① 许倬云：《北美中国历史研究的历史与走向》，载朱政惠、崔丕主编《北美中国学的历史与现状》，上海辞书出版社，2013年，第75页。

② Wolfram Eberhard, *Das Toba—Reich Nordchians*, Leiden: E.J.Brill, 1949（艾伯华：《中国北部的拓跋帝国：社会学的研究》，荷兰博睿学术出版社，1949年）；*Social Mobility in Traditional China*, Leiden: E.J.Brill, 1962（艾伯华：《传统中国的社会流动》，荷兰博睿学术出版社，1962年）。关于艾伯华的学术生平和研究旨趣的变动，参见张广达《魏特夫与艾博华教授》，载《史家、史学与现代学术》，第206—213页。按，姜士彬先生提示，其师Wolfram Eberhard的汉译名以"艾伯华"为妥。

篪“士绅社会”（gentry society）理论，具体指公元前200年至13世纪，长达一千五百年，不存在贵族阶层，其上层统治阶层的权力，主要依赖其社会经济地位。因此，艾氏认为，这是一个理论上的“开放社会”（open society），任何人都可以提升其社会地位，当然汉至宋时的向上流动较为罕见，南北朝可谓“士绅社会”之典型。又以五代而论，只有26％的士绅出自胡族；而汉人士绅中，70％出自传统士绅（old gentry），艾氏进而认为五代时期的统治集团并未发生根本性变化①。在蒲立本看来，艾伯华史学中最重要的发现之一，就是其中世“士绅社会”理念的提出。当然，蒲立本对艾氏著作也提出激烈批评，尤其批评他统计资料中诸多不合理的因素，以及艾伯华学说中充满自相矛盾之处：例如，艾氏谈及北朝有六个“高贵”的士绅家族凌驾于社会等级之上，盛气凌人，深沟壁垒，结成排外性的婚姻圈；而日本学者则将胡汉联盟视作“贵族”②。

实际上，艾伯华浸淫社会学多年，深受韦伯理论之影响，在某种程度上，艾氏研究带有欧美汉学界自发研究中古士族和精英阶层的色彩，李约翰评价艾伯华：“在他的学说中随处可以看到欧洲人对中国史的传统看法。这大概就是通过欧洲史的比较或者作为世界史中共同现象的一环来理解中国的态度。……轻视、无视第二次文献，特别是中国和日本学者的研究成果。”③ 无论如何，艾伯华的“士绅社会”理论，尤其强调北魏大族高门持续至唐代，乃至在五代持续显赫的观点，以及采用统计分析的社会学方法，显然成为姜士彬“寡头政治说”的滥觞和源头；姜氏青出于蓝，后出转精，对艾氏学说进行修正和补充。不仅如此，20世纪五六十年代前后，社会史的研究风靡欧美④，社会流动（social mobility）和精英阶层作为社会史研究的重要部分，成为高频的学术词

---

① Wolfram Eberhard, *Conquerors and Rulers*: *Social Forces in Medieval China*, rev, ed. Leiden: E.J. Brill, 1952, p.13（艾伯华：《征服者与统治者：中世纪中国的各种社会力量》，荷兰博睿学术出版社，1952年，第13页）。

② Edwin G.Pulleyblank, “Gentry Society: Some Remarks on Recent Work by W.Eberhard”, *Bulletin of the School of Oriental and African Studies*, Vol.15, No.3(1953): pp.588-597（蒲立本：《士绅社会：艾伯华近年论著评述》，《伦敦大学亚非学院通报》第15卷第3号，1953年）。关于艾伯华论著中相互矛盾冲突之处，还可参见白乐日关于艾氏《征服者与统治者》的书评，参见 Reviewed by: Étienne Balazs, *Pacific Affairs*, Vol.27, No.1: p.75。

③ ［美］李约翰：《英美关于中国中世贵族制研究的成果与课题》，《中国史研究动态》1984年第7期，第20页。

④ 例如，毛汉光曾经坦言受到这种风气和学人的影响，参见氏著《中国中古社会史论》序，上海书店出版社，2002年，第5—6页。

汇，不仅涉及中国史的研究，也涉及东亚史、欧洲史和美国史的研究。例如，在当时名噪一时、迄今仍有巨大影响的何炳棣所撰《明清社会史论》，即出版于 1962 年。实际上，关于中国古代精英阶层的研究，风靡当时美国的汉学界，如萧公权的《中国乡村》、张仲礼的《中国士绅：关于其在十九世纪中国社会中作用的研究》、瞿同祖的《作为权力阶层的士绅》和《汉代社会结构》，均出版于 50—70 年代①。由此，我们看到，在 70 年代，姜著和伊著的"横空"出现就绝非偶然，而是欧美学界研究传统中国社会史——特别是社会流动和统治阶层——日积月累，从而波及中古史的必然结果。实际上，在此之前，杜希德（Denis C. Twitchett）已经从敦煌郡望表的角度，考察唐代统治阶层的构成②，和艾伯华等人共同成为姜伊二氏研究中古精英阶层的先驱。

如果说姜士彬是立足士族政治宏观层面的理解、概括和演绎，伊沛霞则是致力于个案研究的考察和剖析，伊氏希望从博陵崔氏的沉浮升降，揭示博陵崔氏所属贵族家庭乃至整个精英阶层的历史变迁③。伊著第二章追溯贵族家庭的历史发展，意图正是通过博陵崔氏的荣枯兴衰，透视整个贵族阶层的发展轨

---

① 例如，Change Chung-li，*The Chinese Gentry：Studies on Their Role in Nineteenth-Century Chinese Society*，Seattle：Washington University Press，1955（张仲礼：《中国士绅：关于其在 19 世纪中国社会中作用的研究》，华盛顿大学出版社，1955 年）。

② Reviewed by：Robert M. Somers，"The Society of Early Imperial China：Three Recent Studies"，*The Journal of Asian Studies*，Vol.38，No.1（1978）：p.139.

③ 当然，这是谨就两者著作而言。实际上，姜士彬先生研究唐末宋初赵郡李氏的论文，也是英文世界研究士族个案的扛鼎之作。关于这篇论文，我们可以从三个角度去谈他的学术史意义：其一，姜先生的中古寡头政治和赵郡李氏研究相辅相成，构成姜先生研究士族问题的"姐妹篇"。如果说前者是关于士族研究群像式的素描，那么，后者则是士族研究精密细致的解剖。其二，关于唐宋士族衰亡的考察。此前有孙国栋先生关于唐宋门第消融研究的大作（参见孙国栋《唐宋之际社会门第之消融——唐宋之际社会转变研究之一》，原载《新亚学报》1959 年第 4 卷第 11 期，第 211—304 页，后收于氏著《唐宋史论丛》，香港商务印书馆，2000 年），如果说孙国栋先生通过社会学的宏观统计，展现了唐宋时期旧族门第消融的历史大幕；那么，姜先生这篇文章，则呈现了门第消融背景之下的鲜活案例。其三，士族个案研究的坐标意义。从个案研究的角度研究中古士族，肇端于 20 世纪 50 年代的守屋美都雄，不夸张地说，作为方法论的个案研究，日本、英美和中国学者的士族研究，可谓形似而神不似，其问题意识和关注角度存在着相当大的差异。大体来说，田余庆、陈爽的士族研究是政治史取径的，守屋氏的士族研究则是社会史取径的，而姜士彬、伊沛霞的个案研究则是人类学和社会学取径的，可见姜、伊二氏的研究取径，相对接近守屋氏。具体参见范兆飞《范式的形成与分合——以守屋美都雄〈六朝门阀：太原王氏家系考〉为中心》，《中外论坛》2020 年第 4 期，待刊稿。这种差异正是互相借鉴、继续深入的重要基础。就士族研究的英文板块而言，姜先生的《赵郡李氏研究》（1977 年），和伊沛霞的《博陵崔氏研究》（1978 年），一文一书，堪称西方学者研究士族个案问题最重要的成果，前后辉映。整体而言，个案研究和宏观考察是士族研究的两大取径，各有利弊，互为补充。

迹。伊著第三至第六章，追溯汉唐一千年间博陵崔氏的成长、壮大、衰落乃至消失的进程①。欧美学人在此之前展开的中古社会史研究，被多尔比形容成“概念集中营”“香蕉共和国”式的研究，枯燥乏味，从概念到概念，从片断到片断，从理论到理论，理论先行，然后选择材料进行论证②。而个案研究的魅力，正是其鲜活性，使得历史研究如同现场发生的故事一样栩栩生动。尽管伊氏认为博陵崔氏的研究具有相当的典型性，犹如守屋美都雄试图从太原王氏的系谱变化归纳中古政治社会的形态一样。但是，个案研究毕竟是解剖“一只麻雀”，只是对极为有限对象的精密考察，显然是以牺牲全局性的洞察为代价。具体而言，博陵崔氏是生活在中古时期的大族高门，其一举一动，莫不与中古时期风云莫测的政治环境和地域社会息息相关，将博陵崔氏准确地、安然无恙地从中古中国极为复杂的政治环境和阶层网络中切割而出，借此观察精英阶层的整体形象，恐难以想象。因此，个案研究“非典型”（atypical）的特征与生俱来，从极为有限的个案归纳一般原理，也是不乏冒险的取径。作为读者，追问的话题是，博陵崔氏如此，其他大族身上是否发生相似的故事？

不出意料，有的学者提出与姜伊二氏截然不同的观点。葛涤风（Dennis Grafflin）正是代表人物之一。1980 年，葛氏毕业于哈佛大学，先师从杨联陞先生；其后杨氏因身体健康问题荣退，葛氏又随史华慈（Benjamin Schwartz）继续学习，获博士学位，其博士论文《南朝早期的社会秩序：东晋的构造》（*Social Order in The Early Southern Dynasties*：*The Formation of Eastern Chin*）虽未正式出版，但其发表的数篇论文，正是精华所在，颇能代表葛氏对于中古士族的观点。葛氏声称，只要对南朝高门大族的演变轨迹进行重建，就会发现贵族门户持续稳定和长期重要的观点是错误的；他具体指出，东晋南朝最显赫的侨姓门阀，只有太原王氏和颍川庾氏可以追溯至汉代，同时，也只有太原王氏和琅琊王氏延续至唐代，如谯国桓氏被灭族于元兴三年（公元 404 年）。葛氏尖锐指出，不仅是东晋的超精英阶层（即一流高门）迅速滑落衰微，南朝也没有出现与之匹敌的替代性高门③。这种看法显然与姜伊二人的观点迥然相异。从葛文有限的

① 艾伯华指出，五代时期的部分传统士绅家族，至少延续一千余年。参见 Wolfram Eberhard, *Conquerors and Rulers*：*Social Forces in Medieval China*, p.119。

② Reviewed by：Michael Dalby, *Harvard Journal of Asiatic Studies*, Vol.40, No.1(1980)：p.260.

③ Dennis Grafflin, “The Great Family in Medieval South China”, *Harvard Journal of Asiatic Studies*, Vol.41, No.1(1981)：pp.65-74（葛涤风：《中古中国南方的大族》，《哈佛亚洲学报》第 41 卷第 1 号，1981 年）。

学术回顾来看，他试图回应的学术史集中于内藤湖南、川胜义雄、姜士彬等人，尤为关注川胜义雄对于南朝贵族制的研究。

如果说日本学界的贵族制是以东京学派（又称“历研派”）和京都学派之间的批评和分野为代表，那么北美学界也不乏这样的论争和分化：主张中古贵族制或寡头制者，以姜士彬和伊沛霞为代表；同时也有反贵族制者，除哈佛大学出身的葛涤风之外，在对姜伊二氏充满批判精神的论著中，旗帜鲜明、观点激烈者，又如毕业于斯坦福大学的陈美丽（Cynthia L.Chennault），毕业于哥伦比亚大学的麦希维克（Dusanka Dusana Miscevic）等人。陈美丽（Cynthia L. Chennault）是“飞虎队”队长陈纳德次女，1979 年毕业于斯坦福大学，师从刘若愚（James Liu）和王伊同，受到刘先生的学术影响，陈美丽以文史互证之法，进行陈郡谢氏的个案研究，揭示出在政治权力的争夺和占有中所面临的不稳定性，是南朝谢氏几大房支的共同问题①。麦氏认为中古时期的统治阶层不是一成不变的，与姜士彬的寡头政治说鲜明对立。麦氏 1992 年毕业于哥伦比亚大学，师从毕汉思，与伊沛霞师出同门；其博士论文《寡头政治抑或社会流动：关于早期中古中国的大族研究》（*Oligarchy or Social Mobility? A Study of the Great Clans in Early Medieval China*），和毕氏关于《水经注》的论文，刊于《瑞典东方博物馆馆刊》（*The Museum of Far Eastern Antiquities*）第 65 期，该刊此卷仅刊麦、毕两文，毕氏论文短小精悍，故将此卷称为麦氏专刊亦不为过。麦氏直言其研究师法毕氏研究汉代社会流动的思路与方法②，重点考察六朝时期高门大姓担任一品高官的连续性和中正、贵族爵位的继承性以及门阀大族的婚姻等情况，他指出中古中国不是由寡头阶层所控制③，这显然与姜伊二

① Cynthia L.Chennault, “Lofty Gates or Solitary Impoverishment? Xie Family Members of The Southern”, *T'oung Pao*, Vol.85, Fasc.4/5(1999): pp.249-327（陈美丽：《高门大族抑或布衣素士：南朝谢氏研究》,《通报》第 85 期第 2 卷，1999 年）。

② Hans H.A.Bielenstein, *The Restoration of the Han Dynasty: with Prolegomena on the Historiography of the Hou Han shu*(《汉代的复兴》), Stockholm: Elanders Boktryckeri Aktiebolag, 1953.

③ Dusanka Dusana Miscevic, “Oligarchy or Social Mobility? A Study of the Great Clans in Early Medieval China”, *The Museum of Far Eastern Antiquities*, Vol.65(1993): pp.5-256（麦希维克：《寡头政治抑或社会流动：关于早期中古中国的大族研究》,《瑞典东方博物馆馆刊》第 65 期，1993 年，第 168 页）。按，麦氏此文原系其博士论文：*Oligarchy or Social mobility? A Study of the Great Clans in Early Medieval China*, Ph.D. diss. Columbia University, 1992。关于麦氏宏文的评介，参见王晶《唐宋变革与北美士族研究——从麦希维克的中古社会阶层流动谈起》,《中国中古史集刊》第 4 辑，商务印书馆，2017 年，第 399—428 页。

氏所论大相径庭。另外，关于姜士彬的寡头政治说，持不同意见者还有霍姆格伦（Jennifer Holmgren），霍氏生于1949年，1979年于澳洲国立大学获得博士学位，师从贾丁纳（Ken Gardiner）。霍氏在内亚史和十六国北魏史研究方面，尤其是文献方面，深受贾氏影响，卓有贡献，但是，由于各种因素，霍氏没有获得终身教职，遂弃学从政，非常可惜①。霍氏认为，5世纪山东地区的贵族等级并不稳定，因此认为，该时期社会缺乏流动的观点是对唐代贵族形成史的过于简化；在霍氏看来，5世纪应该视作唐代贵族阶层的形成时期，至少山东士族如此。霍氏还指出，主张中古社会流动陷入停滞的观点，忽视了该时期空间和时间上的差异性②。

即便如此，从长时段的学术史脉络观察，与守屋美都雄的太原王氏研究相比，伊著关于博陵崔氏的研究更为精致和系统，因此后来居上，获得广泛赞誉。当然，伊著晚于守屋氏著作二十余年，两者研究的虽然都是一流高门，但伊氏以访问中研院的机会，获睹当时尚未公布的崔氏墓志，这在守屋氏的时代并不可能。在士族研究方面，毛汉光从事的琅琊王氏研究，和伊沛霞的博陵崔氏研究，堪称大规模使用墓志资料研究士族问题的前驱。这对后来学者研究中古士族的文献选择具有决定性的影响。姜氏的研究虽然宏观，且论证过程步步为营，但其材料选择集中于氏族谱的流变，极少引用墓志材料；而伊氏的考察则是微观入手，所得结论显得水到渠成。姜伊两氏论著所引参考文献虽然大同小异，但他们的研究方法和论证过程显示：姜氏受毛汉光先生的影响较大；而伊氏则受守屋美都雄的影响较大；前者侧重数量统计，辅以层层推演，后者侧重个案研究，辅以统计分析。以士族个案研究而成书立说者，伊著可谓守屋美都雄关于太原王氏研究之后的第二本，甚至是迄今影响最大的著作。士族个案研究的方法，在日本学界，是由守屋美都雄开创、矢野主税等人加以继承并发

---

① Reviewed by：T.H.Barrett，*Journal of the Royal Asiatic Society*，Vol.7，No.3(1997)：p.176。并参胡志宏《西方中国古代史研究导论》，大象出版社，2002年，第229页。按，霍氏晚近给笔者的邮件中谈及澳洲当时比较特殊的政治学术环境是其没有拿到终身教职的主要因素。

② Jennifer Holmgren，"The Making of an Elite：Local Politics and Social Relations in Northeastern China during the Fifth Century AD"，*Papers on Far Eastern History*，Vol.30(1984)：pp.1-79（霍姆格伦：《精英的形成：五世纪中国山东地区的地方政治与社会关系》，《远东史研究集刊》第30期，1984年）；Jennifer Holmgren，"Social Mobility in the Northern Dynasties：A Case Study of The Feng of Northern Yen"，*Monumenta Serica*，Vol.35(1981)：pp.19-32（霍姆格伦：《北朝的社会流动：北燕封氏个案研究》，《华裔学志》第35期，1981年）。

扬光大的[1]。但在更大的范围内，将士族个案研究升级为“范式”，对国内学者影响较大者，则是伊著。大致同时，姜士彬展开了唐宋时期赵郡李氏衰落的个案考察[2]。当然，即便放在当下，伊氏本人也完全不曾预料到，在日本学者贵族制理论和个案研究、西方人类学和社会学理论的合力影响下，她所展开的博陵崔氏研究，经过周一良先生的评介，乾坤挪移，辗转往复，对中国学界所产生的巨大影响。

二、大族的称谓、范围和基础

欧美学人研究士族有别于国内学人的最大特征之一，就是立足长时段的考察。姜氏和伊氏显然都受到法国年鉴学派的影响，注重长时段的研究，前者书名中的词汇是“Medieval China”（中古中国），而后者书名中的词汇是“Early Imperial China”（早期中华帝国）。在西方学界，最先使用“Medieval”一词的中古史学者是白乐日（Etienne Balazs），他在 *Etudes Sur La Societe Et L' Economie De La Chine Médiéval* 中首次使用该词，类比欧洲的“黑暗时代”。姜氏开宗明义地阐明所谓“中古中国”，指的是从汉末到唐末这段时期，而麦希维克（Dusanka Dusana Miscevic）所言的“中古”，则指魏晋南北朝；但他所称中古早期，似乎意味着中古也涵括隋唐时期。丁爱博（Albert E. Dien）主编的《早期中古中国的国家与社会》，收录十一篇论文，除唐长孺和毛汉光以外，其余九人均为欧美学人，没有日本学者，其“中古早期”断限于公元 700 年[3]。而伊氏使用的词汇，与“Late Imperial China”（晚期中华帝国）相对，是指从汉代到唐末这段历史时期，而帝国晚期则指宋元明清。如此，伊氏讨论的长时段，超过内藤湖南所谓“贵族政治时代”的时间跨度，汉代也被纳入考察范

---

① 参见范兆飞《权力之源：中古士族研究的理论分野》，《学术月刊》2014 年第 3 期，第 125—135 页，后收入《中古太原士族群体研究》，中华书局，2014 年，第 1—18 页。

② David Johnson, “The Last Years of A Great Clan: The Li Family of Chao Chun in Late T'ang and Early Sung”, *Harvard Journal of Asiatic Studies*, Vol.37, No.1(1977): pp.5-102（姜士彬：《一个大族的末年——唐末宋初赵郡李氏研究》，《哈佛亚洲学报》第 37 卷第 1 期，1977 年，第 5—102 页）。

③ Albert E.Dien eds., *State and Society in Early Medieval China*, Stanford: Stanford University Press, 1990（丁爱博：《早期中古中国的国家与社会》，斯坦福大学出版社，1990 年）。按，此书导言基本代表丁爱博对中古士族政治的认识，中译文参见［美］丁爱博著，张琳译《〈中国中世纪早期的国家与社会〉导言》，《魏晋南北朝隋唐史资料》1996 年第 14 辑，第 182—198 页。

围；而姜氏讨论的时段，契合内藤氏所描述的贵族制时代跨度。葛氏发表文章中也有“Medieval”的字样，但他的考察时间截止于隋代。长时段与断代史的家族考察，各有优劣，前者长在上溯本源，下穷末流，短处则在各个时段无法纤毫毕现；而后者的利弊正好相反。葛氏立足考察东晋南朝的高门大族，屡有发现，在某些方面也的确否定了姜伊二氏的观点，但其所举桓氏、谢氏、庾氏等大族衰微于南朝的反例，不足以推翻唐朝旧族高门——如博陵崔氏、太原王氏、荥阳郑氏等家族仍然相当活跃的现实。与葛氏所论大致同时，唐长孺先生揭示，汉魏之际的士族，存在相当程度的升降和沉浮，决定性因素即是当朝冠冕，而非冢中枯骨①。又如，汉魏之际极为活跃的颍川荀氏家族，在东晋南朝时期已衰微不堪，降为门阀破落户，但我们显然无法用荀氏破落的个案，一举推翻东晋是门阀政治的旧说。

关于中古精英阶层或统治阶层的描绘术语，艾伯华的称谓是“gentry”，兼具地主、官僚和学者三种角色；姜氏的称谓是“寡头家族”（oligarchy），文中更多的概念是“大族”（great clan）；而伊氏的概念是“贵族家庭”（aristocratic families）；蒲立本和葛涤风的概念则是“大家族”（great families）；丁爱博的概念是“gentle families”（士族）或“士绅”（gentry），文中讨论经常使用“lineages”（宗族）；裴士凯（Scott Pearce）的概念是“地方精英”（local elites）；麦希维克的概念是“传统的官僚世家”（old established bureaucratic clans）；霍姆格伦的概念是“地方精英”（local élite），凡此种种，不一而足。这些眼花缭乱的概念背后，反映这些学者对中古精英阶层的不同认知和范围取向。仅从量化的角度而言，姜氏大致推测，“寡头家族”所占当时中国人口的比例约在0.5％左右，他们正是唐代郡望表所列的数百个名望高门。伊氏所言的“贵族家庭”范围显然更小，大致是柳芳《氏族论》列举的二十九个家族，或者是中古时期的一流高门。由此看到，伊氏所言的“贵族家庭”，是姜氏所言“寡头大族”之子集。当然，他们都同意贵族的基本特征是“世袭崇高的社会地位”（伊著，第9页；姜著，第58页）。姜氏认为中古时期的寡头阶层虽然是由数百个相对稳定、持续性强的家族所构成，但又坚定地认为，他们的社会地位源于政府的确定和认同，并非来自血统的世袭。形成鲜明对照的是，伊氏指出，博陵崔氏

① 唐长孺：《士族的形成和升降》，载《魏晋南北朝史论拾遗》，中华书局，1983年，第53—63页。

成员在社会地位方面具有世袭权，至于能否得到更多的财富、权力以及声望，则受具体环境的制约；伊氏同时指出，姜氏所言的“寡头政治”，是在缺乏强硬或专制统治的时候才会出现，而在北朝和唐代，皇权并非形同虚设（伊著，第 105 页）。但是，无论“寡头家族”还是“贵族家庭”，正如艾伯华评论伊沛霞著作时所云，这两个概念都是指西方学术语境中的“上层精英”（upper level of gentry）①，即我们所言的精英阶层或统治阶层。丁爱博通过研究孝文帝太和十九年令，断然否定艾伯华关于北魏是贵族社会的观点；在他看来，北魏的统治阶层与其说是贵族，不如说是精英②。

以姜士彬和伊沛霞为代表的士族研究，最显著的特征之一就是受到人类学和社会学的影响，尤其受弗里德曼（Maurice Freedman）、弗里德（Morton H. Fried）等学人激烈争论的“氏族”（clan）和“宗族”（Lineage）等概念之区别及其意义的影响。葛涤风也不例外，葛氏从人名学的角度，梳理中国南方门阀成员从单名到双名的问题，比较南方门阀的人名及其影响，关注不同辈份之间连续使用同一偏旁（如“水”“心”字旁等）的现象。与此同时，葛氏指出琅琊王氏的人名含有道教色彩（如王正后裔中，连续六代四十八个子孙的名字中含有“之”字），也有佛教之色彩（如王绚后裔中，连续四代十个子孙的名字中含有“昙”“僧”等字，前后辈之间互有参差）；葛氏暗示中古高门人名的宗教属性不见于单名，而见于双名，这有可能受到印欧“神性”（theophoric type）人名系统的影响，当然，太原王氏的情况更加复杂多变③。葛氏关于大族人名的研究，显然带有冯汉骥、弗里德曼和弗里德等人类学家影响之烙印。不过，葛氏显然没有参考此前宫川尚志等人关于南北朝人名的研究④。从葛氏研究南方大族的情况来看，虽然他使用了与“大家族”不同的“宗族”等概

---

① Reviewed by：Wolfram Eberhard，*Journal of the American Oriental Society*，Vol.102，No.3(1982)：pp.574-575.

② Albert E.Dien，“Elite Lineages and the T'o-pa Accommodation：A Study of the Edict of 495”，*Journal of the Economic Social History of the Orient*，Vol.19，No.1(1976)：pp.61-68（丁爱博：《世家大族与拓跋魏的融合：太和十九年诏令研究》，《东方经济与社会史学刊》第 19 卷第 1 期，1976 年）。

③ Dennis Grafflin，“The Onomastics of Medieval South China：Patterned Naming in the Lang-Yeh and T'ai-Yuan Wang”，*Journal of the American Oriental Society*，Vol.103，No.2(1983)：pp.383-398（葛涤风：《中古南方的人名：以琅琊王氏和太原王氏的模式化命名为例》，《美国东方学会会刊》第 103 卷第 2 期，1983 年）。

④ ［英］魏根深著，侯旭东译：《中国历史研究手册》，北京大学出版社，2016 年，第 183 页。

念，但他基本上集中于探讨血缘关系清晰紧密的亲属群体。与之相似，伊沛霞也强调博陵崔氏成员之间的紧密关系，伊著附录二“崔俨世系表考释”所举崔俨四十三名后裔子孙，显示出他们之间存在血缘关系，因此，伊氏坚持使用“家庭”（family）一词，这点得到艾伯华的赞同。当然，伊氏所谓的“家庭”，并不囿于“核心家庭”（nuclear family）之讨论，也不是如多数学者那样追踪父祖三代的官品，以此论证家族升降的情况，而是注重“扩散家庭”之考察，即包括叔伯子侄等成员，尤其在唐代博陵崔氏部分，还包括没有生物学关系、自称博陵崔氏的成员（伊著，第 115 页）。与之前相比，博陵崔氏范围的骤然扩大，取决于唐代博陵崔氏的墓志遗存。唐代存在大量自称博陵崔氏，实际上却无法和博陵崔氏的主干大房建立清晰世系的成员墓志，因此，伊氏在这里也有所保留地声称，唐代博陵崔氏的最佳术语是“宗族认同”（lineage of identification），伊氏所言崔氏为社会地位而承认共同的祖先，但也很警觉地指出他们并没有全体认同（伊著，第 119 页）。这样，伊氏本身就博陵崔氏的研究内涵出现前后矛盾的冲突：前面强调世系清楚的亲属集团，其后却扩大和变身为模糊化的宗族认同，这两者范围的伸缩显然有着极大的差异①。

葛涤风的关注焦点在于南朝门阀，他勾勒出的大族曲线与毛汉光所研究的琅琊王氏，以及伊沛霞研究的博陵崔氏等大族横跨汉唐时期的持续性发展不同。葛氏明确指出，只有太原王氏和琅琊王氏从魏晋延续到隋唐，并在唐代急剧膨胀（expand）②；葛氏并未深究隋唐士族的情况，所谓的“膨胀”，就是不具有真实血缘关系的同姓人群，攀附郡望，成为同姓共同体，也就是伊氏此处所言的“宗族认同”。伊沛霞一针见血地指出，中古时期的大族，没有聚集在一个地理中心，没有参加共同的节日活动，没有维护公共的墓地，也没有祭祀共同的祖先（伊著，第 116—117 页）；姜士彬更是旗帜鲜明地指出，“如果没有义田，没有家庙，大型继嗣集团甚至在坟茔旁边没有任何发展完善的聚集活动，实际上，我们大概就可以确定，中古中国不存在弗里德曼意义上的所谓宗族”（姜著，第 130 页）。实际上，姜、伊二氏共同呼应的，不仅是历史学问题，也是人类学家普遍争论的话题，即宗族是功能性的还是系谱性的，中古大族的本质如何等。基于这种问题指向，伊氏对博陵崔氏居住地和埋葬地的图表

---

① Reviewed by：Michael Dalby，*Harvard Journal of Asiatic Studies*，Vol.40，No.1(1980)：p.260.

② Dennis Grafflin，“The Great Family in Medieval South China”，pp.65-74.

式考察，对于学者研究中古大族的迁徙具有示范意义。不仅如此，他们都展现出对大族谱牒的高度重视。这种研究依然受到美国人类学家莫顿·弗里德和莫里斯·弗里德曼等人对宗族与系谱关系的批评和争论的直接影响：弗里德认为，宗族与氏族的根本区别正是系谱，宗族构成的条件是明确的共始祖血缘关系，而氏族的血缘联系则是虚构的①。姜氏更是以谱牒所确定的成员身份作为“oligarchy”的纽带，他指出，中古大族存在的唯一要素就是谱牒（姜著，第157页）；伊氏同样对崔氏谱牒予以关注，尽管没有姜氏所言那样明确。姜、伊二氏的这种认识，与日本学者如福岛繁次郎的认识截然不同，福岛氏强调陇西赵氏为祖先祭祀而持续聚集，并强调赵氏成员自称陇西赵氏的认同意义②。若以中古太原王氏和太原郭氏的情况来论，笔者倾向认同福岛氏所强调的大族认同，就是中古大族对于郡望的攀附和认同意识。

不仅如此，伊沛霞明确指出，唐代博陵崔氏发挥作用的亲属集团的规模，大致是传统意义上的“小宗”，即由男系五世以内具有亲属关系的人员构成；并在论述崔氏成员关系的时候，强调崔沔宗庙和墓地对家族团结的重要作用（伊著，第119、123页）。如此这般，伊氏所论，前后龃龉，自相矛盾。伊氏前论崔氏没有共同的墓地，没有共同的祭祀活动，而这里又强调崔沔家族的祭祀活动及其意义。实际上，伊氏的自相矛盾，正是源于博陵崔氏的“小宗”和“大宗”原则及在实践和文本中呈现的冲突。伊氏发现，唐代的博陵崔氏成员散居各地，分葬异处，说明博陵崔氏存在严重的房支分裂现象；既然如此，所谓的共同活动，在规模较小的小宗房内才有可能正式进行。那么，这个所谓的共同活动，“共同”的范围有多大？实际上，这种观点的提出和论证，明显受到人类学家的影响。弗里德曼认为，宗族就是一个共同的男系亲属集团（除去已婚的姐妹，包括他们的妻子），他们拥有共同的祠堂或者公共财产③。伊氏对崔氏共同祭祀活动的关注，及其由此引发的矛盾，大概正是迎合与回应弗里德曼所言的宗族内涵。姜氏在此方面较为果断，他在考察大族并不存在共同的

---

① Morton H. Fried, “Clans and Lineages: How to Tell them Apart and Why—with Special Reference to Chinese Society”, *Bulletin of the Institute of Ethnology*, *Academia Sinica*, XXIX (1970): pp.11-36（弗里德：《中国社会的氏族与宗族：它们的区别和原因》，《中研院民族学研究所集刊》第29本，1970年）。参见钱杭《宗族的世系学研究》，复旦大学出版社，2011年，第1—17页。

② ［日］福岛繁次郎：《中国南北朝史研究》，名著出版社，1962年，第166—206页。

③ Maurice Freedman, *Chinese Lineage and Society*: *Fukien and Kwangtung*, New York: Humanities Press, 1966, p.20（莫里斯·弗里德曼：《中国的宗族和社会：福建和广东》，人文学科出版社，1966年）。

社会活动和公共财产之后，宣称“中古中国不存在弗里德曼意义上的所谓宗族”。当然，姜氏也明确指出，“高祖以下的子孙被视作一宗。……在一个以高祖为共同崇拜对象的集团内部，嵌套着更小的亲属集团”（姜著，第130、145页）。在人类学家的影响下，丁爱博走在更坚决的道路上。丁氏认为，早期中古中国的名门望族并不强大，也非贵族，甚或不是氏族，而是仅仅享有名望的个别“房支”（lines）；其特权并非与生俱来，而是随君主权威的意愿而转移。丁爱博同时使用“分支世系”（segmental lineages）的概念，指涉继嗣集团内部拥有裙带利益的房支和成员；并对孝文帝太和十九年诏令进行研究，分析大族不同房支成员的仕宦与“姓”“族”分离的现象，指出未能满足诏令规定的房支及其成员，被排挤在姓族之外①。丁氏的这个发现，也间接证明姜士彬关于中古谱牒“官僚性”的论说。高门大族类似的房支分裂，财产分割，身份认同的变化及其影响，以及谱牒或系谱在大族分裂与整合过程中所起的认同作用，与大族整合产生的相互关系，这些问题显然需要更多细密的研究才能准确阐明。

即便在近四十年之后回眸审视，伊著最重要的贡献之一就是，“过去经常描绘贵族家庭恒定不变的术语，掩饰着相当可观的和几乎持续的变化”（伊著，第153页）。伊氏此论确实洞幽烛微，正如麦希维克所云，伊氏关于博陵崔氏的这个重要发现，几乎适用于中古时期其他所有的世家大族。正因为此，麦氏在有限的统计基础上，断定唐代氏族谱中的郡望名族，虽然和魏晋时期的郡望相同，但并不意味着他们垄断了汉唐之间的政治权力②。正如前述，姜氏立论的重要理据就是论证氏族谱对于士族身份认同的重要意义，并以此分析唐代氏族谱所列大族在汉唐时期的连续性。如此，伊氏和麦氏的分析，其实包括姜氏本人关于赵郡李氏的分析，以及晚近学人对士族谱系和郡望构建的认识③，在某种程度上动摇着姜氏“寡头政治说”的根基。伊氏同时指出，博陵崔氏乃至中古士族在不同阶段的历时性变化：在汉代是具有地方血缘关系的松散的家族

---

① Albert E. Dien, “Elite lineages and the T'o-pa Accommodation: A Study of the Edict of 495”, *Journal of the Economic Social History of the Orient*, Vol.19, No.1(1976): pp.61-68.

② Dušanka Dušana Miščević, “Oligarchy or social mobility? A study of the great clans in early medieval China”, pp.248, 253.

③ 仇鹿鸣：《“攀附先世”与“伪冒士籍”——以渤海高氏为中心的研究》，《历史研究》2008年第2期，第60—74页；《制作郡望：中古南阳张氏的形成》，《历史研究》2016年第3期，第21—39页。范兆飞：《中古郡望的成立与崩溃——以太原王氏的谱系塑造为中心》，《厦门大学学报（哲学社会科学版）》2013年第5期，第28—38页；《中古士族谱系的虚实——以太原郭氏的祖先建构为例》，《中国史研究》2017年第4期，第77—94页。

群，在北魏晚期是严格意义上的门阀贵族，在唐代则成为具有共同父系继嗣制和较高社会地位的散居群体（伊著，第116—117页）。前文所举北朝博陵崔氏地方基础雄厚，迄于唐代则散居各地，房支分散，但仍然共享博陵崔氏的金字招牌，都是这种研究思路的产物。但是，我们必须对这种观点保持足够的警惕。北朝隋唐的史料遗存情况，决定了同一大族高门的成员数量从北朝至隋唐间呈现出几何级的增长，博陵崔氏如此，太原王氏如此，荥阳郑氏亦如此。换言之，各个时期的史料数量和质量都迥然相异，魏晋和隋唐不同，南朝和北朝也不同。伊氏关于博陵崔氏的研究范围，随着文献的变化而变化，这种“水无常形”的剧烈变化，是否与客观的史料遗存之间存在着必然的因果关系？高门大族的史料主体及性质的变化，是否能够见证这些大族“持续的变化”，其变量是什么？常量又是什么？在不同性质的史料和文献所描述高门大族的相同术语背后，成员数量的大幅增加以及由此带来的“变化”固然重要，但其不变的核心部分也无可置疑地重要。如果不能准确厘清某一高门大族的核心部分之边界及其大小变化，则所有的讨论都可能只是流于表相，甚或牛头不对马嘴，成为虚实相参、内外不分的“大杂烩”。

伊氏关于汉唐一千年间博陵崔氏的考察，并没有一以贯之的标准，有时是亲属集团，有时是宗族认同，有时是核心家庭，有时是扩散家庭。例如，伊氏关于唐代博陵崔氏的讨论，可谓崔氏成员中“小宗”和“大宗”的混合杂糅。如此，这些性质迥异、范围不等的崔氏成员，能够成为一个可供研究的“标准个案”吗①？姜氏的研究也存在着类似的情况，在姜氏看来，只要是唐代郡望表所列的家族，似乎都属于寡头家族的范畴；而每个寡头家族的规模大小，姜氏认为无法探究其具体数值，只是模糊地估算为一千余人（姜著，第56页），这显然不够严谨。正如葛涤风指出的那样，即便是南朝第一流的高门大族，他们的家族规模也不大，王氏家族之外的绝大多数家族在公元200—600年间涌现的可经证实的家族成员不过一百人左右②。葛氏虽然将高门的发展描述为“宗族”（lineage）；但其文侧重于主干大房核心成员之考察，例如，葛氏认为，

---

① Robert M.Somers，“The Society of Early Imperial China：Three Recent Studies”，p.139.

② Dennis Grafflin，“The Great Family in Medieval South China”，p.69. 按，伊氏指出，赵郡李氏、荥阳郑氏和范阳卢氏等在中古时期的数量都在一百至三百名之间，而博陵崔氏的规模从未超过三十三人，参见［美］伊沛霞《早期中华帝国的贵族家庭——博陵崔氏个案研究》，第171页。

谢安之死，标志着南方社会贵族统治的终结①。当然，类似的研究问题，几乎遍及所有的士族研究。即便唐代博陵崔氏的成员数量出现激增，其中也不乏没有任何血统关系的崔氏成员。另一方面，伊氏在阐述相关问题的时候，多数情况还是注重关系较为密切的亲属团体，即以“小宗群体”为主；而在讨论崔氏成员仕宦、宅居和埋葬地等问题的时候，又据墓志材料选择“散居群体”的大宗范围，这种考察范围的大小与伸缩变化，无形中降低了这个重要结论的可信性和适用度。在此，我们再次指出，麦希维克根据极为有限的分析资料，以及伊氏发现“博陵崔氏”相同术语下包含的诸多变化，断然否定姜氏寡头政治，还有一个理由：唐代氏族谱中攀附祖先的比例极高②。实际上，这个疑点再次触及大族高门作为家族的存在属性和本质特征，尤其涉及具有血缘关系的小宗和没有血缘关系的同姓共同体之间的边界及相关认识。

同样地，姜伊两氏研究主要的软肋，就是对大族经济基础——“土地占有”（landholding）考察的薄弱。姜著对大族之经济基础只是在其收尾处蜻蜓点水地一掠而过，而伊氏也只是在谈及北朝博陵崔氏地方基础恶化的时候，略有提及。正如许倬云在充分肯定姜著之时，敏锐地指出姜著之不足，希望姜氏能够详细分析寡头家族延续持久和最终崩溃的因素。许氏还指出，随着中古以降农业经济的发展，精英阶层逐渐丧失其在地方乡里的大片土地，从而寄生于皇权及其官僚机构③。众所周知，姜士彬之师艾伯华提出了著名的“城乡双家形态说”，大意是指任何一个精英家族都有“两窟”：城市之家（city-home）与乡村之家（country-home）。前者是这个家族的政治文化支柱，决定家族地位的升降；后者是经济支柱，为前者提供强大的经济支撑。两者互为形援，互为支持，成为中古士绅社会的坚强支柱，也是士绅拥有异常持久性的源头④。这当然可以视作姜士彬寡头政治说的滥觞。不过，伊沛霞对北朝唐代博陵崔氏的考察，却提供了一个鲜活的反例。其实，“经济基础”一词，多少带有马克思主义唯物史观的烙印，若换一个更中性更全面的词汇，就是“地方基础”（local

① Dennis Grafflin，“The Great Family in Medieval South China”，p.73.

② Dušanka Dušana Miščević，“Oligarchy or social mobility? A study of the great clans in early medieval China”，pp.252-253.

③ Reviewed by：Cho-Yun Hsü，*The American Historical Review*，Vol.87，No.1(1982)：p.236.

④ Eberhard Wolfram，*Conquerors and Rulers*：*Social Forces in Medieval China*，pp.14-15；*Social Mobility in Traditional China*，Leiden：E.J.Brill，1952，pp.266-269.

base)。伊沛霞指出，北朝的博陵崔氏是立足地方的贵族宗族（aristocratic lineage），崔氏固然有成员在平城和洛阳担任高级官员，但是，他们的亲属成员仍然在博陵拥有雄厚的地方基础，具体表现是田连阡陌，财力雄厚，并在宗族内部进行文化教育，和同州的另一个高门大族——赵郡李氏连续数代进行通婚（伊著，第71—77页）。这难道不是艾伯华所谓的“城乡双家形态”吗？这难道不是典型的城乡呼应吗？当然，这样的情况，迄于唐代发生根本性的变化。唐代的博陵崔氏所出现的城市化（“两京化”）和官僚化进程，从根本上割裂了大族高门与地方乡里的有机联系，当然也就背离艾伯华所谓精英大族“城乡双家”说，这点得到艾伯华本人的同意。艾伯华在1982年关于伊著的书评中，似乎改变了他的旧说，“我们可能没有强硬的证据表明，精英家族同时具有城乡双家形态（urban and rural branches）”①。艾氏之旧说和新论，从其所举《魏书》中的例证而言，似乎都停留在假说和推测的层面，雾里看花，并无多少真凭实据。蒲立本亦批评云，其中至少十分之九都出于想象②。但是，笔者以为，艾氏的自我修正有矫枉过正之嫌。

循此路径进行研究者，如霍姆格伦，霍氏通过勾勒山东大族的地方基础与政治环境的互动关系，指出平原刘氏的升降浮沉与政治环境及地方基础的变化相关，同时指出河北大族与山东大族的迁徙，必然导致在朝的政治地位与地方的经济社会地位之间的背离③。霍氏研究所受的影响，正如艾安迪（Andrew Eisenberg）所云，霍氏虽然不是韦伯主义者，但其研究显然受到韦伯和莱茵哈德·本尼克斯（Reinhard Bendix）等人关于社会学理论的影响④。实际上，所谓“双家形态”“乡村之家”即可看作大族高门社会性或经济性的一面，而“城市之家”即可视作其政治性或官僚性的一面。不过，“城乡双家形态”作为艾伯华关于士绅是维持统治阶层连续性的重要根据，其合理性的最大疑点正如丁爱博所云，没有证据显示崔氏拥有可观的土地和军事权力，从而成长为对部分地区拥有控制权的封建领主；同一地区的同一姓氏，就是属于同一个家族群

---

① Reviewed by: Wolfram Eberhard, *Journal of the American Oriental Society*, Vol.102, No.3(1982): pp.574-575.

② Edwin G.Pulleyblank, “Gentry Society: Some Remarks on Recent Work by W.Eberhard”, p.590.

③ Jennifer Holmgren, “The Making of An Elite: Local Politics and Social Relations in Northeastern China during the Fifth Century AD”, pp.68-70.

④ Reviewed by: Andrew Eisenberg, *T'oung Pao*, Vol.85, No.2(1999): pp.161-168.

体吗？这些家族的内在凝聚力究竟如何①？葛涤风通过勾勒东晋南朝五大高门的发展曲线，指出太原王氏和琅琊王氏“肩宽膀阔”（broad-shouldered curves）的发展曲线，反映他们长期拥有崇高的社会声望，尤其琅琊王氏在超长时间内拥有政治和社会的双重统治力。与此同时，谯国桓氏、颍川庾氏和陈郡谢氏的政治性较强，而社会根基不足，尤其是谯国桓氏，在政治冲突中遭到彻底性的摧毁②。其实，北朝世家大族往往兼具地方豪族的特征，大族成员少年时多居乡里，壮年则游宦京城，致仕后落叶返乡③。但是，隋唐以降，世家大族的中央化、官僚化以及城市化进程，导致其成员纷纷抛弃乡里社会，迁居两京地区，城乡呼应的士族政治形态宣告终结④。值得注意的是，即便在乡里社会，高门大族的经济利益未必就稳若磐石，以唐长孺为代表的中日学者，就国家与大族围绕依附民的户口争夺、赋税问题展开极为精湛的研究，欧美学人也有类似的研究，例如孔为廉（William G. Crowell）考察东晋南朝政府时断时续但又一贯坚持控制侨姓户口，增加财政收入的问题。孔氏谈论的户籍问题，姜士彬也曾谈到，不过关注点不同，遂分途而行；孔氏认为，南朝的土断充满悖论：南朝没有实现注籍编户之目标，但他们从未放弃这种努力和权威⑤。

三、贵族制的终结：社会流动

几乎所有的中外学者，都将中古贵族制的崩溃与社会流动联系起来。无论是伊氏的个案研究，还是姜氏的宏阔分析，都客观证明了孙国栋先生的重要观点：中古时期的名门望族在唐末五代彻底消融⑥。姜伊二氏虽然都注意到贵族

---

① Albert E. Dien (eds.), *State and Society in Early Medieval China*, p. 7.

② Dennis Grafflin, “The Great Family in Medieval South China”, p. 73.

③ 陈爽：《世家大族与北朝政治》，中国社会科学出版社，1998 年，第 203 页。

④ Edwin G. Pulleyblank, “Gentry Society: Some Remarks on Recent Work by W. Eberhard”, p. 591. 毛汉光：《从士族籍贯迁徙看唐代士族之中央化》，《中研院史语所集刊》1981 年第 52 本第 3 册，后收入氏著《中国中古社会史论》，上海书店出版社，2002 年，第 234—333 页；韩昇：《南北朝隋唐士族向城市的迁徙与社会变迁》，《历史研究》2003 年第 4 期，第 49—67 页。

⑤ William G. Crowell, “Northern Émigrés and the Problems of Census Registration under the Eastern Jin and Southern Dynasties”, in Albert E. Dien (eds.), *State and Society in Early Medieval China*, pp. 171-209（孔为廉：《北方的侨民与东晋南朝的注籍问题》，载丁爱博主编《早期中古中国的国家与社会》，第 171—209 页）。

⑥ 孙国栋：《唐宋之际社会门第之消融——唐宋之际社会转变研究之一》，《唐宋史论丛》，第 271—352 页。

门阀对于科举制的充分利用，以及士族成员在科举进士中占有相当的比例；但是，他们几乎都将贵族制崩溃的缘由，归咎于科举制所带来的系列影响。科举制的本质是选官方式的根本性变化，以及国家官僚制权威的再现。姜氏讨论的关键问题就是，晋唐时期统治阶层的本质何在，他们由哪些人群构成。姜氏重视大族“官僚性”即大族子弟担任高官显宦的一面，并以此作为硬性指标，归纳中古统治阶层的性质以及中古社会的性质。多尔比曾援引福楼拜（Gustave Flaubert）的《庸见词典》（*Dictionary of Received Ideas*），讽刺官僚制和贵族制的概念问题。他同时又以“疗养院”为例，阐释“孝”概念在不同时期和不同文化背景下的巨大差异①，借此提醒研究者：中古时期的官僚、门阀和贵族等概念在中西不同文化背景下和中国不同时期可能具有不同的含义。简而言之，中古时期的官僚制和贵族制之争，他们之间的消长沉浮，最终走向官僚制。这种驱动力来自哪里？

姜著和伊著大致问世于同时，有相对重叠的知识背景，但其研究方法存在明显的差异。姜著是传统的宏阔研究和统计分析，伊著则是精密的个案研究。他们除却研究方法的差异外，就中古大族本质的认识而言，也有相当大的差异。伊著强调贵族家庭成立的条件，即崇高社会地位的世袭性以及脱离国家控制的独立性（伊著，第9—10页）；而姜著强调寡头大族成立和延续的条件，是世世代代占据高官显宦。换言之，伊氏强调大族的贵族性（独立性），姜氏注重大族的官僚性（附庸性）。不过，姜氏和伊氏在探讨唐末大族彻底消失的时候，殊途同归，都归咎于大族对官僚机构的依赖：姜氏将之归结为唐代大族乡里土地的丧失以及科举制等选官方式的诸多变化；伊氏则强调唐代崔氏成员的官僚化进程，因此，大族高门必然随着唐帝国及其官僚机构的崩溃而彻底消融。姜氏和伊氏的看法，和蒲立本对科举制与出身的判断大致相同，蒲立本曾经批评艾伯华和魏特夫的观点，因为他们认为科举制基本没有引起应有的社会流动；而蒲氏认为，即便旧族子弟科举及第，也意味着他们攫取政治权力不再仅仅依赖于血统和出身②。六朝贵族制的核心问题，就是贵族的权力之源及其独立性如何，或者说担任官僚的士族，其官僚性和贵族性边界何在？可以说，任何从事中古士族研究的学者，几乎都必须面临这样的难题。丁爱博指出，伊

---

① Reviewed by：Michael Dalby，*Harvard Journal of Asiatic Studies*，Vol.40，No.1(1980)：p.262.

② Edwin G.Pulleyblank，“Gentry Society：Some Remarks on Recent Work by W.Eberhard”，p.590.

沛霞关于贵族家庭的概念，源于帕尔默（R.R.Palmer）对于18世纪英国贵族的描述[①]。伊氏给出的答案是，中古各个时期的情况截然不同：从汉代到北魏，博陵崔氏凭借地方基础，较少参与朝廷事务，这个时期的崔氏成员可谓"地方化"；北朝以降，情况急转直下，崔氏成员陷入官僚化的泥沼，地方基础最终消失；迄于唐代，博陵崔氏虽然还可以在社会等级中维持他们的崇高地位，但他们更为彻底地官僚化和城市化，使得他们与唐王朝休戚相关，蜕变为帝国的依附者，因此随着唐帝国的崩溃而灭亡。伊氏关于博陵崔氏的结论，契合毛汉光考察琅琊王氏所得的结论："东晋南朝为其顶峰，但其衰势是缓慢的，这条抛物线的末端延长至唐末。"[②] 两氏关于中古一流高门发展演变的基本判断可谓大同小异。但是，并非所有高门大族的衰落轨迹，都如博陵崔氏和琅琊王氏一样。

在伊沛霞看来，正是因为自律性和独立性的消失，大族在彻底沦为国家官僚的时候，就不可避免地带有依附性和寄生性的特征。当然，伊氏也认为，不同时期决定崔氏地位的因素也发生变化，伊氏同样重视贵族成员在政府中担任官职的情况，但是，伊氏并未像姜氏那样，把任官视作贵族成立的决定性因素，伊氏还把上层阶级的生活方式等列入贵族阶层的显著特征[③]。结合多尔比的评论，我们以表格的形式表达伊氏和姜氏之观点如下[④]：

	伊沛霞观点			姜士彬观点	
要素 时期	地方基础	家族荣耀	官僚职位	社会地位	官僚职位
两汉	1	2	3	1	1
魏晋南北朝	3	1	2	1	1
隋唐	3	2	1	2	1

在姜氏看来，唐宋变革以后，人们的地位和任官之间判如云泥，有官职有地位，无官职无地位；而在唐宋变革以前，人们的崇高地位并非天然形成的，

① Albert E.Dien, *State and Society in Early Medieval China*, p.8.

② 毛汉光：《中古大士族之个案研究——琅琊王氏》，《中研院史语所集刊》1967年第37本下册，后收入氏著《中国中古社会史论》，第365—404页。

③ Robert M.Somers, "The Society of Early Imperial China: Three Recent Studies", p.138.

④ Reviewed by: Michael Dalby, *Harvard Journal of Asiatic Studies*, Vol.40, No.1(1980): p.254.

而是由国家权威加以确认，因此姜氏怀疑，“中古士族的任官和地位之间是否存在任何彻底的分离”（姜著，第 167 页）。金应熙指出，姜士彬的这种看法，与内藤湖南的贵族制论是针锋相对的，因为他强调国家权力对门阀地位的影响①。姜先生的寡头政治说，与内藤氏贵族政治说的时间跨度吻合，但是其具体内容则有明显区分。丁爱博的观点显然更进一步，他指出“大族的权力并不依赖于其私有财物，而是源于其基于国家官僚的身份，因此，其权力最终来自国家本身”②。丁氏将权力与声望截然分割，认为大族只能从国家获取声望，而不能获取权力，其“唯官僚论”的主张与矢野主税的“寄生官僚论”极为相似。与此相反，萨默斯批评姜氏过于强调大族的任官属性，他列举了中古大族成员不愿出仕的种种缘由，尤其是异族政权和皇权不振的情况。不仅如此，萨默斯还援引人类学家关于社会组织形态的相关理论，提醒人们注意社会等级结构的复杂性，以及人们社会角色的多样性③。换言之，张仲礼、何炳棣、姜士彬等史家简单地将中华帝国时期的社会分层区分为士庶、精英和非精英、统治者和被统治者，在萨默斯看来，这种简单甚或粗暴的二元分析模式，无法准确呈现纷繁复杂的社会结构和身份特征。

姜士彬认为，中古时期人们的地位和任官不可分离，相辅相成。同样地，在伊沛霞看来，北周以降，事功和贤能主义（meritocratic）的原则在政府内部弥漫，并逐渐根深蒂固。由此产生反转性的变化：以前担任官职依靠于社会地位，而之后的社会地位，则依靠于官僚职位。当然，姜氏在这个情况的论证上，多少是有些含糊和矛盾的。姜著在讨论六朝时期人们任官与地位的关系时，甚至掉入自相矛盾的陷阱：“地位较高的家族子弟，担任较高的官职；地位较低的家族子弟，担任较低的官职。”以此来看，人们的社会地位决定官职的高低。但是，姜氏又言，“人们的地位来源于官职；但是，只有地位崇高的人们，才能获得官位”（姜著，第 37、43 页）。姜氏的前一种说法，与中村圭

---

① 金应熙：《国外关于中国古代史的研究述评》，第 190 页。

② Albert E.Dien, *State and Society in Early Medieval China*, p.24. 按，2016 年 8 月 17 日，笔者于湖北襄阳参加“秦汉魏晋南北朝史国际学术研讨会”期间，承蒙南恺时（Keith N.Knapp）先生见告，其师丁爱博师从马瑞志（Richard B.Mather）。南氏告诉笔者，丁爱博认为，中古时期的门阀大族虽然在社会中占有一席之地，但政治上仍然是官僚制的统治，可见丁氏的看法并未发生改变。又，马瑞志以《〈世说新语〉英译本》享誉海内，参见范子烨《马瑞志博士的汉学研究》，《世界汉学》2003 年第 2 期，第 140—142 页。

③ Robert M.Somers, “The Society of Early Imperial China: Three Recent Studies”, pp.134-135.

尔的观点相近，中村氏通过《刘岱墓志铭》所见婚姻圈的考证，认为社会地位决定政治地位[①]；但是，姜氏的后一种说法，又蕴含着“政治地位决定社会地位”的意义。姜氏的这种思辨，有着陷入逻辑循环、让人无法举出反证的味道。实际上，从六朝人们对于社会地位的依赖，转变为隋唐以降人们对于官僚职位的依赖。姜氏的论证带有“唯官职论”或“官僚本体论”的色彩，伊氏并不同意这种看法，她在大作开篇就指出，“这些官衔从未创造出一个泾渭分明的社会等级。譬如，没有与享有爵衔的琅琊王氏似乎拥有同等的社会地位，其社会声望甚至高于荫袭爵位的将门子孙”（伊著，第2页）。这种剥离和变化是如何发生的，尤其在伊氏指出唐代科举制中不乏贵族子弟，以及杜氏指出科举及第者多是地方士族的情况下，这个情况显然还需要更多关键性的论证，学者提示的城市化和中央化都是比较有益的视角。

实际上，姜士彬“寡头政治”说的主要根据是对中古士族在高级官员中所占比例的统计分析。就此而言，姜氏研究方法与艾伯华、毛汉光、孙同勋、孙国栋的数量统计没有根本性的区别。姜氏在毛氏统计的基础上，认为西晋、南朝和隋代最高官员出自大族的比例多达74%，东晋则为75%，北朝高级官员中的大族比例较低，但以汉人而论，大族所占比例仍为75%，东魏北齐则在60%左右；唐代前期，最高官员出自大族的比例降至56.4%，后期则升为62.3%（姜著，第3—4页），姜氏同时统计了这些大族见于唐代郡望表的比例（姜著，第164—168页）。从数量统计的角度而言，姜氏在分析唐代宰相出身时采用人工年等分析变量，较之毛氏的简单统计，显然更加精密，在某种程度上已经臻于数量统计的极致。不过，姜著的问题正如麦希维克所言，姜氏集中利用的核心材料是唐代氏族谱，对于魏晋南北朝的材料，尤其是墓志等石刻材料关注不足，基本利用毛汉光的统计资料。如此，我们虽然能够观察每个时期高级官员出自大族的高比例；尽管姜氏试图通过氏族谱的形成过程与基本构成，向我们展示中古大族构成的寡头家族是超稳定结构，这个寡头集团进而控制了晋唐时期。但是，正如姜氏和伊氏所言，即便一流高门如赵郡李氏和博陵崔氏，内部也在发生着极为可观的历时性变化。那么，我们自然产生这样的疑问：中古时期各个朝代垄断大多数高官显宦的所谓寡头家族

① ［日］中村圭尔：《〈刘岱墓志铭〉考》，载刘俊文主编《日本中青年学者论中国史·六朝隋唐卷》，上海古籍出版社，1995年，第167页。

或贵族家庭，郡望表中的名称虽然相同，但他们确实来自同一个大族群体吗？这个大族群体是否如姜伊二氏所描绘的那样连绵持久、冠冕相袭和壁垒森严？

麦希维克的统计分析，深化了我们对大族垄断高官“表相”的认知。麦氏的数量统计，集中考察和质疑大族的连续性和稳定性问题。往前追溯，艾伯华论证“士绅社会”的根据，也是基于士绅家族连续性的考虑：五代所有汉人士绅家族中，只有30%是新出的士绅家族，70%的士绅家族出自唐代；而唐代最高等级的三十二个士绅家族中，九个家族都是北魏时期的一流高门[①]。麦氏的考察分为两个方面：一是中古早期每个朝代一品高官和中正担任者的情况，着重分析大族在不同朝代之间连续担任一品高官的情形，集中表现为麦氏频繁使用的术语——“传递率”（carry-over）。这一研究方法也是因袭其师毕汉思研究汉代社会流动的方法。麦氏发现，无论一品高官，还是大中正，都不是固定地来自同一个大族集团；同时指出，中古早期连续在两个以上朝代担任一品大员的高门只有太原王氏和琅琊王氏，这两个大族蝉联高官，是一种极其特殊的例外。不仅如此，麦氏还指出，姜氏所论证的，同时得到萨默斯等人广泛认同的长久维持的门阀贵族，绝大多数只是持续两朝的大族，因此，所谓的“旧族”，在麦氏看来，不过是相对前朝而言。二是中古早期贵族爵位的传承情况。海内外研究士族者，莫不在陈寅恪先生提示的“婚宦”问题上精耕细作。而麦氏却能关注士族爵位的继承性问题，确实目光如炬，他发现，极少有家族连续在数个朝代持续拥有爵位，北方士族持续在数个朝代拥有爵位者，如荥阳郑氏、河东裴氏、琅琊王氏和太原王氏等；南方士族持续在数个朝代拥有爵位者，如兰陵萧氏、吴兴沈氏和琅琊王氏等。结合一品高官和贵族爵位的持续情况，麦氏认为琅琊王氏是这个阶层中真正的大族（powerful clan），但他也指出，琅琊王氏并不具有典型性。麦氏再次强调，中古早期统治中国的贵族群体并不是由壁垒森严的精英阶层所构成的[②]。必须承认，麦氏关于大族持续继承爵位情况的考察，以及大族连续担任一品高官及中正情况的考察，皆致力于验证大族的持续性和稳定性，相当具有新意。但是，就整体而言，麦氏统计的数

① Eberhard Wolfram, *Conquerors and Rulers: Social Forces in Medieval China*, p.119.

② Dušanka Dušana Miščević, “Oligarchy or Social Mobility? A Study of the Great Clans in Early Medieval China”, pp.55-168.

据样本存在严重的缺陷，毛汉光统计的士族标准是五品官及其以上，而五品基本是史家将某人载入正史列传的入门条件，麦氏仅选择一品官员作为高官显宦的样本代表，可谓丰墙峭址，这个资料显然是残缺不全的。麦氏根据残缺片面的数据样本，认为中古中国并不是由寡头家族所统治，反驳姜士彬关于大族高门的连续性认识，难以成立；即便就逻辑学而言，麦氏从特殊到一般的思维大跃进，是典型的以偏概全。可以想象，如果扩大统计的官品（姜氏统计的标准是三品及以上），扩充至五品及以上，那么被麦氏否定的大族持续性问题，必然会呈现出另一幅景象。

与姜士彬强调中古时期门阀大族的"官僚性"属性及意义相比，葛涤风则提出伪官僚制（pseudo-bureaucracy）的概念，他认为名望之家可以通过九品中正制获得政治特权，但是这并没有形成寡头或大族政治；相反地，统治者使得部分政府机构蜕化成"伪官僚机构"，在很大程度上为出身高贵但无所事事的士大夫提供薪俸。换言之，葛氏认为，魏晋时期贵族权力固然在增长，但皇权仍然能够控制绝大多数行政机关，其中的官僚并无独立权力。与此同时，葛氏强调家族地位的崛起，往往取决于核心家庭成员在军事活动中的成功，或者在政治风波中的突出表现，尤以桓氏和谢氏的分野为例进行考察①。葛涤风在考察东晋南朝门阀子弟的仕宦情况时，仿照毛汉光研究琅琊王氏的方法，统计东晋五大高门每一代知名人物的数量，以此勾勒他们升降浮沉的发展曲线；并将这些门阀（如谯国桓氏）视作东晋政坛的"新贵族"，从而与太原王氏、琅琊王氏和颍川庾氏等"旧贵族"区别对待，甚至断言谢安之死（公元385年）标志着南朝大族统治的终结②。葛氏的这种观点，得到田余庆先生的回应，田先生则认为颍川庾氏和陈郡谢氏是魏晋新出门户；琅琊王氏和太原王氏是旧族门户③。易言之，葛氏强调皇权和政府权威的影响，认为大族的崛起与个人的军功等偶然因素紧密相关，在他看来，中古时期并非寡头政治或贵族政治。与此相似，丁爱博同样强调军事权力，但他指出，权力和

---

① Dennis Grafflin, "Reinventing China: Psedudobureaucracy in the Early Southern Dynastie", in Albert Dien(eds.), *State and Society in Early Medieval China*, Stanford: Stanford University Press, 1990, pp.139-170（葛涤风：《再造华夏：早期南朝的伪官僚制》，载丁爱博主编《早期中古中国的国家与社会》，斯坦福大学出版社，1990年）。

② Dennis Grafflin, "The Great Family in Medieval South China", pp.69-72.

③ 田余庆：《东晋门阀政治》，北京大学出版社，2005年，第272—273页。

声望不同，西魏北周可以给予大族以声望，但并未赋予其权力。不过，弘农杨坚正是鲜活的反例①。丁氏强调国家权力乃至皇权的重要性，这决定其对某些关键文献和问题的解读的看法，与艾伯华、姜士彬等人的观点迥然相异。例如，关于北魏政治社会的性质：艾伯华认为是贵族社会；丁爱博则援引北魏孝文帝定姓族中的薛宗起入郡姓的事例，说明北魏门阀序列在法制化和制度化的过程中，皇权和国家获得更大的权重，丁氏进而认为，孝文帝的太和诏令的意图是改造汉人旧制，实现拓跋部对新制的控制②。而姜士彬同样援引这个例证，说明北魏郡姓集团的凝结和固化，社会流动因此变得极为困难。

与丁爱博相同，陈美丽也强调军事权力对于东晋南朝门阀大族的影响，陈氏指出谢氏和桓氏等高门确实可以通过军事权力提升其家族地位，甚或凌驾于阶层结构之上，但是也必须通过与其他高门合作，其统治才具有合法性。不仅如此，陈氏在葛涤风等人的基础上，对于陈郡谢氏任官情况的分析，精密入微：陈氏以每二十五年为一代人，罗列每一代人物的仕宦情况，由此观察谢氏家族的升降情况，尤其敏锐指出谢氏子弟任官五品及以上者，有多达六分之一的高官成员都在政府中遭遇不正常死亡。进而在政治史的语境中，考察陈郡谢氏那种优雅、完美的纯文学诗歌和信笺，她认为，这些诗歌与其说是南朝门阀深沟壁垒、自我认同的文化产物，毋宁说是南朝政治高压氛围下的产物；与其说是门阀子弟自我放纵的奢侈逸乐，毋宁说是他们迎合君主竞争仕途（如谢朓诗歌颇多“寓臣妾沦掷之感”）的有力工具。陈氏同时强调刘宋时期寒人势力的崛起，尤其是恩倖群体占据中书机构的情况③。客观地说，陈氏由文入史，从谢湛、谢庄和谢朓等人的诗文入手，置于谢氏婚宦的现实背景下，剖析不同房支不同代表人物所面临的宗支分化等不同境遇，皆能切中肯綮，阐幽发微。陈氏之外，霍姆格伦亦对大族精英延续的稳定性提出有力质疑，霍氏将大族精英置于北朝隋唐政治社会演变的过程中进行考察，认为5世纪山东士族的动荡

① Scott Pearce, “State and Society in Early Medieval China, Edited by Albert Dien”, *Journal of the American Oriental Society*, Vol.115, No.3(1995): p.514.

② Albert E. Dien, “Elite Lineages and the T'o-pa Accommodation: A Study of the Edict of 495”, pp.83-86.

③ Cynthia L. Chennault, “Lofty Gates or Solitary Impoverishment? Xie Family Members of The Southern”, pp.249-327.

变化，与政治局势息息相关：即便在短时期内，随着政治局势的变化，精英结构亦随之改组，例如南燕灭国后，渤海封氏的地位如何衰败；其后，又随着北魏的入主，其地位又如何复兴。霍氏指出，唐代郡望表中渤海郡下的封氏来自河北或山东。霍氏认为，姜氏关于汉唐时期社会流动陷入凝固的观点，是对唐代贵族形成于6世纪末叶的复杂现实的过于简化。不仅如此，霍氏指出，在分裂时期，大族高门不同房支之间的联系极为脆弱，他们很难连续三代保持在中央的官僚职位①。陈氏回应赵翼、唐长孺关于南朝寒门崛起之说，也是对川胜义雄关于南朝贵族制崩溃观点的细化，暂且不提；如果仅以欧美士族研究的学术史而言，陈氏之说，加大并拓展了士族研究的力度和广度，至少将伊沛霞所谓唐代旧族面临的重重困境前溯至南朝。由于博陵崔氏并未衣冠南渡，伊氏关于南朝的研究极为薄弱，姜氏仅在大族概念及相关统计的问题上波及南朝；因此，葛氏关于南朝大族的研究，以及陈氏关于南朝谢氏的考察，他们强调南朝大族的“官僚性”和“流动性”，有力地质疑、补充和丰富了姜伊二氏关于南朝高门大族的研究。

同样地，伊氏当然也看重崔氏成员拥有的官职、财富等硬性指标，但同时重视旧族门户的教育、门风、道德等弹性指标，可以说，家学、家风等贵族有别于其他社会阶层的软实力因素也被作为伊氏考察崔氏成员的重要指标，这些因素配合坚实的地方基础（特别是经济实力），构成伊氏所论崔氏得以独立于政府控制之外——尤其在唐代——的重要条件。因此，从这个角度而言，伊氏所论，较之姜氏所言大族社会地位来自官僚职位的观点，确实更加立体、更加丰富了。当然，伊氏也非常看重官职对于贵族的意义，如李约翰所云，伊沛霞虽然批判了姜士彬，但一步都没离开过他②。与伊氏强调大族的家学门风、文

① Jennifer Holmgren, “The Making of An Elite: Local Politics and Social Relations in Northeastern China during the Fifth Century AD”, pp.73-74; “The Lu Clan of Tai Commandery and their Contribution to the T'o-pa State of Northern Wei in the Fifth Century”, *T'oung Pao*, Vo.69, No.2(1983): pp.272-312（《五世纪代郡陆氏及对北魏拓跋的贡献》，《通报》第69卷第2期，1983年）; “Social Mobility in the Northern Dynasties: A Case Study of The Feng of Northern Yen”, *Monumenta Serica*, Vol.35(1981): pp.19-32（《北朝的社会流动：北燕封氏个案研究》，《华裔学志》第35期，1981年）; “Lineage Falsification in the Northern Dynasties”, *Papers on Far Eastern History*, Vol.21(1980): pp.1-16（《北朝士族的冒姓》，《远东史研究集刊》第21卷，1980年）。

② ［美］李约翰：《英美关于中国中世贵族制研究的成果和课题》，《中国史研究动态》1984年第7期，第19页。

化举止等因素相似，陈美丽也注意到陈郡谢氏的举止对于维持其社会地位所起的重要作用。中古精英阶层的文化修养、家学门风和性格气质，及其对社会地位的影响，钱穆先生曾有精湛的研究[①]，但这同样是西方社会学家致力讨论的话题，如史若堡（Gideon Sjœberg）、拉尔夫·达伦多夫（Ralf Dahrendorf）等。不过，需要注意的是，文献和史料中关于人物品德、地位、道德的描述，多是行话套语，即晚近中青年学人提出的历史书写问题。兹举例加以阐明，关于博陵崔氏的地位高下，有一条非常典型的材料，经常被学者所引用。清河崔㥄每以籍地自矜，曾对范阳卢元明讲："天下盛门，唯我与尔，博崔、赵李，何事者哉！"[②] 周一良先生也根据这条材料认为，"看来当时北朝社会有一种不成文的看法，把清河崔置于博陵崔之上，以为前者社会地位高于后者。崔㥄以博崔与赵李并举，可能赵李也在陇西李之下"[③]。实际上，如果仅仅以此判断清河崔氏和博陵崔氏的地位高低，则失之简单了。两大崔氏家族的地位升降，其实与当时极为复杂的政治社会环境密切相关，必须综合考虑他们的婚姻、仕宦和社交情况，观察他们在政治社会领域的荣枯变化，才能落到实处。这种考察本身，对于以博陵崔氏为对象的个案研究而言，近乎苛求；遑论博陵崔氏在博陵郡内部不同大族高门之间的升降问题。更有甚者，这类材料很可能是史家行文的行话套语，相似的故事和记载也发生在刘宋时期，荀伯子常自矜荫籍之美，对琅琊王弘说："天下膏粱，唯使君与下官耳。宣明之徒，不足数也。"[④] 类似的言语模式还发生在汉末，曹操对刘备云："今天下英雄，唯使君与操耳。本初之徒，不足数也。"[⑤] 马恩斯（B.J.Mansvelt Beck）指出，崔㥄所言不过是 A 和 B 谈话时贬低 C 的陈词滥调而已[⑥]。

---

① 钱穆：《略论魏晋南北朝学术文化与当时门第之关系》，原载《新亚学报》1963 年第 5 卷第 2 期，后收于氏著《中国学术思想史论丛（三）》，安徽教育出版社，2004 年，第 125—186 页。

② （唐）李百药：《北齐书》卷二三《崔㥄传》，中华书局，1972 年，第 334 页。

③ 周一良：《〈博陵崔氏个案研究〉评介》，载《魏晋南北朝史论集》，第 446 页。另可参看 Richard B.Mather, "Intermarriage as a Gauge of Family Status in Southern Dynasties", in Albert Dien eds., *State and Society in Early Medieval China*, Stanford University Press, 1990, pp.211-228（马瑞志：《从通婚推论南朝家族地位的变化》，载《早期中古中国的国家与社会》，斯坦福大学出版社，1990 年，第 211—228 页）。

④ （南朝梁）沈约：《宋书》卷六〇《荀伯子传》，中华书局，1974 年，第 1628 页。

⑤ （晋）陈寿撰，（南朝宋）裴松之注：《三国志》卷三二《蜀书·先主传》，中华书局，1959 年，第 875 页。

⑥ Reviewed by: B.J.Mansvelt Beck, *T'oung Pao*, Vol.68, Livr.1/3(1982): p.156.

六朝贵族制的另一个纽带就是门第婚或身份内婚制。必须承认，欧美学者关于士族婚宦的研究，具有强烈的问题意识，相形之下，这种问题意识在部分国内学者模仿士族个案研究“形似”的过程中已被消磨殆尽。伊著在讨论北朝博陵崔氏的地方基础时，浓墨重彩地勾勒博陵崔氏和赵郡李氏的通婚关系，他们在北朝连续四代具有通婚关系，这种通婚关系无疑强化了博陵崔氏的地方基础。又如，伊著在讨论唐代博陵崔氏维系旧族地位的时候，考察唐代九十二名博陵崔氏通婚之家的社会地位，发现其中的82％仍旧是柳芳所列南北朝以降的二十九家旧族门户。这个数据本身有力地证明唐高宗关于七姓“自为婚”的禁令不过一纸具文，同时更加证明旧族门户在唐帝国仍然具有相当的自律性和独立性。与伊氏强调大族的门第婚略有不同，葛涤风强调后妃出身的因素，揭示南朝后妃出自五大高门的时代，几乎都集中于高门子弟极为活跃的时期[①]。葛氏的研究得到陈美丽的支持，陈氏指出，陈郡谢氏与统治皇族之间的联姻行为，与谢氏成员的冠冕相袭如影随形：高门大族婚娶名门或武将之家，目的是其中的某些房支妄图挽救日益衰败的家族声望；与之相对，皇族的通婚对象也是如此，例如梁武帝竟然因谢朓家族“门单”而放弃婚约，将公主改嫁给武将张弘策之子，继而又许配给琅琊王氏中显贵的一支[②]。如前所论，姜氏强调门阀大族的社会地位与官僚职位之间的互生关系，但同时又注重汉唐之间数百个大族的连绵性，这就忽视了士族阶层内部的上下流动，因此，姜氏论点内部就有龃龉之处：即官僚性和贵族性如何持续？又如何统一？陈美丽的相关考证，强化了姜氏关于士族门阀“官僚性”及其影响社会地位的观点。马瑞志也以《世说新语》为中心，勾勒南朝士族的通婚联盟，涉及皇族、与皇族有关的家族、次等士族以及军功家族等[③]。

西方学者对士族婚姻的意义较为看重者，不乏其人。霍姆格伦受到人类学的影响，考察汉明之间皇族通婚情况的变化与政治权力的关系，从而“消解”了唐宋变革论的特殊意义；在她看来，非汉族群建立的政权如北魏、辽、元

---

① Dennis Grafflin, “The Great Family in Medieval South China”, p.71.

② Cynthia L.Chennault, “Lofty Gates or Solitary Impoverishment? Xie Family Members of The Southern”, p.323.

③ Richard B.Mather, “Intermarriage as a Gauge of Family Status in Southern Dynasties”, *State and Society in Early Medieval China*, pp.211-228.

等，赋予皇后的权威和权力，都远不如汉人政权①。姜氏曾援引燕郡公孙氏的婚姻材料，证明中古时期广泛存在的“士庶之异”，以及所谓的官民之别，姜氏甚至认为，在高官权贵和普通官僚家族之间，并不存在进一步的区别（姜著，第7页注释1）。这条材料的主角是公孙邃和公孙叡兄弟，史载：“邃、叡为从父兄弟，而叡才器小优，又封氏之生，崔氏之壻；邃母雁门李氏，地望县隔。钜鹿太守祖季真，多识北方人物，每云：‘士大夫当须好婚亲，二公孙同堂兄弟耳，吉凶会集，便有士庶之异。’”② 姜氏揭示的士庶区别，当然存在；但这种结论多少带有“唯官职论”的色彩，正如麦氏所指出的那样，公孙氏兄弟希望通过婚姻而跻身上流，这条材料至少显示了三个士族所属的等级：雁门李氏，地方士族；燕郡公孙氏，介于地方士族和国家大族之间的中等士族；渤海封氏，一流大族。麦希维克认为，通常很难精准判定哪些因素决定一个大族的社会地位和声望，但婚姻一定是其中的关键因素③。正是在这种思路下，麦氏集中考察中古早期后妃出身的情况。可见西方学者在研究士族通婚情况时，对中古后妃的出身情况予以集中的关注。麦氏通过统计皇后出身的资料，揭示出三国和北魏是充满流动性的社会，同时指明中古早期出现皇后的大族高门共有二十八个，其中七个大族在两个朝代中出现皇后，一个大族（庐江何氏）在三个朝代中出现皇后，一个大族（琅琊王氏）在三个以上（五个）朝代中出现七名皇后。琅琊王氏连续涌现皇后的情形，再次印证该家族持续担任一品高官和持续拥有爵位的显赫地位。当然，麦氏认为，琅琊王氏的情况只是例外。中古早期的大族高门，并没有在各个朝代持续不断地出现皇后；因此，事实上的超精英群体的政治命运，是随着时代变化而变化的，换言之，精英阶层在追求政治权力之巅的过程中，充满着巨大的社会流动④。

实际上，葛涤风、陈美丽、霍姆格伦和麦希维克等人对姜伊二氏观点的批

---

① Jennifer Holmgren, “Imperial Marriage in the Native Chinese and Non-Han State, Han to Ming”, in Rubie S. Watson and Patricia Ebrey(eds.), *Marriage and Inequality in Chinese Society*, ed., Berkeley-Los Angeles: University of California Press, 1991, pp.58-96（霍姆格伦：《汉明时期汉人与非汉国家的皇族通婚》，载华如璧、伊沛霞主编《中国社会的婚姻与差异》，加利福尼亚大学出版社，1991年，第58—96页）。

② （北齐）魏收：《魏书》卷三三《公孙表附邃传》，中华书局，1974年，第786—787页。

③ Dušanka Dušana Miščević, “Oligarchy or Social Mobility? A Study of the Great Clans in Early Medieval China”, pp.213-214.

④ Dušanka Dušana Miščević, “Oligarchy or Social Mobility? A Study of the Great Clans in Early Medieval China”, p.247.

评和反思，并非无源之水。关于中古贵族制的崩溃和新秩序的重新凝成，中外学者的看法一直存在着相当显著的差异。陈寅恪将贵族制的崩溃，确定在初唐和中唐，而内藤湖南的唐宋变革论则断限于晚唐五代。欧美学者关于这个话题的讨论，几乎都是从精英阶层的变动入手，加以研撰和辨析。姜士彬在毛汉光、孙国栋以及青山定雄等人研究的基础上，综合分析唐宋宰相出身以及中古高官出身的变化和比例，赞同内藤氏的历史分期观点。伊著对于博陵崔氏的线性描述，也印证了门阀贵族在唐末五代彻底崩溃的观点。那么，在西方学者的眼中，贵族制的本质是什么呢？杜希德曾经概括南北朝与以后历史时期有两处明显的区别，从而决定了"贵族社会"的性质：一是六朝社会的最高层——君主和高官被一小撮权势显赫的高门大族所控制甚至几乎垄断；二是士族和寒门的法律地位，有着泾渭分明的区别①。这撮权势显赫的高门大族，可能就是姜士彬所言的寡头家族，抑或伊沛霞所言的贵族家庭。关于唐代郡望表所载大部分士族的动向和变迁，即便目前刊布的中古墓志数量激增，唐代墓志已经超过一万余方，我们恐怕仍然不具备全面考察这些家族的材料基础。正如杜希德所言，"对传记、谱牒类史料更为缺乏的唐代，提出任何精确、有意义的社会流动问题的论断，都是不可能的"②。除了材料的极度缺乏之外，敦煌发现的郡望表所列的大部分氏族，并不见于史传；正如杜氏阐述的那样，隋唐社会不仅存在着那群在正史可钩寻而得的高门贵胄，还存在着为数众多的地方氏族，他们与庶民也存在着天壤之别。那么，同样构成精英阶层的地方氏族，如何判断他们的社会流动，以及对政治社会的影响。隋唐科举制对于中古贵族制的冲击作用，学人多有论述。但杜氏提出更为大胆的设想，"在唐初真正通过科举入仕的社会流动新因子，却是一大群声望相对不太显赫的地方士族。他们藉科举之途加速其晋身高位，以前这些高位，或多或少是受高门大族垄断的"③。如此，唐代科举制所引发的社会流动，不过是地方士族或地方精英向上的社会流

① Denis C. Twitchett, "The Composition of the T'ang Ruling Class: New Evidence from Tunhuang", in Arthur F. Wright and Denis C. Twitchett(eds.), *Perspectives on the T'ang*, New Haven, Conn., 1973, p.89 (杜希德：《唐代统治阶层的构成：敦煌发现的新证据》，载芮沃寿和杜希德编《唐代概观》，耶鲁大学出版社，1973 年)。

② 杜希德：《从敦煌文书看唐代统治阶层的成分》，《唐史论文选集》，幼狮文化事业公司，1990 年，第 110 页。

③ 杜希德：《从敦煌文书看唐代统治阶层的成分》，《唐史论文选集》，第 112 页。

动而已。杜氏的观点，是基于沈括所言“以博陵崔、范阳卢、陇西李、荥阳郑为甲族；唐高宗时又增太原王、清河崔、赵郡李，通谓‘七姓’。……大率高下五等，通有百家，皆谓之士族，此外悉为庶姓，婚宦皆不敢与百家齿”[①]的假说和推测。一言以蔽之，在杜氏看来，唐代的社会流动，是发生在士族内部不同等级——国家精英（即中央性大士族）和地方精英（地方性士族）之间的升降和流动，而非寒门升为高门、高门降为隶庶的剧烈变动。杜氏则具有前瞻性地将中古地方精英等同于唐代郡望表中不见于正史列传的地方姓望，这种眼光具有相当的洞察力。丁爱博批评姜士彬的著作，认为唐代郡望表中的某些姓氏，并没有出现宰相等高级官员，那么这些姓氏何以出现在氏族谱中[②]？笔者部分同意丁爱博的意见，以笔者从事的太原士族研究而言，《太平寰宇记》卷四十“并州”条下列太原郡十一姓，位字79号文书列十一姓，而S.2052号文书却列二十七姓，前两者相似，也有不同，不同的鲜于氏、昝氏、廖氏等家族，迄今发现的墓志等石刻资料，不能证明他们在唐代占有一席之地[③]。不过，杜氏的看法，也在暗示这种姓氏作为地方豪族存在的可能性。另外，麦希维克关于社会流动的研究，在某种程度上也是对杜希德观点的印证。也就是说，中古时期存在一个持续长久、稳定不变及声名显赫的士族阶层，但这个阶层内部的成员不是一成不变的，其内部存在着相当程度的分野和流动，源源不断，旧族的不断衰落和新贵的攀爬不止，构成士族阶层内部社会流动的鲜活画面。换言之，葛涤风、陈美丽、霍姆格伦等人所谓的“社会流动”，并不是翻天覆地的双向流动，恐怕只是杜希德所谓的地方精英和国家精英之间的切换和转变，只是士族阶层内部比较有限的社会流动。

四、余　论

欧美学人关于中古士族研究的学术史的演变，是其中国学研究在中古问题上的投影：一方面他们近水楼台，深受西方人类学和社会学理论的影响。20

① （北宋）沈括撰，胡道静校证：《梦溪笔谈校证》卷二四《杂志一》，上海古籍出版社，1987年，第773页。

② Albert E.Dien, *State and Society in Early Medieval China*, p.4.

③ 范兆飞：《中古太原士族群体研究》，第197—198页。

世纪50—60年代，欧美学界如艾伯华、何炳棣、张仲礼、瞿同祖等人关于社会流动、精英阶层的学术研究风靡一时。大致同时，弗里德曼、弗里德等人关于宗族问题的讨论亦甚嚣尘上，姜士彬、伊沛霞和葛涤风等人在70年代完成的中古士族研究，正是在双重学术氛围影响下孕育和催生出的重要成果。另一方面，欧美学人关于中古史研究的重要成果，姗姗来迟，在70年代才逐渐步入成熟，1979年出版的《剑桥隋唐史》正是其标志，李约翰更是将其视作"英语地区中国中世史学研究的成年宣言"①。欧美学人研究士族的成果，主要集中于70—80年代，尤其是在海内外具有重要影响的姜士彬和伊沛霞的著作，先后出版于1977、1978年。不仅如此，欧美学人在具体研究课题的选择上，无疑受到日本学界（如守屋美都雄和矢野主税）、港台学人（如毛汉光等）的间接影响和华裔汉学家（如杨联陞、王伊同等人）的直接影响。换言之，欧美学人的士族研究，深受中日士族研究传统、西方社会学强调社会流动和精英阶层等理论，以及英美人类学关于宗族问题讨论的综合影响。尽管与中日学者相比，欧美学人在研究人员和成果的数量与质量上略嫌不足，即便和欧美其他时段的研究情况相比，也有所逊色。但我们必须承认，对于中日学者关于士族研究的方法、思路、理论和问题意识，欧美学者都有不同程度的回应。尤其在士族作为大族是宗族抑或氏族，以及如何认同的理论探求方面，欧美学人所结合的社会学和人类学方法，迄今仍有相当的借鉴意义。

具体言之，从研究路数来看，姜士彬取径宏阔，有机结合缜密论证和数量统计，虽然模仿毛汉光的统计研究，却能广泛吸收人类学、社会学关于中国近世宗族研究的成果，以为己用。姜士彬也能顺应士族个案研究的潮流，从事唐宋时期赵郡李氏的考察。大致同时，伊沛霞将个案研究的方法演绎到极致，伊氏的博陵崔氏研究，在近四十年后的当下，仍然拥有较为广泛的学术影响力。从姜、伊二人的影响来看，葛涤风、麦希维克的研究取径与姜氏相同，注重统计；而陈美丽的研究方法则与伊氏相近，立足个案。从研究时段来看，艾伯华、姜士彬和伊沛霞立足长时段，而葛涤风和陈美丽则是断代史的考察，几乎都集中于东晋南朝，他们更加关注政治事件、军事活动对于高门大族的现实影响。从研究成果来看，姜士彬和伊沛霞取径不同、方法不同、对象不同，结论

① ［美］李约翰：《英美关于中国中世贵族制研究的成果和课题》，《中国史研究动态》1984年第7期，第19页。

却是大同小异，他们基本印证了内藤湖南关于门阀贵族衰落于唐末五代的观点。从研究者的学缘结构来看，具有代表性的欧美学者，几乎都出自汉学色彩浓厚的“名门正派”：如哥伦比亚大学、伯克利大学、宾夕法尼亚大学、哈佛大学等，师承有华裔汉学家，也有欧美汉学家。从相关成果的发表期刊及影响来看，具有代表性的学术成果，几乎都发表于在欧美乃至世界学术圈占有主导地位的《哈佛亚洲学报》（*HJAS*）、《通报》（*TP*）、《亚洲研究杂志》（*JAS*）等期刊；这些论著发表或出版后，相关书评的发表也都及时准确，由欧美学界占据相当地位的历史学者——如艾伯华、蒲立本、许倬云等，甚至包括人类学者所执笔①，并发表于《哈佛亚洲学报》《通报》《亚洲研究杂志》《美国东方学会会刊》（*JAOS*）、《美国历史评论》（*AHR*）等主流刊物。种种情况显示，欧美学人在士族研究的学术版图中，已雄踞一席之地。

在这个过程中，欧美学人逐渐形成特色鲜明的传统和风格。哥大和伯克利形成特色鲜明、薪火相传的中国史传统：以伯克利大学的中国史学者为例，大致经历艾伯华、姜士彬、柏文莉（Beverly Bossler）三代学术传承的学者，相继以研究中国古代的精英阶层闻名于世。又如哥伦比亚大学，毕汉思在研究汉代社会流动之余，培养出伊沛霞、麦希维克等研究士族的学者，姜士彬曾经执教于此；毕氏之后，韩明士执掌哥大中国史，培养出同样研究精英阶层的谭凯（Nicolas Olivier Tackett）②。丁爱博指出，关于中古贵族制的话题，最重要的三

---

① 当然，几乎每篇书评的权威学者都有不同程度的知识盲点。例如，丁爱博认为姜著集中于南方士族的讨论，实际上是简单浏览该书内容。我们怀疑丁氏是否曾经通读姜著，因为姜著核心章节第五至第七章都是综合讨论南北士族的问题，不存在重南轻北的倾向（参见姜著，第77—197页）。

② 谭凯博士论文题目是：“The Transformation of Medieval Chinese Elites（850—1000 C.E.）”在出版时书名改为：Nicolas Olivier Tackett，*The Destruction of the Medieval Chinese Aristocracy*，Harvard University of Asia Center，2014。中译本参见胡耀飞等译《中古中国门阀大族的消亡》（社会科学文献出版社，2017年），相关书评参见孙英刚《书评：Nicolas Tackett，*The Destruction of the Medieval Chinese Aristocracy*》，载荣新江主编《唐研究》第20卷，北京大学出版社，2014年，第523—531页；王晶《重绘中古士族的衰亡史——以 *The Destruction of the Medieval Chinese Aristocracy* 为中心》，《中华文史论丛》2015年第2期，第371—390页。按，谭凯师从韩明士，韩氏师从郝若贝，韩氏以《政治家与士绅：两宋江西抚州的精英》（剑桥大学出版社，1986年）闻名于世，郝氏则以《中国的人口、政治与社会转型：750—1550年》（“Demographic，Political，and Social Transformations of China，750-1550”，pp.365-442. 中译文参见易素梅等译《750—1550年间中国的人口、政治及社会转型》，收于［美］伊沛霞等主编《当代西方汉学研究集萃·中古史卷》，上海古籍出版社，2012年）享誉海内，郝氏亦将唐代的统治精英称为“贵族”，师徒三代均以研究唐宋时期的精英阶层声名远扬，这种师生和学术的双重传承，与伯克利大学“艾伯华—姜士彬—柏文莉”的学脉传承极为相似。

个学人分别是艾伯华、姜士彬和伊沛霞①。因此，欧美学者关于士族研究的重镇，东有哥伦比亚大学，西有伯克利大学，两者合力，并与哈佛、耶鲁、斯坦福等高校的学者充分互动，激烈批评。如果以日本京都学派和东京学派对垒交锋的形态模拟，欧美学派也形成两大阵营：主张贵族制者和反对贵族制者。前者以伊沛霞为代表，后者以葛涤风、丁爱博、陈美丽和麦希维克等人为代表，姜士彬的"寡头政治说"则结合两者特征，是官僚制和贵族制的结合，颇有宇都宫清吉所云"时代格"之意味。其实，即便在历史分期及对中古政治社会底色的认识方面与内藤氏接近的姜士彬，也主张"官僚本体论"，强调大族高门的官僚属性，与伊氏强调大族高门的贵族属性不同；姜氏所强调的官僚性，与批评者所持的立场基本相近，即"贵族＝官僚"。但是，我们不得不问，中古时期的大族高门，是不是具有官僚之外的超越性或独立性？这些学人研究的士族话题，无论从方法、文献、话题还是问题意识，面面俱到，均有涉猎和创新。欧美传统与日本不同者，其中反对贵族制的学者，如葛氏、陈氏关于南朝士族的研究，明显受到京都学派川胜义雄关于南朝贵族制学说的影响，由此可见，欧美两大学派都带有京都学派的烙印，当然也不乏东京学派"寄生官僚论"重视皇权及官僚权威之影响，因此，总体来看，在士族研究方面，欧美学人深受本土社会学、人类学理论的熏陶，同时吸收欧美正统史学理论、中日不同学派论争的营养成分，形成迥异于中日学者的学术传统，并对中国的士族研究产生深刻的影响。

必须指出，这种影响的产生，并未像学术预流那样顺流直下和清晰可辨。田余庆先生的《东晋门阀政治》一书，是中国学者研究士族政治里程碑式的著作，田先生在其大作中除征引葛涤风关于东晋新旧门户的认识外，对其他欧美学者的研究成果极少回应，田先生自云："另有一位美国学者姜士彬称中国中古政治为寡头政治，出有专著。我与姜当面讨论过他的观点，也未多评论。……中国古史套用西欧历史框架，因而难于使历史上通下串，左右关联。"② 这个认识可谓洞若观火，艾伯华等人的研究在欧美学界也激起类似的批评。不过，欧美学人的研究成果，极少受到关注和响应，也是不争的事实。这种情况与日本学者如谷川道雄的"豪族共同体"理论在国内学界受到的冷遇相仿。而在当时的

① Albert E.Dien, *State and Society in Early Medieval China*, p.4.

② 参见钟鑫《田余庆谈门阀政治与皇权》，《东方早报·上海书评》2013 年 1 月 6 日。

学界，正是受到20世纪70年代北美学人如艾伯华、杜希德，尤其是姜士彬和伊沛霞研究中古士族的学术刺激，斯坦福大学的丁爱博特意于1980年召开主题为“早期中古中国的国家与社会”的学术会议，名宿新锐，荟萃一堂，陈启云倡言士族个案研究必将大行其道①。李约翰关于英美学人研究中古贵族制的评介，也在1984年发表于日本《史林》期刊；与此同时，中国学人如张广达、周一良和金应熙等人都在积极介绍欧美学人研究士族的成果，凡此种种，似乎都在昭示陈启云的预言必将成为现实，颇有“群雄并起”共同推动研究中古贵族制之势。吊诡的是，80年代以降，欧美从事士族研究的主将姜士彬和伊沛霞在完成士族研究的论著以后，都进行程度较大的学术转向。正如姜士彬所云，他在考察中古中国的精英阶层之后，眼光朝下，关注宋代的城隍神以及城隍信仰，并由此走向考察大众文化的道路②。姜氏的学术转向，在某种程度上与精英阶层的学术旨趣可以说是分道扬镳。异曲同工的是，韩明士（Robert Hymes）在出版《政治家与士绅：两宋江西抚州的精英》（*Statesmen and Gentlemen*：*The Elite of Fu-Chou*，*Chiang-Hsi*，*in Northern and Southern Sung*）之后，也转身进入宋元时期民间信仰的领域。毫不夸张地说，以姜士彬、韩明士等人为代表的“自上而下”的研究转向，堪称北美中国学研究的一个缩影：即北美社会史的研究目光日渐下移，从精英层面转向基层民众，从政治权力转向宗教信仰，从典章制度转向日常生活，从重要人物转向一般众人③。与之相应，由丁爱博主编的同名会议论文集，同样缓不济急，迟至1990年才由香港大学和斯坦福大学的出版社相继出版。

“西方不亮东方亮”，在欧美学人纷纷进行学术转向的氛围下，中国学人却在周一良和张广达等先生评介欧美论著的直接影响下，异军突起，接力士族问题的考察，其中虽然存在着诸如学人所云“跑马圈地”“有增长而无发展的内卷化”“失焦”等问题④，80年代以降，士族研究的主战场已经从欧美转移至

---

① 陈启云：《中华中古前期史研究反思》，氏著《汉晋六朝文化·社会·制度——中华中古史前期史研究》，新文丰出版公司，1997年，第12—14页。

② ［美］姜士彬：《中古中国的寡头政治》中文版序，第1—7页。

③ 许倬云：《北美中国历史研究的历史与走向》，载朱政惠、崔丕主编《北美中国学的历史与现状》，第76—77页。

④ 陈爽：《近20年中国大陆地区六朝士族研究概观》，《中国史学》2001年第11期，第15—26页；仇鹿鸣：《士族研究中的问题与主义——以〈早期中华帝国的贵族家庭——博陵崔氏个案研究〉为中心》，《中华文史论丛》2013年第4期，第287—317页。

中国，显然无可争辩。可以说，在中古士族研究方面，从50年代以降，大致呈现出“日本—欧美—中国”等学人分别占据主导地位的发展脉络和典范转移，其中转移的时间跨度大概是二十年左右，其中不乏相互交叉和影响。一言以蔽之，欧美学者关注贵族制的核心问题，主要是基于社会史的考察，尤其是统治阶层或上层阶级由哪些人群构成，有无变化，如何变化，这些变化导致怎样的社会流动等。因此，士族高门的特征是持续性抑或断裂性，是凝固化抑或流动性，由此回应内藤湖南的唐宋变革论，以及欧美人类学家和社会学家提出的宗族认同等话题，构成欧美学者研究士族问题的两个主要面相①。总体来看，欧美学者研究士族的传统和方法，既有本土人类学、社会学理论的持续影响，也有日本学者关于贵族制理论和个案研究方法的刺激，以及华裔汉学家赋予的直接影响，互相激荡。因此，无论其研究方法取径宏阔还是立足个案，问题意识多少都在有意无意地回应日本学者的六朝贵族制理论，抑或回应中国帝制时期究竟是连续、因革抑或断裂的根本性问题，这构成北美学界士族研究传统的基本特征。

补记：在撰写本文过程中，笔者曾向伊沛霞、葛涤风、南恺时、张磊夫、霍姆格伦等先生咨询相关信息，先后在首都师范大学历史学院史学沙龙第53期“中古中国的政治形态——以贵族制为中心”专场会议（2016年10月15日）、南京大学人文社会科学高等研究院（2016年11月28日）进行报告和演讲，仇鹿鸣、林晓光、孙英刚、杨英、游自勇、孙正军和毋有江等先生给予了宝贵意见，童岭、卞东波和杨晓宜等先生补充了若干文献，一并致谢。原刊于《文史哲》2017年第3期，第19—40页，略有增补，不当之处，敬希指教。

① 当然，也有欧美学者强调皇权的持续影响，与田余庆所论异曲同工，除文中葛涤风外，还有裴士凯，参见 Scott Pearce，“State and Society in Early Medieval China，Edited by Albert Dien”，*Journal of the American Oriental Society*，Vol.115，No.3(1995)：p.514。

唐令复原所据史料检证

——以《大唐开元礼》为中心

赵　晶　中国政法大学法律古籍整理研究所

自 1999 年戴建国公布浙江宁波天一阁藏有明钞本《天圣令》残卷的讯息以来，唐令复原这一持续百年的课题①再度成为研究热点。中日两国皆有学术力量投入其间，从史源、版本、条文逻辑等不同角度切入，在遣词用字、文句增删、条文排序等方面展开论辩②，进一步深化了学界对于唐代法律术语、法理逻辑、法律形式，以及唐日法律移植与继受等问题的认识。

百年间，不同的学者对于同一文献之于唐令复原的史料价值产生不同判断，进而提出不同的复原方案，争论对象涉及《新唐书》《庆元条法事类》《养老令》《唐六典》等项③。上述探讨不仅有力地推进了唐令的复原工作，也令学界重新

---

① 早在日本元禄年间（公元 1688—1703 年），儒医松下见林（公元 1637—1703 年）就开始着手从《唐律疏议》《通典》中辑出唐令遗文。明治维新以来，中田薰首开风气，于 1904 年发表《唐令与日本令的比较研究》(《国家学会杂志》18—10、11、12，1904 年）一文，复原了 92 条唐令；而其手订未刊稿本《唐令拾遗》(明治 34 年 7 月中旬第一回稿成，同年 9 月上旬第二回稿成)，引用汉籍、和书共 10 种，共计复原唐令 22 篇、313 条。其门生仁井田陞赓续乃师之志，于 1933 年出版《唐令拾遗》(东方文化学院东京研究所）一书，从其所选定的 75 种文献中辑出 715 条唐令，搜集、复原了一半以上的唐令，成就斐然。在此后的半个世纪中，日本学人陆续对《唐令拾遗》提出增补、修订之见，于 1997 年汇为由池田温主编的《唐令拾遺補》(东京大学出版会）一书。这一研究历程，参见［日］泷川政次郎、小林宏、利光三津夫《律令研究史》，(日本)《法制史研究》第 15 号，1965 年，第 152、162、167 页；［日］池田温《〈唐令拾遺補〉編纂をめぐって》，唐代史研究会编《律令制——中國朝鮮の法と國家》，汲古书院，1986 年，第 99—132 页；［日］池田温《唐令と日本令（一）》，《創価大學人文論集》第 7 号，1995 年，第 144—175 页；胡戟等主编《二十世纪唐研究》，中国社会科学出版社，2002 年，第 149—150 页。

② 参见赵晶《〈天圣令〉与唐宋法典研究》，载徐世虹主编《中国古代法律文献研究》第 5 辑，社会科学文献出版社，2011 年，第 251—293 页。

③ 部分例证，可参见赵晶《唐令复原所据史料检证——以令式分辨为线索》，《中研院史语所集刊》第 86 本第 2 分，2015 年，第 319—321 页。

思考这些文献本身的文本特征以及唐宋之际相关制度的变迁与继承。本文拟以《大唐开元礼》(以下简称《开元礼》)为中心，以部分条文为个案，藉由《天圣令》所带来的一些新知，尝试讨论一些利用该文献复原唐令时所需注意的问题①。

一、《开元礼》的版本

仁井田陞指出，《开元礼·序例》之中存在着许多相当于《祠令》《衣服令》《卤簿令》《仪制令》《丧葬令》《假宁令》的条文②。循此思路，《唐令拾遗》与《唐令拾遗补》③ 以《开元礼·序例》为基本资料或参考资料，复原了大量唐令条文④。按照吴丽娱的统计，“在《唐令拾遗》复原的《祠令》46 目(每一条目中，甲、乙、丙条合为一目)中以《开元礼》为依据及参考者总共 39 目，《唐令拾遗补》补充的 23 目中又有 19 目，两者相合约占复原比例的 84%。《衣服令》则在《唐令拾遗》总 66 目中有 50 目，《唐令拾遗补》补充的 8 目中有 7 目，合占复原比例约 77%。至于《卤簿令》，两书的复原和补充都是完全采自《开元礼·序例》部分，占复原比例的 100%。其他则《仪制令》占 48%，《假宁令》和《丧葬令》如按照以《天圣令》为据的最新唐令复原，则引用《开元礼》的比例分别应当是 52%和 22%”⑤。由此可见这一文献对于唐令复原的重要价值。

只不过，对于某一条唐令复原而言，《开元礼》并非唯一的史料依据，因此还需要仔细比勘其他文献。仁井田氏在复原唐令时，对于不同文献的文字性差异以双行夹注的方式予以标出，这就为后续研究提供了宝贵的线索；而《唐令拾遗补》的执笔者则在《唐令拾遗》的基础上提供了更多可供参照、比对的

---

① 霍存福曾从礼令内容的衔接、礼令两存的情状与程度、礼令的性质差异、仪注、礼典与礼经的研究等五个方面讨论唐令复原问题，参见氏撰《论礼令关系与唐令的复原——〈唐令拾遗〉编译墨余录》，《法学研究》1990 年第 4 期，第 77—83 页。

② [日] 仁井田陞：《唐令拾遺》，东方文化学院东京研究所，1933 年，第 67 页。

③ 在《唐令拾遺補》出版前，池田温曾从《开元礼》中摘录出《唐令拾遺》未收的《祠令》《衣服令》《假宁令》的条文，并考察了《序例·杂制》所载唐令的排序。参见 [日] 池田温《唐令と日本令——〈唐令拾遺補〉编纂によせて》，氏编《中国礼法と日本律令制》，东方书店，1992 年，第 175—190 页。

④ 吴丽娱将相关复原的条目勒成一表，可参见氏著《以法统礼：〈大唐开元礼〉的序例通则——以〈开元礼·序例〉中的令式制敕为中心》，载徐世虹主编《中国古代法律文献研究》第 4 辑，法律出版社，2010 年，第 183—190 页。

⑤ 吴丽娱：《以法统礼：〈大唐开元礼〉的序例通则——以〈开元礼·序例〉中的令式制敕为中心》，载徐世虹主编《中国古代法律文献研究》第 4 辑，第 191 页。

资料。对于《开元礼》而言，这种复原唐令的方法其实就是施以“他校法”，“凡其书有采自前人者，可以前人之书校之，有为后人所引用者，可以后人之书校之，其史料有为同时之书并载者，可以同时之书校之”①。在“他校”的同时，自然也应运用“对校法”，“以同书之祖本或别本对读，遇不同之处，则注于其旁”②，这样或许能够解释部分文献记载的不同之处。

根据张文昌的整理，目前所存的《开元礼》版本如下③：

	版　本	收藏地
1	文津阁四库全书本	国家图书馆（北京）
2	文溯阁四库全书本	甘肃省图书馆
3	洪氏唐石经馆丛书	海内外共有8处
4	清初钞本	北京大学图书馆
5	清钞本	浙江大学图书馆、吉林长春市图书馆、江苏南京图书馆、国家图书馆（北京）、浙江天一阁
6	清嘉庆十六年（公元1811年）朱邦衡钞本	山东大学图书馆
7	清汪氏环碧山房钞本	江苏泰州市图书馆
8	清钞本（朱绍颐等人校本）	江苏南京图书馆
9	清钞本（徐松校本）	上海图书馆
10	清钞本（丁丙校本）	江苏南京图书馆
11	清钞本（含王念孙等撰《辩证》1卷）	国家图书馆（北京）
12	文渊阁四库全书本	“故宫博物院”（台北）
13	清初钞本	“国家图书馆”（台北）
14	东北大学旧钞本	“国家图书馆”（台北）
15	清孔氏岳雪楼钞本	“国家图书馆”（台北）
16	十万卷楼旧钞本	日本静嘉堂文库
17	岛田重礼藏旧钞本	日本静嘉堂文库

① 陈垣：《校勘学释例》，上海书店出版社，1997年，第120页。

② 陈垣：《校勘学释例》，第118页。

③ 张文昌：《唐代礼典的编纂与传承——以〈大唐开元礼〉为中心》，花木兰出版社，2008年，第103、106页，表二“台湾与日本所藏《大唐开元礼》版本及收藏地一览表”、表三“中国大陆所藏《大唐开元礼》版本及所藏地一览表”。

学界通常使用的版本是作为洪氏唐石经馆丛书之一、出版于光绪十二年（公元 1886 年）的公善堂校刊本（以下简称“校刊本”）①，而目前业已影印出版者，还有《四库全书》文渊阁本和文津阁本（以下分别简称“文渊阁本”“文津阁本”）。由于《四库全书》所收《开元礼》为两淮盐政采进本，洪氏曾任两淮盐运使等官，校刊本卷首又载有四库提要，所以池田温曾推测，校刊本所据或许是《四库全书》本。但是校刊本每半页 10 行、每行 20 字，而《四库全书》本每半页 8 行、每行 21 或 22 字，二者行款并不相同②。高明士比勘文渊阁本与校刊本，发现二者之间存在若干差异，认为并非出自一个版本③。张文昌根据台北“国家图书馆”藏朱绍颐撰《大唐开元礼校勘记》所附《校勘撮要》，指出洪氏校刊本出自朱绍颐之手，朱氏以陆本为底本，参校《通典》、丁本、浙本、李本、娄本、上海本等④。刘安志撰文指出，校刊本卷三十九《吉礼·皇帝祫享于太庙》“馈食”脱漏有关高祖、太宗的祭仪，而文渊阁本依然保存了相关文字⑤。现查文津阁本，此段亦存在脱漏⑥。

总之，目前我们虽然无法得见散诸各地的不同版本，从而梳理出《开元礼》的版本源流，予以系统的比对校勘，但在复原唐令时，应该尽量综校各种可入手的版本，并参考朱绍颐所撰《大唐开元礼校勘记》⑦，以免因版本讹误而发生错误判断。如校刊本《开元礼》卷二《序例中·大驾卤簿》载：

> 次玉辂，（青质玉饰，驾青骝六，祭祀、纳后则乘之。）……次乘黄令一人，丞一人，骑分左右，检校玉辂等；次金辂，（赤质金饰，驾赤骝六，

---

① 目前中、日学界所影印出版者，皆是东京大学东洋文化研究所大木文库藏光绪十二年洪氏公善堂校刊本，即汲古书院 1972 年版、民族出版社 2000 年版。以下凡仅称“《大唐开元礼》”者，皆出自民族出版社 2000 年版；若是引自文渊阁《四库全书》本或文津阁《四库全书》本，则分别称为“《大唐开元礼》（文渊阁本）”“《大唐开元礼》（文津阁本）”。

② 参见［日］池田温《大唐開元禮解說》，古典研究会出版《大唐開元禮》，汲古书院，1972 年，第 828 页。

③ 高明士：《战后日本的中国史研究》，明文书局，1996 年，第 293 页。

④ 张文昌：《唐代礼典的编纂与传承——以〈大唐开元礼〉为中心》，第 105 页。

⑤ 刘安志：《关于〈大唐开元礼〉的性质及行用问题》，《中国史研究》2005 年第 3 期，第 97 页。

⑥ 《大唐开元礼》，《文津阁四库全书》第 215 册，商务印书馆，2005 年，第 691 页。

⑦ 台北“国家图书馆”所藏朱绍颐撰《大唐开元礼校勘记》共 150 卷，并附《校勘撮要》1 卷，共为 8 册，为清宣统元年（公元 1909 年）溧水朱氏子弟据朱绍颐手稿所为誊清本。内有朱绍颐之弟朱绍亭所撰《大唐开元礼校勘记跋》，叙述此书来源梗概，可供参考。本文以下引用则简称以《校勘记》。

> 飨射还、饮至则乘之。）次象辂，（黄质，以象饰，驾黄骝六，行道则乘之。）次木辂，（黑质，漆之。驾黑骝六，田猎则乘之。）次革辂，（白质，挽之以革，驾白骝六，巡狩、临兵事则乘之。）各驾士三十二人[①]。

《唐令拾遗补》将之复原为《卤簿令》一丙［开七］的一部分[②]。然而，五行相生的顺序是青（木）、赤（火）、黄（土）、白（金）、黑（水），《开元礼》所载五辂顺序（青、赤、黄、黑、白）与此略异。从《太平御览》卷七七四《车部三·辂》所载“卤簿令曰：玉辂，驾六马……次金辂、象辂、革辂、木辂”[③] 来看，唐代大驾卤簿的顺序应该没有改动五行相生之序。

覆检文渊阁本和《通典》，仅见玉辂、金辂、象辂、革辂，并无上引校刊本的“木辂”及其注文[④]；文津阁本在“革辂”及其注文之后作“次木辂（阙）”[⑤]；《校勘记》卷二以“次木辂”为条项，其下记有“次木辂并注黑质以下十三字，《通典》、浙本皆脱”。虽然现在已经无法确定在《开元礼》编纂完成时此处有无阙文，但起码可以推知的是，杜佑撰写《通典·开元礼纂类》时所参考的《开元礼》文本，可能已经缺漏了“木辂”及其注文；这一有所缺漏的文本传至清代，四库全书的两个本子分别对此作出了不同的处理，文渊阁本一仍其旧，而文津阁本则以标记有阙的方式进行提示；至于洪氏校刊本，虽然补全了所阙之文，但却插错了“木辂”所在的次序。

《唐六典》卷十七《太仆寺》“乘黄令”条载：

> 凡乘舆五辂，一曰玉辂，祭祀、纳后则乘之；二曰金辂，飨射、郊征还、饮至则乘之；三曰象辂，行道则乘之；四曰革辂，巡狩、临兵事则乘之；五曰木辂，田猎则乘之。（凡玉辂青质，以玉饰诸末，驾六苍龙；金

---

① 《大唐开元礼》卷二《序例中》，第 22 页。

② ［日］仁井田陞著，［日］池田温代表编集：《唐令拾遺補》，东京大学出版会，1997 年，第 672 页。

③ （宋）李昉等编：《太平御览》，中华书局，1960 年，第 3431 页。亦可参见（宋）欧阳修、（宋）宋祁撰《新唐书》卷二十三上《仪卫志上》，中华书局，1975 年，第 493—494 页。

④ 《大唐开元礼》卷二《序例中》，《景印文渊阁四库全书》第 646 册，台湾商务印书馆，1986 年，第 51 页；（唐）杜佑撰，王文锦等点校：《通典》卷一〇七《礼六七·开元礼纂类二·序例中》“大驾卤簿”，中华书局，1988 年，第 2781 页；［日］长泽规矩也、［日］尾崎康编：《宫内厅書陵部北宋版通典》第四卷，汲古书院，1980 年，第 545 页。

⑤ 《大唐开元礼》（文津阁本）卷二《序例中》，第 608 页。

辂赤质，以金饰诸末，驾六赤騂；象辂黄质，以黄饰诸末，驾六黄骝；革辂白质，挽之以革，驾六白骆；木辂黑质，漆之，驾六黑骝也。……大驾，则太仆卿驭；五辂驾士各三十二人……)①

如上文字与《开元礼》基本相同，结合《太平御览》所载《卤簿令》节文，《唐令拾遗补·卤簿令》一丙［开七］的相应文字应该调整为："次革辂，（白质，挽之以革，驾白骝六，巡狩、临兵事则乘之。）次木辂，（黑质，漆之。驾黑骝六，田猎则乘之。）各驾士三十二人。"

二、《开元礼》所载之制的年代

当排除因版本不同带来的文字讹误、缺省之后，就需要思考"他校"所带来的信息。如《开元礼》与《唐六典》都是复原唐令所依据的最重要的基本文献，二者成书的时间相差不远，承载的也都是开元之制。然而，即使是如此相近的文献，就相同事项所作的记载也存在许多细节性的差别，更何况还存在许多可据以复原同条唐令的其他史料。数种文献之间，或摘录的文字详略不一，或关键性的字词略有差别，这就给唐令复原工作造成了若干困扰。

其一，令式难辨。史称《显庆礼》"并与令式参会改定"②，"其文杂以式令"③，虽然目前已无法确知《显庆礼》的具体面貌，但据此便可判断礼与令、式之间密不可分的关系。而从《开元礼》修纂的缘起来看，"今之五礼仪注，贞观、显庆两度所修，前后颇有不同，其中或未折衷。望与学士等更讨论古今，删改行用"④，《开元礼》折衷《贞观礼》与《显庆礼》，自然不可能完全改变"与令式参会改定""杂以式令"的状态。仁井田陞早已指出，《开元礼·序例》中也存在着相当于唐式的条文⑤。

---

① （唐）李林甫等撰，陈仲夫点校：《唐六典》卷十七《太仆寺》，中华书局，1992年，第480—481页；《旧唐书》亦将之列为"唐制"，参见（后晋）刘昫等撰《旧唐书》卷四十五《舆服志》，中华书局，1975年，第1932—1933页。

② 《旧唐书》卷二十一《礼仪志一》，第818页。

③ 《新唐书》卷十一《礼乐志一》，第308页。

④ 《旧唐书》卷二十一《礼仪志一》，第818页。

⑤ ［日］仁井田陞：《唐令拾遺》，第69—70页。池田温也推断，《开元礼》中存在着与《礼部式》《太常式》《光禄式》等相对应的文字，参见氏著《大唐開元禮解說》，第823页。

如此，当史料中没有出现“令”或“式”的明确标记时，该如何判断《开元礼》所存条文的法源归属？例如，有关送葬明器，《开元礼》卷三《序例下·杂制》[①] 与《唐六典》卷二十三《将作都水监》“甄官令”条[②]皆有记载，但文字一详一略，仁井田陞将《开元礼》所存文字复原为《丧葬令》第15条[③]，而吴丽娱认为令是原则性规定，《开元礼》的文字过于琐碎，可能是《礼部式》的条文而不是令[④]。然而，现有证据表明，式并不限于琐碎性规定，亦不乏原则性文字，令也兼具二者，这就意味着仅以原则性或琐碎性的标准来判断条文归属的方法面临巨大的风险。对此，笔者已有专文加以探讨[⑤]。

其二，所载之制的年代判定。据《旧唐书》卷二十一《礼仪志一》载：开元十四年（公元726年），“初，令学士右散骑常侍徐坚及左拾遗李锐、太常博士施敬本等检撰，历年不就。（张）说卒后，萧嵩代为集贤院学士，始奏起居舍人王仲丘撰成一百五十卷，名曰《大唐开元礼》。二十年九月，颁所司行用焉”[⑥]。由此可知，《开元礼》的修纂始于开元十四年，在开元十八年张说去世[⑦]前，一直未能成书，此后改由萧嵩主持修纂，终于在开元二十年完成。成书于彼时的《开元礼》若是参酌相关立法的条文，只能征诸开元七年的立法文本，若是没有其他证据，以《开元礼》为基本资料复原的唐令，将被定性为“开元七年令”。

然而，江川式部指出，开元二十年四月二十四日颁布的《许士庶寒食上墓诏》所涉的寒食上墓被编入《开元礼》[⑧]；吴丽娱更是检证相关史料，论证《开元礼》还吸收了诸多开元七年至开元二十年之间的新制[⑨]。由此可知，开

---

① 《大唐开元礼》卷三《序例下·杂制》，第34页。

② 《唐六典》卷二十三《将作都水监》，第597页。

③ ［日］仁井田陞：《唐令拾遺》，第826页。

④ 吴丽娱：《以法统礼：〈大唐开元礼〉的序例通则——以〈开元礼·序例〉中的令式制敕为中心》，载徐世虹主编《中国古代法律文献研究》第4辑，第193页。

⑤ 赵晶：《唐令复原所据史料检证——以令式分辨为线索》，《中研院史语所集刊》第86本第2分，第325—326页。

⑥ 《旧唐书》卷二十一《礼仪志一》，第818—819页。

⑦ 《旧唐书》卷九十七《张说传》，第3056页。

⑧ ［日］江川式部：《唐代の上墓儀礼——墓祭習俗の礼典編入とその意義について》，《東方學》第120辑，2010年。中译本为周东平、方海龙译《唐代的上墓礼仪——墓祭习俗编入礼典及其意义》，载周东平、朱腾主编《法律史译评》（2013年卷），中国政法大学出版社，2014年，第124页。

⑨ 吴丽娱：《以法统礼：〈大唐开元礼〉的序例通则——以〈开元礼·序例〉中的令式制敕为中心》，载徐世虹主编《中国古代法律文献研究》第4辑，第195—201页。

元七年以后的制敕也曾被编修入礼，据此复原的唐令便不能被简单定性为《开元七年令》。

《唐令拾遗补》在补订《卤簿令》时，曾对《开元礼》卷二《序例中》与《新唐书》卷二十三《仪卫志》关于卤簿的记载进行比勘，发现有的记载仅见于《开元礼》而为《新唐书》所略，有的文字仅见于《新唐书》而不存于《开元礼》，由此得出一个大概的判断：总体来说，《开元礼》的记载相对详细，两者之所以有此不同，或许是因为《开元礼·序例》所据之令为《开元七年令》，而《新唐书·仪卫志》的依据则是《开元二十五年令》或者此后的制度①。由于其他史籍把与卤簿相关的文字明确标记为"令"，因此"详细"或者"简略"的印象便没有引发令式分辨的讨论。然而，若是按照上述对于《开元礼》所载之制的年代判定，两种文献所据分别是《开元七年令》与《开元二十五年令》的判断便令人怀疑。而且更复杂的问题是，我们能否因此便将体现开元七年以后新制的《开元礼》文字径直判定为《开元二十五年令》?

与此相类，近年来，中村裕一详细胪列《唐六典》所载开元七年之后的制度变动，藉此反驳自仁井田陞以来学界通行的《唐六典》所载之制为"开元七年令"的观点，试图证成"开元二十五年令"说②。换言之，若此论点成立，除非有其他开元七年以前的资料为证，否则依据《唐六典》所复原的唐令应被定性为《开元二十五年令》。只不过，此前并非没有学者关注到这些制度变化，如仁井田陞认为，《唐六典》所体现的开元七年律令格式与开元二十五年的立法之间存在许多相同点，原因是它也吸收了开元七年以后颁布的新敕③。池田温则明确指出，《唐六典》所包含的开元七年之后的改制内容，并不能作为它基于《开元二十五年令》修纂而成的证据，而应当解释为它虽以《开元七年令》为基础，但又随处插入了此后的相关新制④。因此，榎本淳一总结道：中村氏与池田氏的分歧点或许在于令文修正所采用的方式问题；判断孰是孰非，应该着眼于唐代史料中频繁出现的"著令"（"著之于令"）这一用语，如果法

---

① ［日］仁井田陞著，［日］池田温代表编集：《唐令拾遺補》，第666—668页。

② ［日］中村裕一：《唐令の基礎的研究》，汲古书院，2012年，第289—580页；《大唐六典の唐令研究——"開元七年令"說の検討》，汲古书院，2014年。

③ ［日］仁井田陞：《唐令拾遺》，第62页。

④ ［日］池田温：《東アジアの文化交流史》，吉川弘文馆，2002年，第179页。

令中并未见“著令”之言，那么随时都有改正的可能性，所以《唐六典》虽然记载了《开元七年令》以后的制度，但无法因此而断言它以《开元二十五年令》为基础[①]。

由此再来反观《开元礼》所反映的唐制年代，若无其他确切证据，我们也不应将吸收新制的文字径直断为《开元二十五年令》。事实上，即便是法令中标有类似于“著令”的用语，也存在随时被废弃的可能性，未必会被修入未来的律令格式。

如开元七年以后，朝廷屡屡发布诏敕，申令在部分祭祀中停止牲牢血祭、改为使用酒脯。以下逐一列出相关诏敕：

(1) 开元十一年［九月七日］：春秋二时释奠，诸州宜依旧用牲牢，其属县用酒脯而已。［自今已后，永为常式。］[②]

(2)（开元十八年）八月丁酉诏曰：祭主于敬，神歆惟德，黍稷非馨，苹藻可荐。宣尼阐训，以仁爱为先；句龙业官，以生植为本。普天率土，崇德报功，飨祀惟殷，封割滋广，非所以全惠养之道，叶灵祇之心。其春秋二祀及释奠，天下诸州府县等并停牲牢，唯用酒脯，务在修洁，足展诚敬。自今已后，以为常式[③]。

(3)（开元）二十二年四月诏曰：春秋祈报，郡县常礼，比不用牲，岂云血祭？阴祀贵臭，神何以歆？自今已后，州县祭社，特［以牲］牢，宜依常式[④]。

(4) 其年（开元二十二年）六月二十八日敕：大祀、中祀及州县社

---

① ［日］榎本淳一：《唐代法制史の“不動定説”に挑む》，《東方》第385号，2013年，第25页。

② 《旧唐书》卷二十四《礼仪四》，第919页；《通典》亦见相同记载，唯详略有差；而《唐会要》所载之文则与此有异，“开元十一年九月七日敕：春秋二时释奠，诸州府并停牲牢，惟用酒脯。自今已后，永为常式”，《旧唐书》与《通典》所载皆指州府依旧用牲牢、属县改用酒脯，而《唐会要》所载则意指州府停用牲牢，未知孰是，暂从《旧唐书》与《通典》之说。参见《通典》卷五十三《礼一三・沿革一三・吉礼一二・释奠》，第1475页；（宋）王溥《唐会要》卷三十五《释奠》，中华书局，1955年，重印国学基本丛书本，第642页。此外，［］为据相关文献所作的文字补入，下同。

③ （宋）王钦若等编：《册府元龟》卷三十三《帝王部・崇祭祀二》，中华书局，1960年，第359页。《唐会要》卷二十二《社稷》系此诏于开元十九年正月二十日，且“春秋二祀”作“春秋二时社”（第424页）。

④ 《册府元龟》卷三十三《帝王部・崇祭祀二》，第360页；录文校以《唐会要》卷二十二《社稷》，第424页。又，《唐会要》卷二十二《社稷》系此诏于三月二十五日（第424页）。

稷，依式合用牲牢，余并用酒脯①。

根据诏敕（1）和（2），自开元十一年九月始，诸县释奠不用牲牢，而到了开元十八年八月，所有州县的春秋祭社和释奠都不再用牲牢。然而，依据诏敕（3）和（4），开元二十二年四月，对于州县祭社使用牲牢一项，采取全面解禁的措施，两个月后又再次明令重申。简言之，自开元十一年起，释奠不用牲牢的规定逐步由县扩展至州；而州县祭社不用牲牢则始于开元十八年，废止于开元二十二年。

在成书于开元二十年的《开元礼》中，《序例》明确规定："祭中山川及州县社稷、释奠亦用少牢。……凡供别祭用太牢者，皆犊一、羊一、猪一、酒二斗、脯一段、醢四合。若供少牢，去犊，减酒一斗。"② 其中，"州县社稷、释奠"的祭祀使用少牢，而少牢包括羊一、猪一、酒一斗、脯一段、醢四合。此外，根据《开元礼》的五礼仪注，诸州祭社稷③、释奠④与诸县祭社稷⑤、释奠⑥等所适用的礼仪，也与《序例》保持一致，如"祭器之数，每座尊二、笾八、豆八、簋二、簠二、俎三（羊、豕及腊各一俎）"。由此可见，《开元礼》并没有吸收上述停止牲牢的新制。对此，笔者拟讨论三个问题：

第一，即使诏敕中明确标记"永为常式""以为常式""宜依常式"等字样，也可能被新的诏敕所废止，而无法被修为"常法"（即"律令格式"），如诏敕（3）、（4）之于诏敕（2）中的州县祭社部分。而且前敕即使没有被后敕废止，也可能为之后的立法者所抛弃，如诏敕（3）、（4）并不涉及诏敕（1）、（2）有关州县释奠不用牲牢的规定，那么它们有无被吸收入开元二十五年的立法？《刘禹锡集》卷二〇《奏记丞相府论学事》载：

开元中，玄宗向学，与儒臣议，由是发德音，其罢郡县释奠牲牢，唯酒脯以荐。后数年定令，时王孙林甫为宰相，不涉学，委御史中丞王敬从

---

① 《唐会要》卷二十二《社稷》，第 424 页。
② 《大唐开元礼》卷一《序例上・俎豆》，第 19 页。
③ 《大唐开元礼》卷六十八《吉礼・诸州祭社稷》，第 352 页。
④ 《大唐开元礼》卷六十九《吉礼・诸州释奠于孔宣父》，第 355 页。
⑤ 《大唐开元礼》卷七十一《吉礼・诸县祭社稷》，第 362 页。
⑥ 《大唐开元礼》卷七十二《吉礼・诸县释奠于孔宣父》，第 366 页。

> 刊之。敬从非文儒，遂以明衣牲牢编在学令。……今谨条奏：某乞下礼官博士，详议典制，罢天下县邑牲牢衣币。如有生徒，春秋依开元敕旨，用酒醴、腶脩、腒𦞦、榛栗，示敬其事，而州府许如故仪[①]。

刘禹锡通过追溯开元之例，论证释奠祭孔不必拘泥于牲牢衣币，希望能够在县一级按照“开元敕旨”，推行荐以酒脯的祭祀方式。从“罢郡县释奠牲牢”一句来看，因涉及州县两级官府的释奠，所以玄宗所发“德音”（即“开元敕旨”）应是上引开元十八年的诏敕（2）[②]。在刘禹锡看来，由于开元二十五年的立法者“不涉学”（李林甫）、“非文儒”（王敬从）[③]，导致“明衣牲牢”被编入《学令》。由此可见，释奠不用牲牢的新制虽然在开元二十五年立法之前并未被废止（否则便无需归罪给李林甫和王敬从了），但也没有修入《开元二十五年令》。

第二，从前引诏敕（1）、（2）、（3）的“常式”和诏敕（4）的“依式”可知，释奠不用牲牢而用酒脯的规定在“式”，但从刘禹锡所述可知，“明衣牲牢”之法在《学令》。那么其法源究竟为何?

日本《养老令·学令》“释奠”条载：“凡大学、国学，每年春秋二仲之月上丁，释奠于先圣孔宣父，其馔酒明衣所须，并用官物。”[④] 刘禹锡所谓的“明衣牲牢”即与《养老令》中的“馔酒明衣”相应；《唐六典》卷二十一《国子监》“祭酒司业”条载：“凡春、秋二分之月上丁，释奠于先圣孔宣父。”[⑤] 这一表述亦与《养老令》“释奠”条大致相同；刘禹锡所论为“罢郡县释奠牲牢”，并不涉及太学，由此可以推断，他所批判的开元二十五年《学令》应当包括州县官学，这一点也可从《养老令》此条以“大学、国学”作为规范对象

---

① （唐）刘禹锡撰，《刘禹锡集》整理组点校，卞孝萱校订：《刘禹锡集》，中华书局，1990 年，第 253—254 页。

② 若诏敕（1）的原文如《唐会要》所载，那么此处所指应追溯至开元十一年。

③ 《旧唐书》卷五十《刑法志》载：“（开元）二十二年，户部尚书李林甫又受诏改修格令。林甫迁中书令，乃与侍中牛仙客、御史中丞王敬从，与明法之官前左武卫胄曹参军崔见、卫州司户参军直中书陈承信、酸枣尉直刑部俞元杞等，共加删缉旧格式律令及敕……二十五年九月奏上。”（第 2150 页）此外，王敬从的生平事迹不详。《唐会要》卷七十六《贡举中·制科举》所载景龙二年（公元 708 年）茂材异等的及第名单中有“王敬从”；《文苑英华》卷三九三《中书制诰一四·宪台一·御史中丞》收有孙逖所撰《授王敬从御史中丞制》“中书舍人上柱国王敬从……可中散大夫御史中丞，仍充京畿采访处置等使，勋如故”。分别参见《唐会要》，第 1387 页；（宋）李昉等编《文苑英华》，中华书局，1966 年，第 2000 页。

④ ［日］黑板胜美编辑：《令義解》，吉川弘文馆，1988 年，第 129 页。

⑤ 《唐六典》卷二十一《国子监》，第 557 页。

来加以印证，因此《开元礼》卷一《序例上·神位》所载“仲春仲秋上丁，释奠于太学”[①] 并非《学令》的全文；《令集解》卷十五《学令》“释奠”条所载《古记》称：“释奠仪式，并所须物等事，具有别式。”[②] 也就是说，《养老令·学令》此条只是一个概括性规定，至于“大学、国学”的释奠仪式、祭祀之物等都由“别式”规定。结合前文所引唐代史籍中的“常式”“依式”之语便可推测，开元年间的立法应该也与此相似。

总之，有关释奠的规定应既存于“令”，也载诸“式”[③]。而仁井田陞所复原的《学令》一丙［开二五］“诸春秋二分之月上丁，释奠于先圣孔宣父，于太学……祭以太牢”[④]，仅限于太学，并未涵盖州县官学，应非全文。

第三，如前所述，开元二十年九月“颁所司行用”的《开元礼》已将同年四月颁布的《许士庶寒食上墓诏》吸收入内，为何没有采用前引诏敕（1）、（2）所载新制？

高明士认为：“至十九年正月，州废牲牢……其后虽不见停地方酒脯的诏令，但《开元礼》是规定以羊豕致祭，显然在第二年又恢复牲牢祭祀。”[⑤] 亦即，高氏认为开元二十年又恢复了牲牢祭祀。然而，《开元礼》卷一《序例上·神位》在“仲春、仲秋上丁，释奠于太学”条下注明“右新加七十二弟子之名，余准旧礼为定”，在“州县祭社稷”下注明“右准旧礼为定”[⑥]，由此可见《开元礼》的编纂者虽然明确知道有“新制”的存在，但还是坚持“准旧礼为定”，若是开元二十年恢复牲牢祭祀，就不必称它为“旧礼”，也不必在开元二十二年连续颁布两道诏敕（3）、（4）加以恢复。而之所以编纂者坚持“准旧礼为定”，或许应该从玄宗改制的初衷入手去加以揣测。

雷闻指出，由于道教反对血祭，所以上清派道士司马承祯在开元时积极介入国家五岳祭祀的活动[⑦]。吴丽娱也指出，开元中期唐廷频繁颁布诏敕，要求

① 《大唐开元礼》卷一《序例上·神位》，第 16 页。

② ［日］黑板胜美编辑：《令集解》，吉川弘文馆，1982 年，第 446 页。

③ 霍存福认为有关牲牢、酒脯的规定在《太常式》中，但又将有关牲的具体规定复原为《光禄式》，笔者也无法确定这些条文究竟所属哪一式篇，只能暂且存疑。参见霍存福《唐式辑佚》，社会科学文献出版社，2009 年，第 539、546 页。

④ ［日］仁井田陞：《唐令拾遗》，第 266—267 页。

⑤ 高明士：《中国中古的教育与学礼》，台湾大学出版中心，2005 年，第 628 页。

⑥ 《大唐开元礼》卷一《序例上·神位》，第 16—17 页。

⑦ 雷闻：《五岳真君祠与唐代国家祭祀》，载荣新江主编《唐代宗教信仰与社会》，上海辞书出版社，2003 年，第 62—64 页。

在山岳等祭祀中以酒脯代替牲牢，这是道教仪式融入国家礼制的体现，与以《开元礼》为代表的儒家礼仪有所矛盾，所以改制之举屡有反复，《开元礼》也未加以吸收①。循此思路，笔者发现：

1. 开元九年夏五月颁布的祭祀名山大川的诏敕尚未出现以酒脯代牲牢的要求，"诸州水旱时有，其五岳四渎，宜令所司差使致祭，自余名山大川及古帝王并名贤将相陵墓，并令所司州县长官致祭，仍各修饰洒扫"②，但到了开元十二年十一月，玄宗颁下敕旨，要求"有司所经名山大川、自古帝王陵、忠臣烈士墓，精意致祭，以酒脯时果用代牲牢"③。根据前引诏敕（1），玄宗改革县学释奠在开元十一年九月，由此便可推测，改革的意向酝酿于开元九年到十一年之间。据《旧唐书》卷一九二《隐逸·司马承祯传》载："开元九年，玄宗又遣使迎入京，亲受法箓，前后赏赐甚厚。十年，驾还西都，承祯又请还天台山，玄宗赋诗以遣之。"④ 因此，从时间上看，司马承祯确实有可能在血祭问题上对玄宗产生影响。

2. 在前引开元十二年十一月诏之后，玄宗又于开元十四年六月"以久旱，分命六卿祭山川。诏曰：……但羞苹藻，不假牲牢，应缘奠祭，尤宜精洁"⑤。这种因旱祈祀不用牲牢的做法，并非没有被《开元礼》接受，如《开元礼》卷三《序例下·祈祷》载："凡京都孟夏已后旱，则祈岳镇海渎及诸山川能兴云雨者于北郊，……祈用酒脯醢。"⑥ 同书卷六十六《吉礼·时旱祈岳镇于北郊》所载祝文称："谨以清酌、脯醢，明荐于东方山川，尚飨。"⑦ 同书卷六十七《吉礼·时旱就祈岳镇海渎》所载祝文称："谨以制币、清酌、脯醢，明荐于神，尚飨。"⑧ 因此，在血祭问题上，《开元礼》虽然在州县释奠和祭祀社稷之仪上"仍准旧礼"，但在山川祭祀上已出现了折衷儒、道的倾向。雷闻认为："对于国家祭祀，道教一直试图加以改造，然天地、宗庙之祭祀直接涉及王朝

① 吴丽娱：《新制入礼：〈大唐开元礼〉的最后修订》，《燕京学报》新19期，北京大学出版社，2005年，第61—63页。

② 《册府元龟》卷一四四《帝王部·弭灾二》，第1751页。

③ 《册府元龟》卷三十三《帝王部·崇祭祀二》，第359页。

④ 《旧唐书》卷一九二《隐逸·司马承祯传》，第5128页。

⑤ 《册府元龟》卷一四四《帝王部·弭灾二》，第1752页。

⑥ 《大唐开元礼》卷三《序例下·祈祷》，第32页。

⑦ 《大唐开元礼》卷六十六《吉礼·时旱祈岳镇于北郊》，第348页。

⑧ 《大唐开元礼》卷六十七《吉礼·时旱就祈岳镇海渎》，第350页。

的正统性，难度太大，从岳渎祭祀开始改造或许要容易些。”[①] 从《开元礼》的编纂来看，此点确实有所体现。但是若将它归结为儒家与道教之间的角力，为何体现尊崇儒家圣人的释奠之礼最先被施以改革，且迟至开元二十五年立法，州县释奠才改用“明衣牲牢”？

刘禹锡提倡县学不用牲牢祭祀的理由是“《祭义》曰：‘祭不欲数。’《语》云：‘祭神如神在。’与其烦于旧飨，孰若行其教道”[②]，亦即祭祀不必奢靡浪费，尊仰孔子之道不在繁文缛节的祭仪，而应是推行夫子的“教道”。他以开元敕旨作为立论依据，认同玄宗推行酒脯之祭的做法，这便提示了玄宗改制的崇俭用意。早在先天二年（公元713年）八月，玄宗曾颁布敕旨称：“《礼》曰宁俭，《书》戒无逸。约费啬财，为国之本……自徇于奢，是不戒也；心劳于伪，是不经也。”[③] 开元十二年正月，又下敕曰：“是以所服之服，俱非绮罗；所冠之冠，亦非珠翠。若弋绨之制、大帛之衣，德虽谢于古人，俭不忘于曩哲。庶群公观此，当体朕之不奢。”[④] 这种崇俭之风，完全符合孔子所谓“礼，与其奢也，宁俭。丧，与其易也，宁戚”[⑤] 的儒家之道。只不过，这种崇俭之道一旦与更高位的儒家原则相冲突，如不用牲牢祭祀对于血祭传统的违反，便会遭到抵制，上述开元中期有关牲牢祭祀的政策反复即为体现。至天宝三年（公元744年），玄宗再度颁布诏敕：“祭必奉牲，礼有归胙。将兴施惠之教，以广神明之福。比来胙肉，所进颇多，自兹以后，即宜少进。仍分赐祭官，及应入衙常参官厨共食。”[⑥] 这或许体现出玄宗的无奈：既然祭祀用牲是礼的要求，不能更改，那么就减少供给的胙肉数量，以达到“不资于广杀”[⑦] 的目的，在崇俭与守礼之间实现平衡。

总之，笔者以为，开元年间有关祭祀方式的改革，既有道教、儒家之间围绕血祭进行斗争的背景，亦需考虑玄宗的崇俭倾向。

---

① 雷闻：《五岳真君祠与唐代国家祭祀》，载荣新江主编《唐代宗教信仰与社会》，第64页。

② 《刘禹锡集》卷二十《奏记丞相府论学事》，第253页。

③ 《册府元龟》卷五十六《帝王部·节俭》，第625页。

④ 《册府元龟》卷五十六《帝王部·节俭》，第626页。

⑤ 程树德撰，程俊英、蒋见元点校：《论语集释》卷五《八佾上》，中华书局，1990年，第145页。

⑥ 《唐会要》卷二十三《牲牢》，第447页。

⑦ 《唐会要》卷二十三《牲牢》，第447页。

三、《开元礼》的《序例》与五礼仪注

《开元礼》由三卷《序例》与五礼仪注正文两个部分构成，“《序例》各项显然不是吉、宾、军、嘉、凶五礼中某一具体的仪注，却是诸多礼仪都要涉及或共有的礼则”，“是通用之礼，是礼中之礼”①。既然《序例》在一定程度上起着统领五礼仪注的功能，那么二者自然需要保持内容的一致性。如上文所述，由于《序例》中称释奠与州县祭社稷“准旧礼为定”，所以即使当时存在改革旧礼的新制，吉礼仪注也一仍其旧，并未吸收新制，从而保持了《开元礼》这一礼典的内在统一性。然而，《开元礼》毕竟成诸众手，且编纂过程历时数载，《序例》与五礼仪注之间并非全无异处，这就对唐令复原造成了又一困扰。

《天圣令·丧葬令》宋 18 载：

> 诸四品以上用方相，七品以上用魌头。方相四目，魌头两［目］，并深清（青）衣朱裳，执戈扬盾，载于车②。

对于此条，用以复原唐令的基本资料有以下两种：

> 《开元礼》卷三《序例下·杂制》：凡四品以上用方相，七品以上用魌头③。
>
> 《唐六典》卷十八《鸿胪寺》“司仪署”条注：其方相四目，五品已上用之；魌头两目，七品已上用之。并玄衣、朱裳，执戈、楯，载于车④。

---

① 吴丽娱：《以法统礼：〈大唐开元礼〉的序例通则——以〈开元礼·序例〉中的令式制敕为中心》，载徐世虹主编《中国古代法律文献研究》第 4 辑，第 182—183 页。

② 天一阁博物馆、中国社会科学院历史研究所天圣令整理课题组校证：《天一阁藏明钞本天圣令校证　附唐令复原研究》（以下简称《天圣令校证》），中华书局，2006 年，第 355 页。以下凡涉《天圣令》条文者，皆引自该书“校录本”。

③ 《大唐开元礼》卷三《序例下·杂制》，第 34 页。

④ 《唐六典》卷十八《鸿胪寺》，第 508 页。

除去《开元礼》节略了“并玄衣……载于车”一句外，唐代两种史籍的记载差别仅在于“四品以上用方相”还是“五品已上用之”。仁井田陞从《唐六典》复原为“五品已上”①；吴丽娱则认为“方相之用当以四品划限而非五品”②，其依据除了《天圣令》宋18的令文外，还有《隋书》卷八《礼仪志三》所载《开皇礼》：“四品已上用方相，七品已上用魌头。”③ 陈寅恪曾指出：“唐高祖时固全袭隋礼，太宗时制定之贞观礼，即据隋礼略有增省，其后高宗时制定之显庆礼，亦不能脱此范围，玄宗时制定之开元礼，乃折中贞观、显庆二礼者，故亦仍间接袭用隋礼也。”④ 从方相之用所限官品来看，《开元礼》便承袭了《开皇礼》。而之所以《唐六典》所载为“五品已上”，便存在两种可能性的解释：存在讹误和制度变迁。

《开元礼》卷一三九《凶礼·三品以上丧之二》“陈器用”载：

> 启之夕，发引前五刻，捶一鼓为一严。（无鼓者，量时行事。）陈布吉凶仪仗，方相、（黄金四目为方相。）志石、大棺车及明器以下，陈于柩车之前⑤。

同书卷一四三《凶礼·四品五品丧之二》“陈器用”载：

> 启之夕，发引前五刻，捶一鼓为一严。（无鼓者，量时行事。）陈布吉凶仪仗，方相、（黄金四目为方相。）志石、大棺车及明器以下，陈于柩车之前⑥。

同书卷一四七《凶礼·六品以下丧之二》“陈器用”载：

> 启之夕，发引前五刻，陈布吉凶仪仗。魌头、志石、大棺车（六品以

---

① ［日］仁井田陞：《唐令拾遗》，第823页。
② 《天圣令校证》，第689页。
③ （唐）魏徵等撰：《隋书》，中华书局，1973年，第156—157页。
④ 陈寅恪：《隋唐制度渊源略论稿》，生活·读书·新知三联书店，2001年，第68页。
⑤ 《大唐开元礼》卷一三九《凶礼·三品以上丧之二》，第664页。
⑥ 《大唐开元礼》卷一四三《凶礼·四品五品丧之二》，第687页。

下设魌头之车。魌头两目。）及明器以下，陈于柩车之前[①]。

根据上述凶礼仪注，五品以上用方相，“黄金四目”，六品以下用魌头，“两目”[②]。与此相应，在《开元礼・凶礼》中，五品以上丧的“器行序”都是“先灵车，后次方相车”，“方相以下驾士驭”[③]，但六品以下丧的“器行序”是“先灵车，后次魌头车”[④]。这便与《序例》所载四品为使用方相之限的规定有别，而与《唐六典》相同。

考虑到这一点，我们似乎就无法遽称《唐六典》的“五品”为讹误，复原唐令时也不能径断“四品”为限，《开元礼》的《序例》与凶礼、《唐六典》所据的制度或许并非制定于同一时期。目前学界基本认为，《天圣令》基本以《开元二十五年令》为蓝本制定，但也夹杂了唐代中后期的制度[⑤]，既然《天圣令》以“四品”为限，或许“四品以上用方相”是《开元二十五年令》的规定，而《唐六典》和《开元礼》凶礼的文字是按照《开元七年令》撰定，在开元七年定令以后，唐廷曾经颁布过相关诏敕，先为《开元礼・序例》所吸收，再进一步升格为唐令。

在《开元礼》中，有关同一礼仪的规定，《序例》与仪注存在差别，其实并非仅此一例。如《开元礼》卷三《序例下・杂制》载：“五品以上，纛竿九尺；六品以上，长五尺。”[⑥] 若以字面理解，纛竿长五尺的适用主体只有六品（“以”字含本数）。但《开元礼》卷一四七《凶礼・六品以下丧之二》“进引”“举柩”分别涉及执绋者、执铎者、执旌者、执翣者，却未见执纛者，“器行序”中仅见铭旌、铎，也未见纛[⑦]；只有五品以上丧的“进引”“举柩”（三品以上称“引輴”）部分明确规定了执纛者的角色，“器行序”中

---

① 《大唐开元礼》卷一四七《凶礼・六品以下丧之二》，第708页。

② 《通典》卷一三九《礼九九・开元礼纂类三四・凶礼六・三品以上丧中》“陈器用”注文亦载：“黄金四目为方相。六品以下设魌头之车，魌头两目。”（第3536页）

③ 《大唐开元礼》卷一三九、卷一四三，第665、688—689页。

④ 《大唐开元礼》卷一四七，第709页。《通典》卷一三九《礼九九・开元礼纂类三四・凶礼六・三品以上丧中》“器行序”亦载：“先灵车，后次方相车，（六品以下魌头车也。）”“方相以下驾士驭……六品以下魌头，无驾士。”（第3539页）

⑤ 相关讨论，参见赵晶《〈天圣令〉与唐宋法典研究》，载徐世虹主编《中国古代法律文献研究》第5辑，第254—257页。

⑥ 《大唐开元礼》卷三《序例下・杂制》，第34页。

⑦ 《大唐开元礼》卷一四七《凶礼・六品以下丧之二》，第708页。

也存在纛[①]。由此可见，在凶礼的仪注中，六品以下的丧礼里根本不存在纛，为何《序例》会出现“六品以上，长五尺”呢？

《唐六典》卷十八《鸿胪寺》“司仪令”条注载：“其纛五品已上竿长九尺，六品以下五尺。”而《天圣令·丧葬令》宋19载：“诸纛，五品以上，其竿长九尺；以下，五尺以上。”[②] 按照前述学界对《天圣令》所据蓝本的通说，据此复原的《开元二十五年令》应该也是“六品以下五尺”[③]。从常理而言，“五品以上……六品以上……”的结构只能导致后一种情况仅适用于六品这一个等级，既然如此，径称“六品”即可，“以上”便是赘文。若是采用前文所述“对校法”，便可发现《开元礼·序例》所载“六品以上”的记载源自洪氏公善堂校刊本[④]，根据文渊阁本，此处为“六品以下”[⑤]。

既然《序例》《唐六典》所载皆是“六品以下”用五尺纛，且此文又可能是《开元二十五年令》的规定，那么在开元七年之后，唐廷可能颁布过更定旧礼（六品以下无纛）的新制，此制为《序例》所吸收，而《开元礼》凶礼仪注却没有随之更新[⑥]。

丧葬规格所涉细节虽然都显得相当琐碎，但与日常生活密切相关，故而唐廷不惜牺牲法律稳定性的要求，一再地进行调整。如《唐会要》卷三十八《葬》载：

---

① 《大唐开元礼》卷一三九、卷一四三，第664—665、687—689页。《通典》卷一三九《礼九九·开元礼纂类三四·凶礼六·三品以上丧中》“进引”亦载：“六品以下无纛，下皆准此。”（第3537页）

② 《天圣令校证·丧葬令》，第355页。

③ 仁井田陞复原为《开元七年令》，参见《唐令拾遗》，第823页；吴丽娱先是认为应从《开元礼》之文复原唐令，即“六品以上长五尺”，后来又修改了这一看法，倾向于按照“六品以下长五尺”复原，分别参见《天圣令校证》，第689页；吴丽娱《唐朝的〈丧葬令〉与唐五代丧葬法式》，《文史》2007年第2辑，第94页；吴丽娱《关于唐〈丧葬令〉复原的再检讨》，《文史哲》2008年第4期，第94页。

④ 文津阁本亦同。参见《大唐开元礼》（文津阁本），第613页。《校勘记》则记为“娄本九下脱尺六二字”，换言之，娄本的原文应是“五品以上纛竿九品以上长五尺”，若以此句脱“九尺”二字为思路，则可标点为“五品以上，纛竿［九尺］；九品以上，长五尺”，这就与“六品以下，长五尺”同义。

⑤ 《大唐开元礼》（文渊阁本），第66页。

⑥ 当然，还存在另外一种可能：《开元七年令》也规定了六品以下用纛，《序例》所载来自此令，而凶礼仪注未加更改。这种礼、令不一的现象，亦非《开元礼》特有，如史睿以《显庆礼》为例，分析礼、令之间的差异，参见氏著《〈显庆礼〉所见唐代礼典与法典的关系》，［日］高田时雄编：《唐代宗教文化與制度》，京都大学人文科学研究所，2007年，第121—127页。

> 开元二十九年正月十五日敕：古之送终，所尚乎俭。其明器墓田等，令于旧数内递减。三品以上，明器先是九十事，请减至七十事；五品以上，先是七十事，请减至四十事；九品以上，先是四十事，请减至二十事；庶人先无文，请限十五事①。

而《唐六典》卷二十三《将作监》“甄官令”条载：“凡丧葬则供其明器之属，三品以上九十事，五品以上六十事，九品以上四十事。”②《开元礼》卷三《序例下·杂制》载：“凡明器，三品以上不得过九十事，五品以上六十事，九品以上四十事。”③

其中，开元二十九年所颁之敕称“五品以上，先是七十事”，因此若非史籍有误，开元二十五年《丧葬令》的规定可能是“七十事”，而《唐六典》与《开元礼》所载“六十事”，就可能是开元七年《丧葬令》的规定。若暂且不论此点，开元二十五年定令以后，至开元二十九年便迅即以敕改令，那么前述开元七年至开元二十五年之间的变动，便也在常理之中了。

而且，根据开元二十九年敕，原本唐令并未涉及庶人使用明器的情况，这并非是对庶人不加限制，而是秉诸“礼不下庶人”的心态，不把庶人置于使用明器的行列之中。敕文之所以规定庶人使用明器限十五事，只能是因为庶人仿照有品之官，大兴厚葬之风，立法的目的是让庶人在法定的范围内使用明器，从而贯彻俭葬，“古之送终，所尚乎俭”。与此同理，前述《开元礼》凶礼仪注规定六品以下无纛，《序例》与《唐六典》规定六品以下纛长五尺，这也未必是提升六品以下官的丧葬待遇，毋宁是通过法定的方式来加以限制。所以，无论是将使用方相的官品下限从五品提升至四品，还是规定六品以下用五尺之纛，或许都是《开元二十五年令》抑制厚葬之风的一种措施，与前述玄宗的崇俭之道相合。

此外，丧葬规格涉及诸多方面，并非每个层面都保持同步增减的势态，相关标准亦随时被加以调整。如《唐会要》卷三十八《葬》载：

---

① 《唐会要》卷三十八《葬》，第693页。

② 《唐六典》卷二十三《将作监》，第597页。

③ 《大唐开元礼》卷三《序例下·杂制》，第34页。

> （元和）六年（公元 811 年）十二月，条流文武官及庶人丧葬：三品已上，明器九十事……方相车除载方相外，及魂车除幰、网、裙帘外，不得更别加装饰，并用合辙车。纛竿九尺，不得安火珠、贴金银、立鸟兽旗幡等。五品已上，明器六十事……并无朱丝网络、方相，用魌头车，纛竿减一尺，魂车准前。九品已上，明器四十事……纛竿减一尺，帏额、魌头、魂车准前……庶人，明器一十五事……帏额、魌头车、魂车准前①。

据此，使用方相的群体被限缩到三品以上，但使用魌头的群体则扩大至庶人；而使用九尺之纛的群体被限缩至三品以上，六品以下所用之纛却加长到七尺。至于明器的数量规格，除了庶人以外，又回归到《唐六典》和《开元礼》的标准。到了会昌元年（公元 841 年）十一月，御史台奏请条流京城文武百僚及庶人丧葬事时，丧葬规格又是一变：

> 三品以上，輀用阔辙车，方相、魂车、志石车并须合辙……明器并用木为之，不得过一百事……五品已上，輀车及方相、魂车等同三品……明器不得过七十事……九品已上，輀车、魂车等并同合辙车，其方相、魌头并不得用楯车及志石车②……明器不得过五十事……工商百姓、诸色人吏无官者、诸军人无职掌者，丧车、魌头同用合辙车……其明器任以瓦木为之，不得过二十五事③。

在这一规格中，方相的使用群体被扩展至五品以上，而且各个群体所能使用的明器数量则较开元、元和为多。

总之，法定的丧葬规格无法保持固定不变，调整的内容、幅度会随着社会现实的不同而发生变化，即使是为了达到抑制厚葬的相同目的，所采用的标准也会有高低起伏，若非如此，便会发生“虽诏命颁下，事竟不行”④ 的后果。由此可见，前文推测《开元七年令》所定“五品以上用方相”与《开皇礼》的

① 《唐会要》卷三十八《葬》，第 695—696 页。

② “輀车、魂车等并同合辙车，其方相、魌头并不得用楯车及志石车”有错乱，疑为“輀车、魂车、魌头等并同合辙车，并不得用方相、楯车及志石车”。

③ 《唐会要》卷三十八《葬》，第 697—698 页。

④ 《唐会要》卷三十八《葬》，第 695 页。

"四品以上用方相"有别，而《开元二十五年令》修改《开元七年令》，再次回归《开皇礼》的标准，如此反复的修法过程其实并非唐代立法的特例。

四、结　语

《开元礼》作为唐令复原所依据的最重要的文献之一，在唐令复原研究进入精耕细作的今天，尤应被更加细致地加以利用。本文立足于对若干复原成果的检证，提供一些可能性的猜测，大致可以作如下总结：

第一，当《开元礼》所载文字与其他文献出现差异时，首先应当综核各种可入手的版本，从而确定其记载本身是否存在讹误或缺省，如前文所列举的《唐令拾遗补·卤簿令》一丙［开七］和《天圣令·丧葬令》宋 19 的复原。

第二，在考虑记载本身是否有误的同时，亦应注意《开元礼》所载之制并非纯粹是开元七年的立法成果，其中杂糅着开元二十年以前随时颁布的新制。而且，面对随时颁布的新制，《开元礼》的《序例》与五礼仪注的更新也未必完全同步，存在《序例》适时修改而五礼仪注未曾修订的可能，如前文所列举的《天圣令·丧葬令》宋 18 的复原。

第三，对于开元七年之后颁布的、明确标有"永为常式"等字样的新制，无论是《开元礼》的《序例》还是五礼仪注，都可能不加吸收，仍然"准旧礼为定"，而且这些新制有可能随时被废止，未必会成为开元二十五年立法的一部分。由于史籍缺载，当时纷繁复杂的立法争议或已湮没无闻，如开元二十五年有关"明衣牲牢"的《学令》。

总而言之，当不同文献针对同一事项出现记载差异时，我们至少需要考虑两种可能：文字错讹与制度变迁。若可通过版本比对、辅以相应理据而判定为前者，则予以简单订误即可；若是文献中留有蛛丝马迹，通过逻辑推演，足可证成后者，那么便可将它们标记为年代不同的两条唐令。只不过，在具体的研究当中，因为存在太多"变量"，如令、式难辨和礼、令不同等，我们很难找到放诸四海而皆准的"规律"，也未必能够排除其他各种可能性。更何况，目前学界对于《开元礼》的细致研究仍嫌不足，尤其是尚未进行梳理版本源流、通校文字差异等基础性的文献工作，因此本文所述不过是一个开始而已。

京都大学附属图书馆藏平松文库《通典》钞本校考

陆 帅 南京师范大学社会发展学院

《通典》，唐杜佑撰，记载了唐天宝以前历代政治、经济、礼仪、州郡等诸多方面典章制度的沿革损益。是书体例完备、取材丰富，是治中古史、古代制度史不可或缺的典籍之一。

现存最早的《通典》刻本是日本宫内厅书陵部所藏北宋本，之后又有南宋、元、明、清等诸多系统的版本①。20世纪末，中华书局以浙江书局本为底本，参以北宋本、傅增湘校本、明刻本、明钞本、武英殿本等诸版本，出版了点校本《通典》②（以下简称点校本），为该书的文献学研究打下了扎实的基础。然而由于种种因素，当时尚有诸多藏于海外的刻本、钞本未能加以参照，殊为憾事。京都大学附属图书馆所藏平松文库《通典》钞本残卷（以下简称平松本），就是其中之一。有鉴于此，本文试图通过对该钞本的考校，分析其所据版本系统、文献价值，以冀对《通典》的文献学研究有所帮助。

一、文献的基本情况

平松文库来自日本平松氏家族收藏的古籍、文书。平松氏的远祖为西洞院时庆，江户时代初时庆次子时庸从宗家分离，自立为平松家。此后至明治时

---

① 关于《通典》诸版本的特点、价值与传承关系，参见［日］尾崎康《通典北宋版および诸版本について・宋刊本》，载《通典：北宋版・别卷》，汲古书院，1980年，第5—15页。

② （唐）杜佑撰，王文锦、王永兴、刘俊文、徐庭云、谢方点校：《通典》，中华书局，1988年。

代，该家族一直作为朝廷高官活跃。明治四十三年（公元 1910 年），平松时厚委托京都大学保管家族世代所藏图书，大正三年（公元 1914 年）年 11 月，书籍入库，自此平松文库正式成立[①]。

平松家世代负责掌管朝廷的日常记录，被称为“日记之家”。因此平松文库中与朝廷仪式、典礼有关的文书、书籍尤为丰富[②]。平松本的主要内容是《通典・礼・凶礼》中的丧服制度，或许与该家族的日常活动有关。

平松本《通典》入藏京大图书馆已有年月，但学界对其关注较为有限。尾崎康在北宋版《通典》的解题中介绍了诸多版本，未及此本[③]。严绍璗《日藏汉籍善本书录》亦不涉及该本[④]。截至目前，针对该钞本的解题、研究亦较为缺乏[⑤]。据笔者所了解的信息，平松本《通典》尚未影印出版，京大方面也没有进行资料数字化处理。故在此先就其形态、内容等方面作一简介。

平松文库共分十个门类，第八门为汉籍类，该钞本即属其中，编号ツ-1。钞本长 25 厘米，宽 18 厘米。每半叶墨写十行，行二十三字，无界。注文双行小字，行亦二十三字。版心上部墨写该卷名称之略写，如“凶”“兵”，其下为卷数、叶数（每卷皆重新编号），偏下部均有一细长墨点，位置大致相同，装订后较为整齐。

《通典》全二百卷，此本为卷八十八至九十五全卷、卷一百五十一之一部。卷八十八至九十五属《礼典・凶礼》，均与丧服有关；卷一百五十一为《兵典》。钞本中有 A、B 两种字迹，其中大部分为 A 字体，楷书，笔意雅正，较为正式，应出自专门的抄书人之手。卷九十二的第七叶与卷九十三第十二叶最右一行为 B 字体，较 A 字体要小，行书，笔意潦草。不过仍为墨写十行，行二十三字，是后人补写的可能性较大。卷九十四的第六到七叶“妻已亡为齐父母

---

① 更为详细的情况参见京都大学附属图书馆编《京都大学附属图书馆六十年史》，京都大学附属图书馆，1961 年，第 200—202 页。

② 平松文库所藏书籍的情况参见京都大学附属图书馆编《平松旧蔵本分类目录》（该目录为非正式出版物）。

③ 参见［日］尾崎康《通典北宋版および诸版本について・诸版本》，载《通典：北宋版・别卷》，第 17—41 页。

④ 参见严绍璗《日藏汉籍善本书录》，中华书局，2007 年，第 656—660 页。

⑤ 笔者翻阅京都大学人文科学研究所东洋学文献センター编《东洋学文献类目》诸册（1934—2012），并检索日本国立情报研究所数据库：NII 学术情报ナビゲータ（简称 CINII），皆未觅得相关研究文章。

服议”一节有句读（蓝色颜料），说明曾有人阅读过这一部分①。

钞本卷首有“京都帝国大学之印”及附属图书馆印，此外无印迹。卷中、卷末亦无书写年月、书写者名、校刊者等信息，难以判明所据版本。在外部线索有限的情况下，只能从文本本身出发去寻找答案。点校本《通典》取宋、明、清诸版本相互对校，择善而从，是目前最具参考价值的版本。故取之与平松本试加以校勘，以明其文本特点。

二、文本校异

校勘凡例：

1. 以中华书局点校本《通典》为底本，与平松本《通典》两相校勘，有异文则出校。先标明中华书局点校本之页码，后列异文，其下按语。

2. 平松本与诸版本的文本异同在下一章作专门分析，校记中如考证需要则述之，一般情况不述。

3. 笔画错误、错字等系书写讹误者，概不出校。

4. 多次出现的异体字，如“己”“已”皆作“巳”，“免”皆作“絻”等，为助读者了解其原貌，于首例出校，按语说明情况，其后同例者不录。

5. 点校本据他书或己意改动原文，与《通典》诸版本无涉者，概不出校。

6. 编号格式为“序号.页码”的形式，如“1.2417”者，意为校记第一条，原文在中华书局点校本第2417页；如“8.2423-2424”者，意指此为校记第8条，原文在中华书局点校本第2423—2424页。

1. 2417。礼第四十八　沿革四十八　凶礼十

按：平松本标题无“沿革四十八”五字，“凶礼十”作“凶十”。又此处点校本未出校，检原书，北宋本无“凶礼十”此类标题，“沿革四十八”为双行

① 需要说明的是，与平松本《通典》装订为一册的还有《新唐书》写本残卷，为卷四十四至四十六全卷，卷四十七之一部。卷四十四、四十五为《选举志》（上、下），四十六、四十七为《百官志》（一、二），墨写十二行，行二十五字，注文双行小字，行三十七字。版心有叶数（每卷皆重新编号），偏下部均有一细长墨点，位置颇有参差，装订后不齐整。字迹只有一种，行书，较A字体迥然有别，较B字体虽大小相似，但笔意不同。两写本的纸张新旧、颜色亦略有差异，可见它们仅是后来被人为装订在一起，原本没有关系，并非出自一人之手。

小注，在“礼第四十八”下；殿本、局本亦无“凶礼十”，且“礼第四十八”下有“唐京兆杜佑君卿纂”八字。以下诸卷皆同，不再出校。

2. 2418。有采地者皆曰君也。

按：平松本“采”作“菜”，为通假字，诸卷皆同，不再出校。

3. 2419。欲崇君臣而复纠其罪。

按：平松本“崇”作“从”。此段是陈群关于王国官是否当为国王服斩缞的议论，“崇”“从”皆可通，似“崇”文意更优。

4. 2419。况剖符帝臣而称臣妾于藩王。

按：平松本“藩”作“蕃”，为异体字，以下诸卷皆同，不再出校。

5. 2420。天朝释乎上，而欲藩国服乎下。

按：平松本“释”作“吉”。古人丧期结束后称为吉，如《宋书》卷十五《礼志二》：“诏曰：‘夫三年之丧，天下之达礼也。受终身之爱，而无数年之报，奈何葬而便即吉，情所不忍也。’”[1] “释”文义亦通，但据点校本校勘记，此处《晋书》卷六十《李含传》、北宋本、明钞本作“告”，傅校本、明刻本作“吉”[2]。“告”显系“吉”之误写，可见古本此处均作“吉”，局本作“释”，颇疑为清人擅改。

6. 2420。独遂于下，甚不可安。

按：平松本“于”作“干”，该钞本中“于”多异写为“干”，诸卷皆同，不再出校。

7. 2422。奏令释服，亦无余疑。

按：平松本“奏令”下有“含”，作“奏令含释服”，文意更优。

8. 2423—2424。周制，为人后者三年，……为所后之亲如亲子也。

按：平松本此一节归入“孙为祖持重议”中，在“晋侍中庾纯”之前。据点校本校勘记，此处诸本多有不同[3]。具体讨论见下章。

9. 2424。妇人天夫，故曰至尊。

按：平松本作“妇人夫夫”。《春秋左氏传注疏》卷七《桓公十五年》杜预

① （梁）沈约撰：《宋书》卷十五《礼志二》，中华书局，1974 年，第 391 页。

② 《通典》卷八十八《礼四十八・凶礼十》校勘记第十二条，第 2433 页。

③ 《通典》卷八十八《礼四十八・凶礼十》校勘记第三十四条，第 2434—2435 页。

注云："妇人在室则天父，出则天夫。"[①] 则"天夫"为是，讹写为"夫夫"，平松本误。

10. 2429。谓父祖并有废疾不得受国。

按：平松本"并"均作"竝"，诸卷皆同，不再出校。

11. 2430。按小记云"庶子不得为长子斩"。

按：平松本脱以上十二字。

12. 2431。又未有子侄相继，疑于祭事。

按：平松本"事"作"祀"，两者皆通，似"事"文意更优。

13. 2431。今见有诸孙，而事无后，甚非礼意。

按：平松本"事"作"祖"。此段议论皆围绕祭事展开，不及承嗣之事，故"事"字更宜。

14. 2431。裴松之答何承天书云。

按：点校本中"云"字于平松本中多作"曰"，点校本中"曰"于平松本中多作"云"，如卷九十一"雷次宗曰：公羊传云"，平松本作"雷次宗云：公羊传曰"[②]。后类似者不再出校。

15. 2438。父卒为嫁母服

按：平松本此标题"嫁母服"后有"议"字，与书中同类标题一致，是。点校本此处脱。

16. 2438。齐缞三年

按：平松本此标题后有小注"周"。又此题目下文本有错简，平松本"周制，母为长子……而侄娣亦从而出"一段在"前妻被掠没贼后得还后妻之子为服议"中"李为正嫡应服，居然有定"之后。"周制，祖父卒而后为祖母后三年……可谓殊途而同谬者矣"一段入"为高曾祖母及祖母持重服议"中，在"晋刘智释疑答问"一段之前。据点校本校勘记，此处各版本均有错简[③]。具体讨论见下章。此外，点校者据各本复原后的"齐缞三年"全引《周礼》，与平松本的题目小注"周"合，可为点校本复原正确之证。

---

① 本文所引十三经皆为清人《十三经注疏》本，下不出注。

② 《通典》卷九十一《礼五十一·凶礼十三》，第2492页。

③ 《通典》卷八十九《礼四十九·凶礼十一》校勘记第四条，第2456页。

17. 2441。亦为祖没，则己父受重于祖父。

按：平松本“没”作“殁”，钞本中此例甚多，诸卷皆同，不再出校。

18. 2441。后妻子为前母服议。小注：前母卒在异国。

按：平松本“前母卒在异国”左侧另起一行，有“后汉”“晋”。此节议论全与后汉、晋两朝有关，则平松本是。

19. 2443。开争长乱，不可以训。

按：平松本脱“争”，“开”与“长”之间为一格空白。钞本中此类情况共7处，不再出校。

20. 2449。子孙之妻亡殁，下房几筵。

按：平松本“几筵”作“筵几”。文献中两词皆有，均与丧礼有关。如《礼记注疏》卷十《檀弓下》：“虞而立尸，有几筵。”《礼记注疏》卷五十六《奔丧》引《礼记正义》：“时者谓以筵几在堂，不应入门。”

21. 2449。土无二君，家无二尊，以一治之也。

按：平松本“治”作“理”。唐代避高宗李治讳，“治”当作“理”，平松本是。

22. 2452。天下士庶出母终者，令制服三年。

按：平松本脱“士庶”，“令”作“全”，文义不通，误。

23. 2453。父卒母嫁复还及庶子为嫡母继母改嫁服议

按：此标题平松本在“周制，父卒，继母嫁”之前，据点校本校勘记，明刻本、王吴本、局本、殿本与之同，似误，校勘记已有考证[①]。

24. 2470。为小君服者，恩深于民也。

按：平松本“民”作“人”。唐代避太宗李世民讳，如改“民部”为“户部”，“民风”作“人风”，则平松本是。

25. 2470。诏书侍御史喻希表弹其失礼。

按：平松本“诏”作“治”。该段议论为晋代事，据《晋书》卷二十四《职官志》，晋官制有治书侍御史，可见原当为“治”[②]。然唐避高宗李治讳，点校本“治”作“诏”，不误。

---

① 《通典》卷八十九《礼四十九·凶礼十一》校勘记第六十七条，第2462页。

② （唐）房玄龄等撰：《晋书》卷二十四《职官志》，中华书局，1974年，第738页。

26. 2473。筑宫庙于家之外。

按：平松本“家”字后有“门”。同卷“齐缞不杖周”一节中相似文字亦作“家之门外”，又《仪礼注疏》卷三十一《丧服》作“于家门之外”，未知孰是。疑点校本脱“门”字。

27. 2479。吾谓仕者岂以后绝前邪。

按：平松本“邪”作“耶”，此例甚多，“琊”亦作“瑘”，诸卷皆同，不再出校。

28. 2487。为众子妇

按：平松本此标题“妇”作“附”，不过后文中同标题作“为众子妇”。又此标题文义有缺，之后正文仅“大唐贞观十四年，加与兄弟子妇同为大功九月”一句，于理不通。而此前一节为“大功成人九月”，专叙为姑姊妹女子、同母异父昆弟服大功之事，与该句属同一内容。颇疑该标题原为“大功成人九月”之小注，作“为众子妇附”。

29. 2493。妾为君之党服与女君同。

按：平松本“为君”作“为女君”。检《仪礼注疏》卷三十二《丧服》：“传曰：‘何以大功也，妾为君之党服得与女君同。’”则平松本误，“女”系衍文。

30. 2493。士之妾为君之众子亦周。

按：平松本作“为女君之众子周也”。据《仪礼注疏》卷三十《丧服》：“众子者，长子之弟及妾子，女子子在室亦如之。”则“女君之众子”不通，平松本误，“女”系衍文。

31. 2494。以各其义故也。

按：平松本“各”字下有一墨钉，作“以各□其义故也”，无脱文。平松本中有错字处多用白石灰覆之重写，且该行前后仍作二十三字，并无调整，故此墨钉当系平松本所据版本原有，抄写者照录之。

32. 2505。袒免，为哭位也。

按：平松本“免”作“絻”，其下诸卷皆同，不再出校。

33. 2515。谨按旁尊之服，礼无不报。

按：平松本“旁”作“傍”，检《旧唐书》卷二十七《礼仪七》，亦作“旁尊之服”[①]，则平松本为异写。又平松本中“旁”多作“傍”，诸卷同，不再出校。

---

① （后晋）刘昫等撰：《旧唐书》卷二十七《礼仪志七》，中华书局，1975 年，第 1021 页。

34. 2516。从于君母而舅服之，君母在则不敢不从。

按：平松本无“舅”，第二个“君母”无“君”字。检《礼注注疏》卷三十三《丧服》，与点校本文字同，则平松本误，“舅”“君”系脱文。

35. 2516。从母往为之服。

按：平松本“往”作“在”。“往为之服”似文意不通。该句前有“君母在则不敢不从，卒则不服”一句，叙君母。此句叙从母，结构当与之一致，作“从母在，为之服”文意可通，疑平松本是。

36. 2516。舅之妻及堂姨舅　小注：大唐

按：平松本无小注“大唐”二字。

37. 2517。两妾相为服　小注：晋

按：平松本无小注“晋”。

38. 2517。两妾相为服否？

按：平松本中“否”多作“不”，诸卷皆同，不再出校。

39. 2523。诸侯大夫降服议

按：平松本卷首无此标题，然正文中有此一节并标题，系脱。

40. 2523。公子为其母服议

按：平松本“议”字脱。

41. 2526。所以继人臣之心也。

按：平松本“继”作“系”。据点校本校勘记，此处诸本有作“继”者，有作“系”者[①]。两字似皆通，未知孰是。

42. 2529。汉魏故事无五等诸侯之制。

按：平松本无“魏”字。此节先叙周制，后叙魏制、晋制，则此处当叙汉制。又据《三国志》卷四《三少帝纪》“咸熙元年……夏五月庚申，相国晋王奏复五等爵”；卷十《荀彧传附荀霬传》：“咸熙中，开建五等，霬以著勋前朝，改封恺南顿子。”[②] 可知曹魏有五等爵制，故“汉故事”为宜，平松本是。

43. 2529。君为姑姊妹女子子嫁于国君者。

按：平松本脱“姊”字，误。

---

① 《通典》卷九十三《礼五十三・凶礼十五》校勘记第十九条，第2537页。

② （晋）相安、（汉）陈寿撰，（宋）闻喜、裴松之注：《三国志》卷四《三少帝纪》，中华书局，1959年，第150页；卷十《荀彧传附荀霬传》，第319页。

44. 2531。而三降之典不行同矣。

按：平松本“行”作“复”。此段议论是说汉魏不再尊用周代的丧礼制度，故“不复同矣”文意更通，平松本是。

45. 2541。奔丧及除丧而后归制　小注：周　晋

按：平松本无小注“周”“晋”二字。

46. 2541。周制，奔丧之礼。

按：平松本无“周制”二字，系脱文。

47. 2541—2543。问故，又哭尽哀。……他如奔父之礼。

按：平松本以上一段文字皆无小注。

48. 2542—2543。送宾，反位。……宾有后至者，拜之如初。

按：平松本该段脱落多句。据点校本校勘记，此段文字诸本多有不同[①]。具体分析见下章。

49. 2542。敛发袒，降堂东。

按：平松本“敛”作“括”，诸卷皆同，不再出校。又据点校本校勘记，诸本作“敛”“括”者皆有[②]。然唐代避唐德宗“括”讳，故“括发”作“敛发”当为《通典》之旧貌，此说甚是。平松本误。

50. 2545。士为所生母服议　小注：周　晋

按：平松本小注无“晋”，系脱。又此后点校本第2546—2547、2555、2562、2569、2572、2574—2575页诸条题目平松本皆脱小注，不一一出校。

51. 2575。綦毋邃驳。

按：平松本“綦毋邃”作“綦母遂”。“毋”“母”与“邃”“遂”为文字异写，如《后汉书》卷七十四《刘表传》中有儒生“綦母闿”[③]。綦毋邃东晋人，曾注《文选》。2015年于南京发现的六朝墓葬中出土六面印一方，印文有“綦毋邃白事”“臣邃”等[④]，可知当作“綦毋邃”。平松本误。

52. 3873。吴将潘景、陈尚来寇，祜追斩之。

按：平松本“陈尚”在前，“潘景”在后。

---

① 《通典》卷九十四《礼五十四・凶礼十六》校勘记第四、五、八、九、十二、十三至十八条，第2557—2558页。

② 《通典》卷九十四《礼五十四・凶礼十六》校勘记第三条，第2557页。

③ （宋）范晔撰，（唐）李贤等注：《后汉书》卷七十四《刘表传》，中华书局，1965年，2421页。

④ 此考古信息系南京市博物馆考古部陈大海先生告知，特此致谢。

三、平松本所据版本系统蠡测

在文字校勘的基础上，下文试就版式、文本结构、文字异同这三个方面对平松本的文本来源进行分析。

（一）版式

平松本版式为每半叶十行，每行二十三字。现依已知的《通典》诸本版式信息①，制表如下：

表一　《通典》诸本版式表

<table>
<tr><th colspan="2" rowspan="2">版　　本</th><th rowspan="2">收藏地点</th><th colspan="2">版　　式</th></tr>
<tr><th>半叶行数</th><th>每行字数</th></tr>
<tr><td colspan="2">平松本</td><td>京都大学附属图书馆</td><td>十</td><td>二十三</td></tr>
<tr><td colspan="2">北宋刊本</td><td>日本宫内厅书陵部</td><td>十五</td><td>二十六至二十九</td></tr>
<tr><td colspan="2">南宋刊本</td><td>天理大学图书馆</td><td>十五</td><td>二十六至三十一</td></tr>
<tr><td colspan="2">元刊本</td><td>静嘉堂文库</td><td>十五</td><td>二十六</td></tr>
<tr><td colspan="2" rowspan="2">明抄元刊本②</td><td rowspan="2">筑波大学图书馆</td><td>十四</td><td>二十六</td></tr>
<tr><td>十一</td><td>不详</td></tr>
<tr><td rowspan="5">明刻系统</td><td>明李元阳本</td><td>庆应义塾图书馆等</td><td>十</td><td>十八</td></tr>
<tr><td>明无刊记本</td><td>东京大学东洋文化研究所等</td><td>十</td><td>二十三</td></tr>
<tr><td>明广州府儒学刊本③</td><td>蓬左文库等</td><td>十一</td><td>二十</td></tr>
<tr><td>沈似兰旧藏明刊本</td><td>大财文化财团藏本</td><td>十</td><td>二十三</td></tr>
<tr><td>朝鲜乙亥活字本</td><td>蓬左文库</td><td>九</td><td>十七</td></tr>
<tr><td colspan="2">清武英殿系统诸本</td><td></td><td>十</td><td>二十一</td></tr>
<tr><td colspan="2">清木活字本</td><td>仁井田陞旧藏</td><td>十</td><td>二十一</td></tr>
<tr><td colspan="2">清浙江书局本</td><td></td><td>九</td><td>二十一</td></tr>
</table>

由上表可知，现存宋元刊本《通典》多为十五行，每行二十六字左右。明代开始，十行左右的版式开始成为主流，每行字数亦下降到十七至二十三之间。到清代，随着武英殿系统刻本的大量传播，每半叶十行，二十一字成为最常见的版式，浙江书局本依据的仍是殿本，每行还是二十一字，仅是改十行为九行而已。

① 表中各版本的版式信息参照［日］尾崎康《通典北宋版および诸版本について・宋刊本》《通典北宋版および诸版本について・诸版本》，以及严绍璗《日藏汉籍善本书录》，第656—660页。又，《通典》版本众多，在此仅列出一些具有代表性的版本。

② 此钞本因纸张不同分A、B两种版式，但为同一版本。

③ 该本卷首有方献夫序及“王德溢校”“吴鹏万校”的题字，故又称方献夫本、王吴本。

单就版式而言，平松本与明刻系统诸本最为接近。明无刊记本与沈似兰旧藏明刊本均为半叶十行，行二十三字，与平松本同，且这种版式在宋、元、清刻本中是没有的。当然，版式仅为一种参考。对于钞本而言，因纸张大小、格式的不同而调整行数、字数是常见情况，筑波大学图书馆藏明抄元刊本是一部完整钞本，但由于纸张的不同而分成两种版式就是很明显的例子。因此要进一步确定平松本的版本系统，其文本结构也不得不加以关注。版式、缺笔、避讳都能够在抄写者的笔下轻松改变，但大段文字的调整、题目的重新编排却并非易事。

（二）文本结构

前已提及，平松本与各本之间文本结构有较大差异者共三处：一、卷八十八“孙为祖持重议”之前的一段文字；二、卷八十九“齐缞三年”“为高曾祖母及祖母持重服议”的相关段落；三、卷九十四“奔丧及除丧而后归制”中的相关段落。下面仍然以简表的形式，参照点校本校勘记，列出诸本异同，逐一讨论。

首先是卷八十八“孙为祖持重议”之前的一段文字，即“周制，为人后者三年”开始至“为所后之亲如亲子也”。平松本将之归入“孙为祖持重议”中。据点校本校勘记，此处各版本的文本结构共分两种情况：A. 归入“孙为祖持重议”中；B. 在“孙为祖持重议”前①。制表如下：

表二　文本结构对比表（一）

版本②	文本结构	
	A	B
平松本	○	
北宋刊本		○
傅校本		○
明刻本	○	
明钞本		○
王吴本	○	
殿本	○	
局本	○	

① 《通典》卷八十八《礼四十八·凶礼十》校勘记第三十四条，第2434—2435页。

② 按，点校本《通典》所据版本共八种，但在本节讨论的三处校勘记仅说明了七个版本的情况，故以此为准。又据点校本《通典》前言可知，傅校本所据为南宋刊本，明刻本为嘉靖无刊记本，明钞本为明人抄宋本，颇疑即为上节表格中的明抄元刊本，王吴本即上节表格中的广州府儒学刊本。下文均采用点校本的简称（相关信息参见点校本《通典》点校前言），特此说明。

由上表可知，该部分的文本结构，平松本与明刻本、王吴本、殿本、局本一致。

其次是卷八十九“齐缞三年”“为高曾祖母及祖母持重服议”的相关段落。与点校本相比，平松本“齐缞三年”中的“周制，母为长子……而侄娣亦从而出”在“前妻被掠没贼后得还后妻之子为服议”中“李为正嫡应服，居然有定”之后。“周制，祖父卒而后为祖母后三年……可谓殊途而同谬者矣”一段入“为高曾祖及祖母持重服议”中，在“晋刘智释疑答问”一段之前。

据点校本校勘记，此处各版本的文本结构共分三种情况[①]：

A.“周制，母为长子……而侄娣亦从而出”在“齐缞三年”中。“周制，祖父卒而后为祖母后三年……可谓殊途而同谬者矣”一段在“为高曾祖及祖母持重服议”中。

B.“周制，母为长子……而侄娣亦从而出”在“前妻被掠没贼后得还后妻之子为服议”中。“周制，祖父卒而后为祖母后三年……可谓殊途而同谬者矣”在“为高曾祖及祖母持重服议”中。

C.“周制，母为长子……而侄娣亦从而出”及“周制，祖父卒而后为祖母后三年……可谓殊途而同谬者矣”皆在“前妻被掠没贼后得还后妻之子为服议”中。

制表如下：

表三　文本结构对比表（二）

版本	文本结构		
	A	B	C
平松本		○	
北宋本			○
傅校本			○
明刻本	\	\	\
明钞本			○
王吴本		○	
殿本	○		
局本	○		

① 《通典》卷八十九《礼四十九・凶礼十一》校勘记第四条，第2456页。

由上表可知，该部分的文本结构平松本仅与王吴本一致。明刻本的情况不详①，不排除与之一致的可能。

最后是卷九十四“奔丧及除丧而后归制”中的相关段落。与点校本相比，平松本此处脱文甚多。不过据点校本校勘记，此段点校本所据为文字最多的清刻本（局本），与宋、明诸本相比增删甚多，大致有十一处：A. 送宾反位……皆如初。B. 于又哭……袒成踊。C. 于又哭、三哭，皆免袒。D. 丈夫妇人……无变也。E. 主人拜送于门外（于门外三字）。F. 有宾后至者……告就次。G. 于五哭相者告事毕。H. 宾有后至者拜之如初。I. 免袒成踊……犹免袒成踊。J. 于五哭相者告事毕。K. 闻丧不得奔丧……拜宾送宾如初②。制表如下：

表四　文本结构对比表（三）

版本	文本结构										
	A	B	C	D	E	F	G	H	I	J	K
平松本	△	○	○	○	×	○	×	×	×	×	×
北宋本	×	×	×	×	○	×	×	×	×	×	×
傅校本	×	×	×	×	○	×	×	×	×	×	×
明刻本	×	×	×	×	○	×	×	×	×	×	×
明钞本					○	×	×	×	×	×	×
王吴本	×	×	×	×	○	×	×	×	×	×	×
殿本	○	○	○	○	×	○	○	○	○	○	○
局本	○	○	○	○	×	○	○	○	○	○	○

由上表可知，宋、明诸本与清刻本迥然别为两个系统。A—D、F—K处清刻本有，而宋明诸本皆无③。E处宋明诸本有，而清刻本无。平松本与两者均不同。A处宋、明诸本皆无，清刻本有十九字，而平松本仅有“送宾皆初”四字④。平松本B—E处与清刻本同、宋明诸本异，G—K处又与清刻本异、宋明诸本同。此外需要注意的是，从“问故，又哭尽哀”至“他如奔父之礼”前，

① 此处点校本校勘记中未提及明刻本的情况，故存疑。

② 《通典》卷九十四《礼五十四·凶礼十六》校勘记第四、五、八、九、十二、十三至十八条，第2557—2558页。

③ 点校本校勘记未提及A、B、C、D处明钞本的情况，故存疑。

④ 按，此处当为“送宾皆如初”五字，平松本脱“如”。

当有小注 13 处，平松本皆无，又与诸本不同。

从卷八十八、八十九诸版本相异处来看，平松本与王吴本最一致。但卷九十四平松本与上述诸版均有不同。限于资料，笔者目前尚无法确定其具体版本。但通过对比平松本与诸版本的文字异同，可以提供有助于我们判断的一个侧面。

（三）文字异同

第二章校勘了平松本与点校本相异的五十余处，但平松本与诸本之间的差异不止如此。点校本参考诸本，择善而从，故平松本与点校本同，而与若干版本相异的情况也有很多。以文本校异为基础，参照点校本校勘记，再排除平松本在抄写过程中的新增错讹，文字相异处约有 272 处，大致分为以下若干类①。

第一类，与宋、明诸本同，与清刻本异，是最多的一种，约 201 处。其中多半是清人增删文字或刊刻过程中所造成的讹误。例如卷八十八“所尊祖弥，历代之正统也”，局本作“历代之统正”，殿本“统”字脱，显误②。再如卷九十“礼有降杀”，局本、殿本皆作“礼有隆杀”③。当然，也有一些宋、明诸本误而清人改正的情况，如卷九十“为姑在室亦如之”，宋明诸本皆脱“为姑”二字，文意不通，局本、殿本不脱④。

第二种，与明刻本、清刻本同，与北宋本、傅校本、明钞本不同，约 24 处。如卷九十“尚书令史恂”，北宋本、傅校本、明钞本同，明刻本、局本、殿本、平松本作“尚书令史物”⑤。

第三种，与北宋本异，与其余诸本同，约 34 处。如卷八十九“礼重一统”，平松本及诸本皆脱“一”字，点校者据北宋本补⑥。再如卷九十四“于

---

① 点校本《通典》校勘记往往不叙及王吴本的情况，笔者暂时亦无法阅览此本，故本小节的文字分析不涉及该本。

② 参见《通典》卷八十八《礼四十八・凶礼十》校勘记第五十条，第 2436 页。又，该条校勘记未叙殿本的情况。

③ 参见《通典》卷九十《礼五十・凶礼十二》校勘记第六十七条，第 2485 页。该条校勘记云据诸本改“隆”为“降”，似仅局本作“隆”，但检殿本，此处亦作“隆”。又校勘记以为，唐代避玄宗李隆基讳，故“降杀”为宜，甚是。

④ 参见《通典》卷九十《礼五十・凶礼十二》校勘记第一条，第 2480 页。

⑤ 参见《通典》卷九十《礼五十・凶礼十二》校勘记第六十条，第 2484 页。

⑥ 参见《通典》卷八十九《礼四十九・凶礼十一》校勘记第十二条，第 2457 页。

议不便”，平松本及诸本皆作“义”，点校者据北宋本改①。

此外还有一些情况，但数量皆不多。如仅与宋本同，与他本异，5 处；仅与明刻本同，1 处；仅与清刻本同，3 处；与傅校本、明刻本同，其余诸本异，3 处；与宋本、明钞本同，其余诸本异，1 处。兹不赘述。

据上文数据制表如下：

表五 平松本与诸本《通典》文字异同统计表

		北宋本	傅校本	明刻本	明钞本	清刻本
平松本	同	207	238	263	236	61
	异	65	34	9	36	211
	合计	272	272	272	272	272

由上表可知，平松本与清刻本文字相异处最多，可见平松本所据版本当不是清刻系统，这也与本章前两节的分析结果一致。其次，与平松本文字相异处最少的是明刻本，似乎表明它与该本关系密切。正如上一节所述，明刻系统的版式多有半叶十行，行二十三字者，或许平松本就是按照其版式原封不动地进行了抄录。

综上所述，无论从版式、文本结构还是文字差异等方面来看，平松本所据原本当为明刻系统的《通典》，其具体版本暂时难以确定，但应当不是现行点校本《通典》所参校的诸多版本之一。

四、结　语

以上就京都大学附属图书馆所藏平松文库《通典》钞本的基本情况、文本异同、版本来源进行了考校。从文献学上来说，平松本在了解《通典》的原貌、文本变化等方面，有其独到之处。如卷八十九中的“治”，平松本作“理”；卷九十中的“民”，平松本作“人”，都是典型的唐讳，当为《通典》原貌，可补点校本之不足。再如卷九十四“奔丧及除丧而后归制”一节，清刻本与北宋、明刻等诸本在结构上分为两类，点校者据此认为是清人依据《礼记》

① 参见《通典》卷九十四《礼五十四·凶礼十六》校勘记第四十二条，第 2560 页。

所增删。然而从平松本的文本结构能够看到，在这两种文本结构外，还有另一种情况的存在，而且已经出现了据《礼记》增删《通典》的情况。殿本、局本的文本结构，究竟是出自清人的擅自增删还是别有源流，自然值得再作思考。而关于《通典》在日本的传播史、接受史这些课题，平松本自然是较为重要的一手资料，它的来源、传承及其相关背景，有待将来进一步的研究。

正如文中所见，《通典》现存最多、流传最广的是明代诸版本。其实，除了点校本所据明刻本、王吴本外，还有朝鲜活字本、各类明钞本等大量明刻系统《通典》的存在。如何进一步利用这批内容丰富的资料来继续深入《通典》的文献学研究，探明各个版本之间的流变关系，则是更令人感兴趣的话题。

本文原刊于《域外汉籍研究集刊》第13辑（中华书局，2016年），提交本论集时略有修改。

北朝后期的赵郡山林僧人

董浩晖　南京大学历史学院

一

欧阳修在《集古录跋尾》中收录了一通题为《唐八都坛实录》的碑刻：

> 右《八都坛实录》，撰人名元质，不见其姓，又不著书人名氏。其字画亦可爱。碑首题云《大唐八都坛神君之实录》。其文云："都望八山之始坛也，此地名山，封龙之类有八，因坛立庙，遂为号焉。"封龙山在今镇州，其余七山不见其名。又云"汉光和中有碑而今亡"。此碑垂拱三年（公元687年）立①。

洪适的《隶释》卷二十七《天下碑录》有《汉八都神庙碑》，注云："在镇州元氏县西北二十里庙坛下，光和中立。"②《隶释》卷三还收录了三块东汉碑刻——《三公山碑》《无极山碑》和《白石神君碑》③。通览三通碑文可知，此三者皆是在东汉光和年间所立，目的是祈求风调雨顺以佑农时，并且都关涉当时的常山相南阳人冯巡④。

赵明诚在《金石录》中节录《白石神君碑》碑文："县界有六名山，三公、

---

① （宋）欧阳修撰，李逸安点校：《集古录跋尾》卷六，《欧阳修全集》第五册，中华书局，2001年，第2203页。

② （宋）洪适撰：《隶释》卷二十七，中华书局，1986年，第284页。

③ 《隶释》卷三，第43—48页。

④ 赵明诚考订欧阳修《集古录》中所载《后汉北岳碑》为《汉三公碑》，即依据碑文中可见"光和四年"（公元181年）及"南阳冠军冯巡字季祖，甘陵夏方字伯阳"而判。

封龙、灵山得法食去。光和四年，三公守民盖高等始为无极山诣太常求法食。相县以白石神君道德灼然，乃具载本末上尚书，求依无极，即蒙听许。”[①] 同书卷十七《汉三公碑》跋尾则指出三公山、无极山、白石山“皆在真定元氏”。

秦汉以来，赵郡、赵国、常山郡等政区的地理沿革较为繁复，本文在此不作详述。镇州，原常山郡，元和十五年（公元 820 年）因避唐穆宗讳改称镇州，北宋庆历时为真定府。镇州下辖元氏县由赵州割入[②]。赵州，原为赵郡，隋开皇三年（公元 583 年）罢郡为州，后赵州、赵郡时有反复，至唐肃宗乾元元年（公元 759 年）建置赵州，沿用于宋[③]。据元代人所撰《河朔访古记》载：“八都者，总望八山而祭于此。……《白石神君碑》《无极山碑》二汉刻，皆在封龙山下。”[④] 因此，东汉八都神庙与唐代八都坛应具有一定的承接性，盖为以元氏县为中心的赵郡区域内山川祭祀总坛所在，而封龙山则是这一地区的名山代表[⑤]。

《太平寰宇记》卷六十一“镇州获鹿县”条下有飞龙山：

> 飞龙山，在县西南四十五里，一名封龙山。《十六国春秋·前赵录》云：“王浚遣祁弘率鲜卑讨石勒，战于飞龙山下，勒师大败。”郦道元注《水经》云“洨水东经飞龙山北”，是井陉口，今又名土门。《赵记》云：

---

① （宋）赵明诚撰：《宋本金石录》卷十八《汉白石神君碑》，中华书局，1991 年，第 416—417 页。

② （宋）乐史撰，王文楚等点校：《太平寰宇记》卷六十一，中华书局，2007 年，第 1248 页。

③ 《太平寰宇记》卷六十，第 1229—1230 页。

④ （元）纳新撰：《河朔访古记》，据守山阁丛书本排印，《丛书集成初编》第 3112 册，中华书局，1991 年，第 11 页。

⑤ 有关元氏县的数通汉碑，当地学者杜香文著有《元氏封龙山汉碑群体研究》一书，较为详细地介绍了碑刻的形制、录文及拓本流传、著录等信息。杜香文：《元氏封龙山汉碑群体研究》，文物出版社，2002 年。利用这些碑刻进行研究的学者，多从金石学及书法史等领域入手，如李金波《元氏汉碑刍议》，《中原文物》1990 年第 1 期，第 62—68 页；桑椹《东汉〈祀三公山碑〉早期拓本流传及其后世影响》，《荣宝斋》2015 年第 8 期，第 118—131 页；仲威《〈封龙山颂〉碑石缺角之谜》，《书法》2012 年第 8 期，第 90—94 页。也有学者利用碑文探讨汉代自然灾害和祠庙祭祀等问题，如［法］吕敏（Marinane Bujard）著，许明龙译《地方祠祭的举行和升格——元氏县的六通汉碑》，《法国汉学》第七辑，中华书局，2002 年，第 322—345 页；张鹤泉《汉碑中所见东汉时期的山岳祭祀》，《河北学刊》2011 年第 1 期，第 62—67 页；田天《东汉山川祭祀研究——以石刻史料为中心》，《中华文史论丛》2011 年第 1 期，第 105—134、399—400 页；沈刚《东汉碑刻所见地方官员的祠祀活动》，《社会科学战线》2012 年第 7 期，第 99—104 页；王文涛《从元氏汉碑看东汉的祷山求雨弥灾》，《石家庄学院学报》2014 年第 4 期，第 19—23、65 页。

“每岁有疾风雹雨，东南而行，俗传此山神女为东海神儿妻，故岁一往来。”今祠林尽坏，而三石人犹存，衣冠具全。其北即张耳故墟①。

飞龙山即封龙山。王子今曾撰文讨论《封龙山颂》与《白石神君碑》两通碑文，试图说明元氏县封龙山、白石神君祀所和秦汉北岳之祀之间的特殊关系，指出秦汉时期的北岳很可能是今河北中部的恒山。至于北岳中心祀所的北移，至少要到王莽时代以后才随着文化圈的扩展发生变化②。

不论是以祈请风雨为目的，还是将其作为山川祠祀的地点，秦汉时期的封龙山业已成为一个区域内的信仰空间。而随着中古时期佛教入华并不断发展的节奏，封龙山也不免被新宗教所“征服”③。从十六国时期开始，封龙山上就有了僧人的身影。如释道安在南下襄阳途中，曾在封龙山短暂停留，而在他之前亦有僧先、道护避难隐于此山④。

但道安僧团以及僧先、道护等人只是将这里作为四处游化的一个节点，抑或称为中转站。直到北朝后期，封龙山才成为一处弘法的固定据点，当地的佛教活动变得兴盛起来。其标志性事件就是出现了一个较为有名的寺院——应觉寺。北齐高僧灵裕“年十五，潜欲逃世，……默往赵郡应觉寺，投明、宝二禅师而出家焉，其人亦东川之标领也”⑤。按《续高僧传》所载，恒州石邑人释明瞻不受州郡举辟“投飞龙山应觉寺而出家焉”⑥。明瞻本传称其于贞观二年（公元628年）“春秋七十”而逝，则明瞻生于公元559年，故明瞻出家是在北齐末期。又有赵州乐城人释道亮，十五岁出家，曾随其师“往封龙山诵经为业”，一行人“山侣三十”。道亮卒于贞观十九年，年七十七⑦。此外还有沧州

① 《太平寰宇记》卷六十一，第1251—1252页。

② 王子今：《〈封龙山颂〉及〈白石神君碑〉北岳考论》，《文物春秋》2004年第4期，第1—6页。这一观点亦可见于王子今《关于秦始皇二十九年“过恒山”——兼说秦时“北岳”的地理定位》，《秦文化论丛》第十一辑，2004年，第221—236页。

③ 有关中古时期山岳信仰多元空间的研究实例，可参看魏斌《宫亭庙传说：中古早期庐山的信仰空间》，《历史研究》2010年第2期，第46—64页。

④ （梁）释慧皎撰，汤用彤校注：《高僧传》卷五《晋长安五级寺释道安传》《晋飞龙山释僧先附道护传》，中华书局，1992年，第178、194—195页。

⑤ （唐）释道宣撰，郭绍林点校：《续高僧传》卷九《隋相州演空寺释灵裕传》，中华书局，2014年，第674页。

⑥ 《续高僧传》卷二十五《唐终南山智炬寺释明瞻传》，第935页。

⑦ 《续高僧传》卷二十三《唐并州义兴寺释道亮传》，第874页。

人释慧瓒，开皇年间“于赵州西封龙山引摄学徒，安居结业。……徒侣相依，数盈二百”①。由此可见，封龙山一时成为人所知晓的佛教场所。

赵郡本地僧人中，最著名者当属隋代高僧释彦琮。作为目录学家、译经家，他在中国佛教史上占有一席之地。据《续高僧传》载，释彦琮为赵郡柏仁人，俗姓李，即中古大族赵郡李氏家族成员。彦琮自幼时始习诵佛经，十岁后出家，“十二在巏嵍山诵《法华经》，不久寻究。便游邺下，因循讲席。乃返乡寺，讲《无量寿经》。时太原王邵任赵郡佐，寓居寺宇，听而仰之，友敬弥至”②。

据《颜氏家训·书证》记载，柏人城东北有一座孤山，世人称宣务山或虚无山。颜之推为赵州佐时，“共太原王邵读柏人城西门内碑。碑是汉桓帝时柏人县民为县令徐整所立，铭曰：‘山有巏嵍，王乔所仙。’方知此巏嵍山也”③。柏人，即柏仁也，故城位于今隆尧县境内④。由此可知，彦琮曾进入本县山中学习佛经。当地已建有“乡寺”，从王邵在寺院寓居这一描述来看，寺院当具备一定规模。

二

除了在山中讲经，僧人传教弘法的驱动力还促使了造像刻经活动的兴起，这也是中古佛教的一大胜景。上文提到的高僧灵裕正是灵泉寺石窟大住圣窟的开凿者。灵泉寺石窟靠近当时的北齐都城邺城。自魏晋以来，邺城就是北方重要的政治、经济、文化中心。北齐时，以邺城为中心的太行山东麓一带辟有许多石窟⑤。

前文述引《水经注》称“洨水东经飞龙山北”，是井陉口，今又名土门。

① 《续高僧传》卷十八《隋西京禅定道场释慧瓒传》，第674页。

② 《续高僧传》卷二《隋东都上林园翻经馆沙门释彦琮传》，第48页。

③ 王利器撰：《颜氏家训集解（增补本）》卷六，中华书局，1993年，第498页。

④ 汉代已有柏人县。王利器在集解中引陈直观点，认为“北魏延昌中始改为栢仁”。参见《颜氏家训集解》，第498页。又刘萃峰、陆帅也对此进行考证，指出柏仁改柏人是在北魏正光六年（公元525年）之前。参见刘萃峰、陆帅《北朝政区“柏人”改“柏仁”考——以石刻资料为线索》，《南京晓庄学院学报》2013年第5期，第25—28、123页。

⑤ 李裕群曾对邺城地区的石窟进行研究，指出这一带的石窟具体有河北邯郸峰峰矿区北响堂和南响堂石窟、涉县娲皇宫石窟、河南安阳小南海石窟、宝山灵泉寺石窟和卫辉霖落山香泉寺石窟。他对这些石窟进行了分类，并试图结合刻经来探讨邺城地区的佛教特色。李裕群：《邺城地区石窟与刻经》，《考古学报》1997年第4期，第443—479页。关于北朝早期的邺城佛教文物，可参见何利群《十六国至北魏时期的邺城佛教史迹》，《中原文物》2016年第2期，第45—52页。

故封龙山位于井陉道周围。井陉道乃“太行八陉”之一。“太行八陉”是穿越太行山连接山西与华北平原的交通要道。东魏北齐时，执政者频繁往来于邺城与晋阳之间①。两地最迅捷的通道为“滏口陉”，即涉县—磁山一线，邺城地区的石窟即沿这条道路分布。井陉则是由邺城北上并州的另一条道路，在这条线路上同样存在着石窟与造像的凿刻②。

李金波在1989年撰文介绍了封龙山石窟的调查情况，包括西石堂院和东石堂寺两个窟区的造像概况③。通过对窟形结构、造像风格和造像组合的分析，他认为西石堂院2号窟和3号窟为最先开凿的两个窟，始凿于北齐。

其后，李裕群也实地考察了封龙山石窟，对西石堂院第2、3号窟的开凿年代和造像题材做进一步探讨④。通过将西石堂院3号窟与邺城地区诸石窟及天龙山石窟等比对，考定其开凿年代为隋代，或最早不超过北齐晚期；而2号窟为唐五代时期开凿。同时，该文还注意到封龙山应觉寺与灵裕法师的渊源，并据《大唐开业寺李公之碑》考证出应觉寺初名堰角寺，最早为北魏赵郡李徽伯舍宅而建，地论师道宠即在此出家。

此外，温玉成撰有《封龙山禅窟考察记》，其考察的禅窟与前述两位学者所指并非一处⑤。但该处禅窟是否如作者所称“中国石窟早期阶段的一处毗诃罗窟”，笔者对此表示怀疑⑥。

太行山东麓的这些石窟造像或靠近政治中心，或位于交通要道，其展示性功能不言而喻，目的在于推动佛教在该地区的广泛传播。而中古时期佛教得以发展还有另一个重要动力，即佛教义学理论的传译。尝言“南方重义理，北方

---

① 毛汉光：《北魏东魏北齐之核心集团与核心区》，载《中国中古政治史论》，上海书店出版社，2002年，第97—98页。

② 井陉道上受佛教影响的具体案例可参见侯旭东《北朝并州乐平郡石艾县安鹿交村的个案研究》一文。侯旭东：《北朝村民的生活世界》，商务印书馆，2010年，第231—264页。

③ 李金波：《试谈封龙山石窟及其造像年代》，《文物春秋》1989年第4期，第8—12页。

④ 李裕群：《封龙山石窟开凿年代与造像题材》，《文物》1998年第10期，第67—75页。

⑤ 温玉成：《封龙山禅窟考察记》，《寻根》2001年第1期，第56—60页。李金波及李裕群所指的石窟位于封龙山南坡，分西石堂院和东石堂寺两处；西石堂院有三个窟，东石堂寺有一个窟，石窟内都有造像。温玉成一文中的禅窟位于封龙山东坡台地，在“封龙书院”遗址附近，为两个并列且相互连通的石窟，窟内无造像痕迹。

⑥ 依照《河朔访古记》来看，封龙山龙首峰下有北宋初期名臣李昉的三处读书地点，其中“东溪者为浮屠所占，西溪芜没不可考，今建书院者即中溪也”。由此可知，这里若是出现石窟一类的佛教设施，很有可能是在宋元时期。《河朔访古记》，第6—7页。

重禅定”，但这一时期的佛教风气开始南北趋同。北方禅修僧人亦奉行经论，如《华严经》的流行与地论师队伍的壮大。汤用彤先生曾指出：“观《高僧传》，诵读多为《法华经》，至魏隋之际，乃有读《华严》者，亦始行华严忏法，可见《华严经》受一般民众之信奉。”① 反映在石窟造像中，邺城附近的小南海石窟及灵泉寺石窟都体现出石窟修造特点与习禅风气的结合②。

三

在沟通邺城和晋阳的两条东西道路之间，由北向南自封龙山迄白鹿山散布着不少山岭，亦是僧人禅修的去处。

佛图澄作为石赵时期极具影响力的神异僧，于河北一带活动频繁，留下许多事迹传说。其中之一即是在白鹿山建立寺庙③。由此可推知，自十六国早期开始，北方就出现了山中寺院的开辟。在动荡的时局下，山林成为僧人避难的一个选择；而稍安定时，进入山林也是僧人的一种修行。仓本尚德通过对僧传和正史中相关材料的梳理，以林虑山与白鹿山为例，考察了北齐文宣帝时太行山东麓禅僧修行地的问题④。

北齐之后进入白鹿山修行者仍大有人在，如释昙询，“年二十二方舍俗事，远访岩隐。游至白鹿山北霖落泉寺，逢昙准禅师而蒙剃发”⑤。另有释真慧，曾“诣卫州林落泉询禅师所”⑥。

建德六年（公元 577 年）北周灭北齐之后，周武帝遂将灭佛政策推行到北齐境内。“及法灭之后，帝遂破前代关、山东西数百年来官私佛法，扫地并尽，融刮圣容，焚烧经典。《禹贡》八州见成寺庙出四十千，并赐王公充为第宅；

---

① 可参见汤用彤对北朝佛学特点的相关论述。汤用彤：《汉魏两晋南北朝佛教史（增订本）》，北京大学出版社，2011 年，第 459—486 页。

② 颜娟英：《北齐禅观窟的图像考——从小南海石窟到响堂山石窟》，《台湾学者中国史研究论丛·美术与考古》，中国大百科全书出版社，2005 年，第 500—570 页。

③ 有关佛图澄在白鹿山立寺及中古早期山岳佛教的开辟可参见姜虎愚《跋玄极寺碑》一文。姜氏曾于 2015 年佛教与东亚宗教国际研修班青年学者论坛上宣读此文。

④ ［日］仓本尚德：《林慮山と白鹿山——北朝時代の太行山脈における僧の修行地の問題について》，《印度学佛教学研究》第 61 卷第 2 号，2013 年，第 248—253 页。

⑤ 《续高僧传》卷十六《隋怀州柏尖山寺释昙询传》，第 597 页。

⑥ 《续高僧传》卷十八《隋蒲州栖岩道场释真慧传》，第 672 页。

三方释子减三百万，皆复军民，还归编户。三宝福财，其赀无数，簿录入官，登即赏费，分散荡尽”①。于是僧人为避法难，或辗转流离，如《释真伦传》称其“周武平齐，时年十六，与贤统等流离西东”②。或进山匿迹，如释洪遵，“周平齐日，隐于白鹿岩中”③；释僧邕，“属周武平齐，象法隳坏，又入白鹿山，深林之下，避时削迹，饵饭松术”④。

除白鹿山外，鹊山也可供僧人入山修行。据《魏书·地形志》载，殷州南赵郡内有中丘县，“前汉属常山，后汉、晋属赵国，晋乱，罢。太和二十一年（公元497年）复。有中丘城、伯阳城、鹊山祠”⑤。前述《白石神君碑》中提到“县界有六名山”，其中三公山、封龙山、灵山“先得法食”⑥。田天将六名山分为“先得法食”的常山国“三望”与地方性祭祀传统的名山。求法食就是要促成地方祭祀的名山能受国家认可，纳入山川祭祀体系⑦。从碑文及碑阴题铭中不难发现，在为名山求法食的过程中，常山国及当地官员是重要的参与力量。《祀三公山碑》《三公之碑》《无极山碑》《白石神君碑》均展现出一幅由常山国相冯巡领衔并积极推动的名山升格运动之图景⑧。鹊山汉代属常山郡，山上亦有祠，故鹊山可能也是当地名山之一。在鹊山活动的僧人有释慧藏，赵国平棘人氏。“年登不惑，乃潜于鹊山，木食泉浆，澄心玄奥”⑨。此外，僧稠也曾居于鹊山，小南海石窟即与僧稠有关。僧稠曾为北齐文宣帝授菩萨戒，高洋为之建寺庙并开凿石窟。道宣称“高齐河北，独胜僧稠”。僧稠“尝于鹊山静处，感神来娆”，但他“以死要心，因证深定”，终得所证⑩。

---

① 《续高僧传》卷二十四《周终南山避世峰释静蔼传》，第909页。

② 《续高僧传》卷二十一《唐卫州霖落泉寺释僧伦传》，第790页。

③ 《续高僧传》卷二十一《隋西京大兴善寺释洪遵传》，第840页。

④ 《续高僧传》卷十九《唐京师化度寺释僧邕传》，第714页。

⑤ （北齐）魏收撰：《魏书》卷一〇六，中华书局，1974年，第2472页。

⑥ 除三公山、封龙山、灵山外，六名山中另外几座山有不同指向。民国《元氏县志》“无极山条”引《正定府志》称“无极山以下诸山，与封龙山皆冈脉相接，所谓县境六名山也。东汉光和中俱赐以封号，载在祀典”。下有注云“按诸山指常山、灵山、石溜山、三公山，兼无极、封龙共六山”。参见李林奎、王自尊纂修《元氏县志》，据民国二十年铅印本影印，《中国方志丛书》华北地方第507号，成文出版社，1976年，第74页。高文则认为常山不在元氏县境内，而将白石山列入六名山。参见高文《汉碑集释（修订本）》，河南大学出版社，1997年，第244—245、463页。

⑦ 参见田天《东汉山川祭祀研究——以石刻史料为中心》一文。

⑧ 参见［法］吕敏《地方祠祭的举行和升格——元氏县的六通汉碑》一文。

⑨ 《续高僧传》卷九《隋西京空观道场释慧藏传》，第320页。

⑩ 《续高僧传》卷十六《齐邺西龙山云门寺释僧稠传》，第574页。

僧稠受禅法，初习四念处法，后又“诣赵州嶂洪山道朋禅师受十六特胜法”。嶂洪山，亦位于赵郡内[①]。道朋禅师不可考，但嶂洪山上另有一位名僧释智舜[②]。智舜，赵州大陆人。年二十余出家“事云门稠公居于白鹿”，与昙询为同学。“后北游赞皇许亭山”，仁寿四年（公元604年）“卒于元氏县屈岭禅坊”。从智舜之行迹看，他“不隶公名，不行公寺”，在山间独自修行（“处山积岁，剪剃无人，便以火烧发”），或在乡村活动（“课笃数村，舍其猎业”）。其道行为山民所重，后被隋文帝知晓，特下诏慰问：

> 皇帝敬问赵州房子界嶂洪山南谷旧禅房寺智舜禅师，冬日极寒，禅师道体清胜！教导苍生。使早成就，朕甚嘉焉。朕统在兆民之上，弘护正法，夙夜无怠。今遣上开府卢元寿指宣往意，并送香物如别[③]。

而时任赵州刺史杨达，“以舜无公贯，素绝名闻，依敕散下，方始知之。乃为系名同果寺”。按《昙迁传》，为恢复往昔诸废山寺，隋文帝“因敕率土之内，但有山寺一僧已上，皆听给额，私度附贯”[④]。

上述诸山分布在太行山东麓，位于晋阳与邺城——两个北齐时期并重的政治文化中心之间。僧人们在这片区域入山林活动，形成一个修习的网络。正如《释僧善传》载，其：“与汲郡林落泉方公齐名。各聚其类，依岩服道。往还络驿白鹿、太行、抱犊、林虑等山……”[⑤]

四

隋朝建立后，隋文帝一改北周灭佛政策，大兴佛教[⑥]。不仅如前文所举礼敬

---

① 按嶂洪山仅见于《续高僧传》中。《隋书·地理志》“赵郡”条所领房子县有赞皇山。赞皇山，《汉书·地理志》“常山郡”条亦在房子县下列有赞皇山。房子县，北齐时省并，隋开皇六年复置。而从隋文帝对智舜的慰问诏书中可知，嶂洪山就在房子县界内，疑二者为同一处地方。

② 《续高僧传》卷十七《隋赵郡嶂洪山释智舜传》，第646—647页。

③ 《续高僧传》卷十七《隋赵郡嶂洪山释智舜传》，第646页。

④ 《续高僧传》卷十八《隋西京禅定道场释昙迁传》，第665页。

⑤ 《续高僧传》卷十七《隋文成郡马头山释僧善传》，第642页。

⑥ 朱东润先生认为隋文帝是个侥幸而迷信的人，这一心理类型适合兴法，故其在位时期即是一段佛化的时期。朱东润：《〈续高僧传〉所见隋代佛教与政治》，《世界宗教研究》2015年第1期，第3—19页。

释智舜那般，下敕慰问僧人[①]；还广招各地名僧大德入京。这些僧人进入长安后，讲经说法，或参与译典。由是，长安的译经事业在鸠摩罗什之后重新兴盛起来。

隋文帝时，梵汉僧人共同合作，以大兴善寺为中心形成译场，推动佛经翻译工作的开展。前文提到的释彦琮就参与其中。据《开元释教录》载，隋代“相承三帝三十八年，缁素九人所出经论及传录等，总六十四部三百一卷”[②]。依《续高僧传》可知，隋文帝时参与译经的胡僧有瞿昙法智、毗尼多流支、那连提黎耶舍、阇那崛多和达摩笈多。而受敕召入京参与译经的汉僧除释彦琮外，还有释道密、释明芬、释僧昙、释洪遵等。

释洪遵以律宗为业，进入长安后想推弘《四分律》，然而“先是关内素奉僧祇，习俗生常，恶闻异学。乍讲四分，人听全稀。还是东川，赞击成务”[③]。《释静琳传》载慧琳“展转周听，溥遍东川。蓄解寻师，又至蒲晋”[④]。又《释慧进传》中称慧进为同寺僧所妒忌，故而远行游方胜地，“五台、泰岳、东川北部、常山、雁门，随逐禅踪，无远必届”[⑤]。此外还有沧州渤海人释道正，开皇七年受诏入京。但由于受到长安僧人的挤兑，在留下习禅方法后，“即返东川，不悉终所”[⑥]。

“东川”常用于与“西域”等相对，意指中土。如《高僧传》中称赞鸠摩罗什名气之大，“道流西域，名被东川”[⑦]。但从上述材料可以发现，在北魏分裂之后，“东川”概念似乎又可缩小，与“关中”相对，大约为太行山以东区域[⑧]。陈寅恪先生指出隋唐制度有三源，其中之一为北魏、北齐。而“旧史又或以‘山东’目之者，则以山东之地指北齐言”[⑨]。游自勇观察到隋文帝征召的六大高僧

---

① 《续高僧传·释昙询传》中亦载：“隋文重其德音，致诚虔敬。敕仪同三司元寿亲送玺书，兼以香供。”《续高僧传》卷十六《隋怀州柏尖山寺释昙询传》，第 597 页。

② （唐）智升撰：《开元释教录》卷七，《大正藏》第 55 册，经号 2154，第 547 页中栏。

③ 《续高僧传》卷二十一《隋西京大兴善寺释洪遵传》，第 840 页。

④ 《续高僧传》卷二十《唐京师弘法寺释静琳传》，第 745 页。

⑤ 《续高僧传》卷二十三《唐箕山沙门释慧进传》，第 872—873 页。

⑥ 《续高僧传》卷十六《隋沧州兰若沙门释道正传》，第 596—597 页。

⑦ 《高僧传》卷二《晋长安鸠摩罗什传》，第 49 页。

⑧ 如《释道颜传》中称道颜为定州人，在进入长安净影寺前就已开讲地论，“道启东川，开悟不少”。前引《释慧瓒传》中，慧瓒曾因法难而避地南陈，直到开皇弘法后才“返迹东川”，重新回到河北，在封龙山授徒。

⑨ 陈寅恪：《隋唐制度渊源略论稿》序论，生活·读书·新知三联书店，2004 年，第 4 页。

里有五位来自关东，他们入关时又将最为杰出的弟子带至关中[1]。隋初，来自关东地区的僧人纷纷进入长安，促进了新时期佛教的发展，就这一点而言，不啻为陈先生论断的一个证明[2]。

---

① 游自勇：《隋文帝仁寿颁天下舍利考》，《世界宗教研究》2003年第1期，第24—30页。

② 由北齐入周隋的山东人群，学界多着眼于士人阶层的变迁，相关论著很多，试举例如牟发松《旧齐士人与周隋政权》，《文史》2003年第1期，后收入《汉唐历史变迁中的社会与国家》，华东师范大学出版社，2011年，第299—316页；仇鹿鸣《陈寅恪"山东集团"辨析》，《史林》2004年第5期，第70—76、124页。以僧人为代表的信仰人群由东往西亦可作为文化合流的一种体现，如前举游自勇《隋文帝仁寿颁天下舍利考》一文。那么，这两类人群之间的关联似乎也应为人所措意。比如本文中的释彦琮与太原王邵二人，在此稍作阐述。王邵其人，事迹散见于多处史籍，通过对这些零星记载的爬梳，依稀可勾勒出王邵的人生轨迹。《释彦琮传》中，彦琮十二岁时两人相识，彦琮生于天保元年（公元556年），王邵在天统三年（公元567年）时为赵州佐；按《北齐书·文苑传》，王邵已是太子舍人，并于武平三年（公元572年）入文林馆；《北齐书·阳休之传》中，王邵作为中书舍人，是周武平齐后被征入长安的十八人之一；据《续高僧传·释昙鸾传》《法苑珠林》及《册府元龟》，隋文帝时王邵为著作郎；又《冥报记》中，大业九年（公元613年），王邵为秘书少监。作为士人，据《中说》和《旧唐书·经籍志》，王邵撰有《北齐志》《尔朱氏家传》《隋开皇二十年书目》等；从佛教信仰来看，《广弘明集》中著录王邵《舍利感应记》一篇，《彦琮传》中记载王邵在长安时为彦琮的"文外玄友"。此外，据《隋书·房彦谦传》，王邵和同是山东而来的青州士人房彦谦"并与为友"。而《彦琮传》中，彦琮有门人行矩，同时也是彦琮的侄子，行矩又与房彦谦之子房玄龄相知。两代山东士人与僧人的交往，也许可被视为基于地域认同的一种体现。

汉代冀中南地区墓葬文化分析

——兼论汉唐之间冀中南地区文化心态的转变

宋　蓉　北京联合大学应用文理学院

冀中南地区地处华北平原北部，北接长城地带的北方文化区，南连黄河中下游的中原文化区，东邻山东文化区，西隔太行山再与中原、北方文化区相通。冀中南地区历史积淀深厚，战国时曾为燕、赵之疆域。公元前222年，为秦所据，设邯郸、巨鹿、恒山、广阳四郡。汉初于此分封张氏赵国与臧荼燕国，后又改封刘姓诸国。文景削藩之后，赵分为六，燕仅余广阳一郡，又析置魏郡、广平、真定、清河等郡①。20世纪50年代以来，冀中南地区发现了大量两汉时期墓葬，这些墓葬中既有汉文化时代共性的体现，又有着鲜明的本土特性。本文拟通过对墓葬形制与随葬器物的综合分析，梳理汉代冀中南地区墓葬文化的特征，探讨冀中南地区汉文化的形成发展历程。

一、墓葬共性分析

西汉中期起，各地墓葬在墓葬形制与随葬品类型上渐趋统一，如墓葬形制中的竖穴砖（石）室墓，随葬品中的各类生活明器以及随葬陶礼器与模型明器之风。虽然它们在各地的出现时间、发展进程不尽相同，但最终消弥了地域差异，墓葬面貌趋于统一。因此，可将其视为汉代考古学文化的重要内涵。

冀中南地区的竖穴砖室墓出现于西汉晚期，东汉之后广泛流行。生活明器的出现略早，西汉中期已有，随后器类不断丰富，常见盆形樽、魁、灯、熏

---

① 周振鹤：《西汉政区地理》，人民出版社，1987年，第76页。

炉、奁、方盒、筒形樽、耳杯、案等，器型上与其他地区所出相差无几。

冀中南地区汉墓中随葬陶礼器之风始于西汉早期，西汉晚期渐趋衰落，东汉之后消失不见。器型上，陶礼器呈现出了两类明显不同的风格。其中一类在各地汉墓中均能见到，器型与同时期同类铜礼器相近（图一），应是仿铜礼器而造。除此之外的大量陶礼器，如盆形高足鼎、釜形矮足鼎、罐形高足鼎、球形圜底盒、深腹小盖圈足盒、盘口假圈足壶以及喇叭口假圈足壶等（图二），少见于冀中南之外的其他地区，形态上体现着鲜明的本土特性。两类陶礼器在数量上相较，后者优势明显，如陶鼎中釜形矮足鼎的出现频率可达40%，而仿铜鼎的扁球腹矮蹄足鼎和圆球腹矮蹄足鼎分别仅有10%和20%①。

冀中南地区汉墓中随葬模型明器之风始于西汉中期。东汉之后，器物种类、数量大增。器型方面，模型明器也可分为两类。一类是方井、梯形卷沿井、亚腰形井、梯形灶、浅腹矮足囷，具有本土特性的器物。其中方井（图三，1）与梯形灶（图三，2）是冀中南地区汉墓中最为常见的模型明器，从西汉中期至东汉晚期盛行不衰。梯形卷沿井（图三，3）、浅腹矮足囷（图三，4）虽不及前二者普及，但均少见于其他地区。亚腰形井虽在黄河中下游汉墓中均有发现，但井架附卷云形或树叶形装饰的风格又为当地所独有（图三，5、6）。另一类是马蹄形灶、三火眼方头灶、深腹矮足囷，出现时间晚，数量少，均非本土器型。马蹄形灶（图三，7、8）起源于秦至汉初的关中，随后沿黄河北岸向东发展。灶面呈品字排列三火眼的方头灶（图三，9、10）及深腹矮足囷（图三，11、12）均为三河汉墓从西汉中期延续至东汉晚期的典型器。

综上可见，冀中南汉墓的汉文化共性中融合了诸多本土特性，随葬陶礼器与模型明器之风虽与各地同步，但器型上仍表现着鲜明的本土特征。

二、墓葬本土特性分析

除以上器型独特的陶礼器、模型明器之外，西汉时期，冀中南地区广为流行的竖穴土坑墓以及随葬品中诸多陶罐、陶釜等日用陶器也表现出墓葬的本土特性。

---

① 由于大多数汉墓都经历了不同程度的盗扰，出土随葬品的数量与实际随葬品的数量可能会存在一定程度的偏差，故本文讨论出现频率时，以“出现次数”（即出现在一座墓葬中记为1）为参考值，忽略器物个数，如釜形鼎的出现频率＝釜形鼎出现次数÷鼎的出现次数×100%。

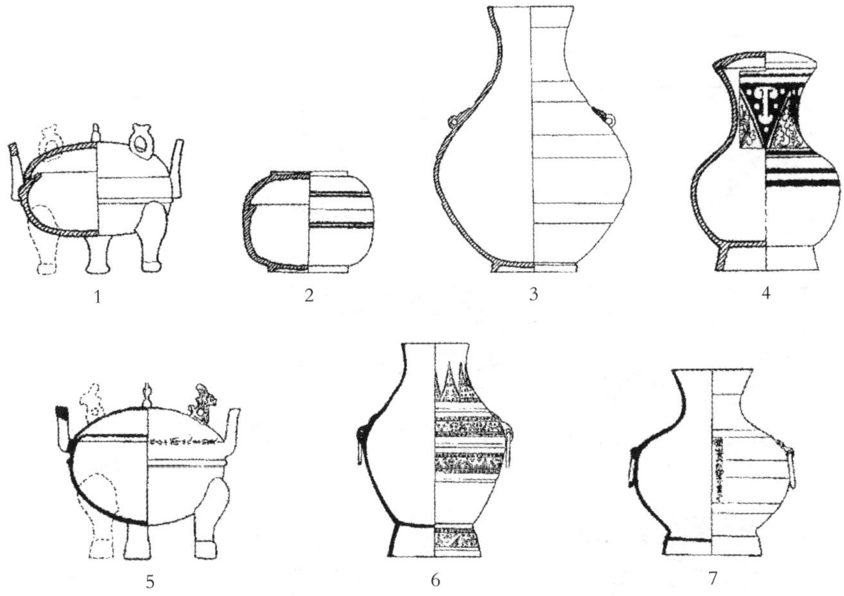

图一　共性陶礼器比较图

1. 陶鼎（高庄 M1：235）　2. 陶盒（高庄 M1：261）　3、4. 陶壶（高庄 M1：622、高庄 M1：551）
5. 铜鼎（高庄 M1：406）　6、7. 铜壶（高庄 M1：411、高庄 M1：413）

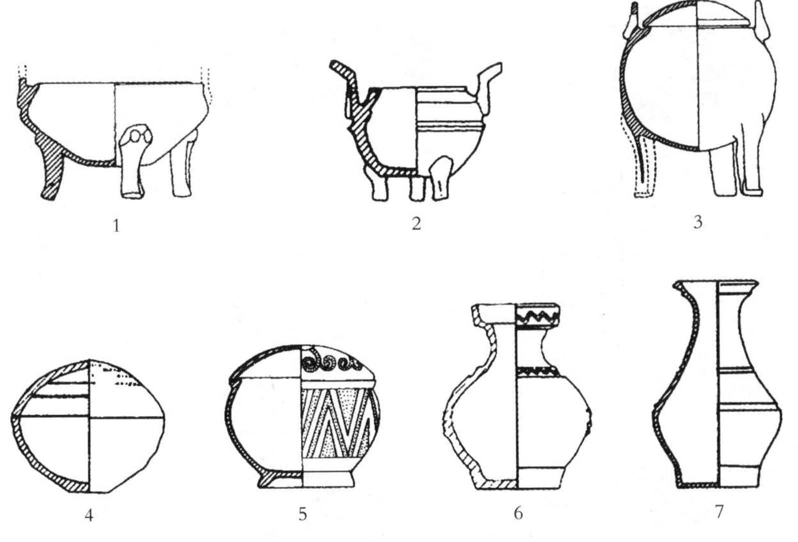

图二　本土特性陶礼器举例

1. 盆形高足鼎（燕下都 D6T65②M22：3）　2. 釜形矮足鼎（曹演庄 M22：9）
3. 罐形高足鼎（燕下都 D6T53②M18：4）　4. 球形圜底盒（曹演庄 M18：1）
5. 深腹小盖圈足盒（燕下都 D6T26②M2：16）　6. 盘口假圈足壶（邯郸龙城 M4：2）
7. 喇叭口假圈足壶（曹演庄 M17：12）

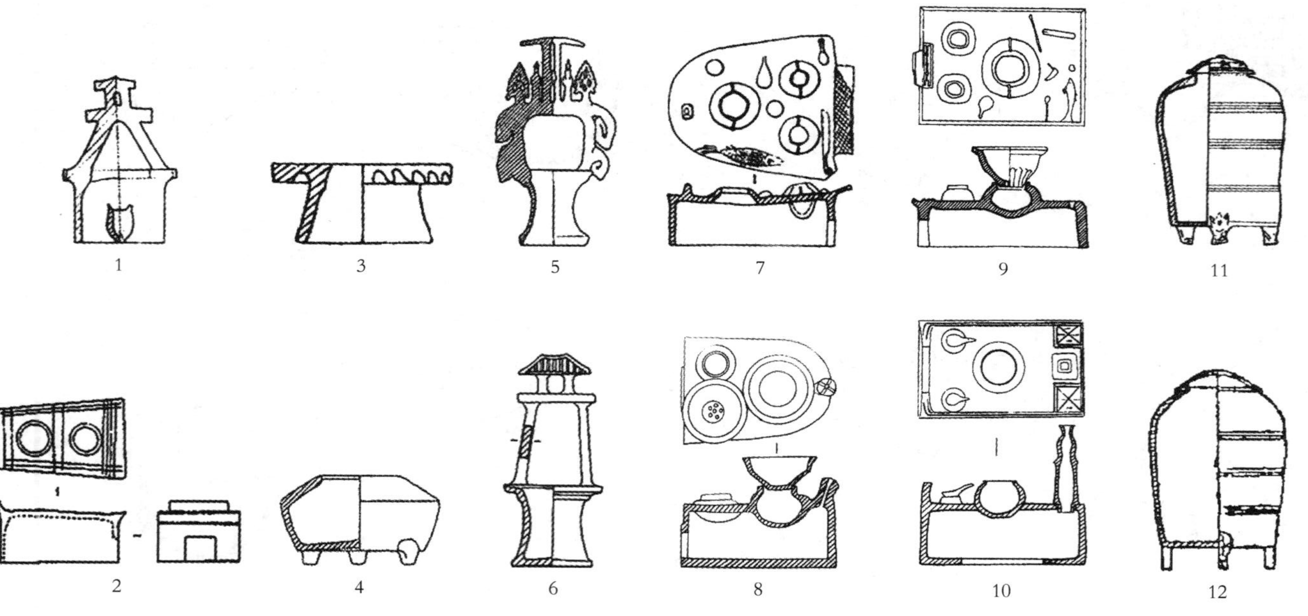

图三　模型明器比较图

1. 方井（曹演庄 M17：17）　2. 梯形灶（曹演庄 M4：4）　3. 梯形卷沿井（燕下都 W21T75①M4：8）　4. 浅腹矮足囷（燕下都 D6T29②M7：11）　5、6. 亚腰形井（武邑中角 M4：31、安阳郭家湾 M40：15）　7、8. 马蹄形灶（定州南关 M28：6、陕西凤翔高庄 M7：3）　9、10. 三火眼方头灶（深州下博 M20：9、河南济源泗涧沟 M29：4）　11、12. 深腹矮足囷（邢台曹演庄 M24：11、河南辉县铁路饭店 M1：11）

竖穴土坑墓是东周时期黄河中下游地区已广为流行的墓葬形制，冀中南地区发现的战国墓葬均为此类，墓圹结构、葬具使用等方面均与西汉时期流行的竖穴土坑墓完全相同，如李家巷M8、曹演庄M7，除前者墓口稍宽外，二者几无差异①。

日用陶器中以陶罐形态最丰，其中直口球腹罐（图四，1）、直颈深弧腹罐（图四，2）与束颈深弧腹罐（图四，3）三种器型最为常见，这三种形态的陶罐总数近其他各种形态陶罐总和的一倍，并罕见于冀中南以外的其他地区，故可看作冀中南地区最具本土特性的随葬品。此外，直腹圜底罐（图四，4）和直颈鼓腹罐（图四，5）虽不及前三型陶罐普及，但其自西汉早期或中期出现，延续至东汉早期，器物形态演变连续，并少见于他地，亦可视为具有本土特性的器物。陶罐之外，随葬陶釜的现象也较普遍，器型有浅垂腹（图四，6）和深弧腹（图四，13）之分。前者始见于西汉早期，后者与东周燕文化中流行的陶釜（图四，14）具有一定的相承关系。西汉时，此类深弧腹釜多见于燕下都遗址周边的墓葬中，燕都故地战国遗风犹存。

此外，罐、釜等日用陶器中还常有陶胎中掺杂云母颗粒、粉末的现象。这类陶器也是东周燕文化的特色器类，有研究者认为其盛行可能与燕国区域里丰富的云母矿藏有关②。西汉时期夹云母陶的流行地域与前文提到的深弧腹釜基本相同，因此也可将其视为本地传统在汉代的延续。

由此可见，冀中南汉墓中的本土特性内涵丰富，除墓葬形制外，绝大多数表现在与日常生活息息相关的日用陶器方面。并且从出现时间看，墓葬的本土特性还有汉代新生与战国传统之分。

三、墓葬外来因素分析

西汉中晚期，冀中南地区汉墓中出现的竖穴砖椁墓、洞室墓，以及随葬品中陆续出现的鼎形圆炉、部分陶罐、釉陶器等，数量有限，存续时间不连贯，应非本土形成，而是源自周边。另外，大致同时，竖穴土坑墓中出现砖椁。这

① 河北省文物研究所、邢台市文物管理处：《邢台曹演庄汉墓群发掘报告》，《文物春秋》1998年第4期，第1—21页；邯郸市文物保护研究所、涉县文物保管所：《河北涉县李家巷春秋战国墓发掘报告》，《文物》2005年第6期，第39—50页。

② 陈光：《东周燕文化分期论》，《北京文博》1997年第4期，第5—17页。

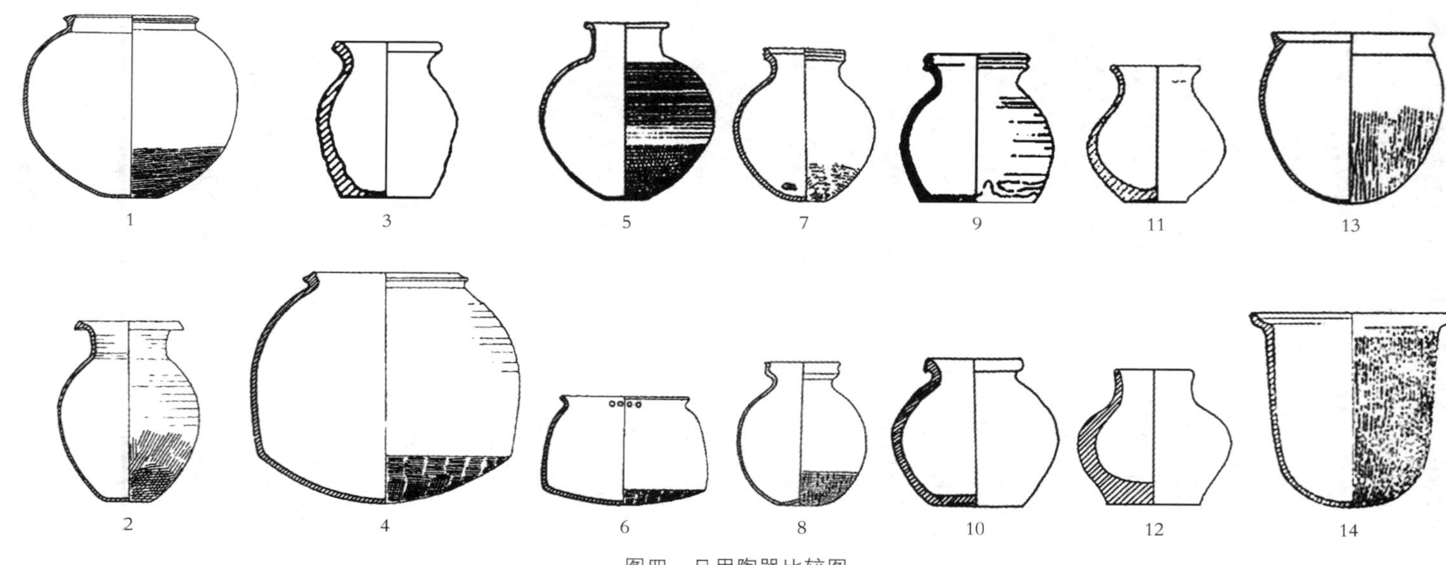

图四　日用陶器比较图

1. 直口球腹罐(燕下都 D6T69②M26：17)　2. 直颈深弧腹罐(燕下都 D6T69②M26：16)　3. 束颈深弧腹罐(曹演庄 M9：3)
4. 直腹圜底罐(燕下都 D6T51②M16：1)　5. 直颈鼓腹罐(曹演庄 M10：3)　6. 浅垂腹釜(燕下都 D6T51②M16：7)
7、8. 盘口深弧腹罐(定州南关 M47：2、江苏邳县刘林 M191：2)　9、10. 圆弧腹平底罐(深州下博 M22：5、山东滕州官桥车站 M16：1)
11、12. 尖鼓腹平底罐(曹演庄 M13：3、山东微山独山汉墓出土)　13、14. 深弧腹釜(燕下都 LJ10T6①M3、燕下都 LJ10T140④W26：1)

类墓葬以小砖砌筑四壁并铺底，之上先覆盖木板再铺砖，形制与邻近的鲁北砖椁墓相近。鲁北是汉代砖构墓葬盛行的地区，此类砖椁墓从西汉早期一直延续至东汉早期，在竖穴土坑墓中有82.1%均砌有砖椁。冀中南地区的砖椁墓似是受鲁北地区影响而产生。这一时期，冀中南地区还有少量墓葬采用洞室墓的形制。有关洞室墓的起源虽存在“关中起源说”与“关中、关东同时起源说”两种观点①，但两方的研究均指出至迟在战国末年关东西部的洛阳等地已出现洞室墓。进入汉代以后，以长安为核心的三辅及以洛阳为中心的三河依然是洞室墓分布最密集的地区，并明显地存在由这里向其他地区转移的迹象。冀中南与三河毗邻，与遥远的关中相比，洞室墓更有可能是受到三河地区的影响。

随葬品中的鼎形圆炉是西汉晚期冀中南地区汉墓出现的一种新器类。圆炉口沿有支钉，可用于承放釜之类炊器，炉内可生火，应是与灶近似的庖厨之器。墓葬中圆炉往往与灶共出，如武邑中角M4、燕下都北沈村东汉墓、景县大代庄东汉墓等，随葬品组合中往往是1件圆炉、2件灶②。这类圆炉在鲁北地区西汉晚期至东汉晚期墓葬中更为常见，延续性强，数量也更多。除在器物组合上鲁北地区汉墓中的圆炉基本不与灶共出，两地出土的圆炉在器型上并无差异。从流行程度看，圆炉应源自鲁北地区，只是在使用上两地可能还略有区别。此外，冀中南地区汉墓中还有三型陶罐源自鲁南苏北地区，分别为盘口深弧腹罐（图四，7）、圆弧腹平底罐（图四，9）和尖鼓腹平底罐（图四，11）。它们延续时间短，仅见于某一时间段，且数量较少：如盘口深弧腹罐仅见于西汉中、晚期；圆弧腹平底罐见于东汉时期；尖鼓腹平底罐见于西汉早、中期。而在鲁南苏北地区这三型陶罐（图四，8、10、12）则是当地最为常见的器物。冀中南的釉陶器从器型和胎釉特征上看，有铅釉陶和钙釉陶之分。前者器型与同类陶器完全相同，只是器表施有颜色浓艳的铅釉。后者器型与器表装饰均明显有别于其他器物。铅釉陶最早出现在武帝时期的关中地区，西汉中期之后广泛传播，是关中地区汉墓中的典型器。冀中南地区受其影响将陶器施铅釉技术与本土陶礼器、模型明器相融合。钙釉陶是长江下游制陶工艺自春秋以来几百年积淀的结果，具有鲜明的地域性③。

---

① 叶小燕：《秦墓初探》，《考古》1982年第1期，第65—73页；滕铭予：《论关中秦墓中洞室墓的年代》，《华夏考古》1993年第2期，第90—97页。

② 河北省文物研究所、衡水地区文物管理所：《武邑中角汉墓群4号墓发掘报告》，载《河北省考古文集》，东方出版社，1998年，第261—271页；衡水地区文物管理所：《河北景县大代庄东汉壁画墓》，《文物春秋》1995年第1期，第14—22、86页。

③ 中国硅酸盐学会编：《中国陶瓷史》，文物出版社，1982年，第99—103、122—133页。

冀中南地区汉墓中的钙釉陶数量极少，仅见于王侯级别的大中型墓葬中，从器型到釉质釉色均与同时期长江下游汉墓所出近似。

综上所述，冀中南地区汉墓的五类外来文化因素中长江下游文化因素所占比例小，覆盖范围有限，只涉及高规格墓。其余四类影响稍广，在各类汉墓中均能见到，且大多体现在日用陶器、模型明器等与日常生活密切相关的领域。若从数量、影响程度来比较，四类中以关中、三河地区的影响最为深远。

四、墓葬文化的演变

以上三类墓葬文化因素在不同历史阶段呈现出了不同的发展、演变趋势，反映了冀中南墓葬文化的演变历程。综合墓葬形制与随葬品的特征，冀中南地区墓葬文化的演变大致可分为西汉早期、西汉中晚期和东汉时期三个阶段。

西汉早期，墓葬形制延续东周以来本土传统的竖穴土坑墓。随葬品虽以陶礼器为主，但从器型上看，仅少数具有汉文化的共性特征，常见的陶礼器，如罐形高足鼎、球形圜底盒等均为本土器型。此外，日用陶器中绝大多数为直口球腹、直颈深弧腹、束颈深弧腹三型陶罐以及浅垂腹、深弧腹二型陶釜，亦均为本土器型。可见，西汉早期冀中南地区汉墓中的本土特性突出，并且有大量承继自本土的战国传统。

西汉中晚期，墓葬形制不断丰富，竖穴土坑墓虽据主导，但已非唯一，出现了源自三河地区的洞室墓和源自鲁北地区的砖椁墓。随葬品方面，汉墓的时代共性特征增强，生活明器种类多样、数量大增，尤其豆形灯、博山式熏炉等具有鲜明汉文化特色的器物成为随葬品组合中的重要组成部分。同时，随葬陶礼器之风更盛，器物类型愈发丰富，鼎、盒、壶中均出现了具有冀中南地区本土特性的新器型。随葬模型明器之风兴起并随之迅速发展，方井、梯形灶等本土器型广泛流行于各类墓葬。此外，外来因素的影响逐渐增多，尤其是来自关中与三河地区的影响，有洞室墓、马蹄形灶、三火眼方头灶、深腹矮足囷等模型明器及陶器施铅釉技术。

东汉之后，冀中南地区汉墓的墓葬形制与随葬品均发生了较大改变，尤其墓葬形制，本土传统的竖穴土坑墓彻底被具有鲜明时代特性的竖穴砖室墓所取代。随葬品方面，生活明器与模型明器成为组合中的核心，陶礼器消失不见，本土日用陶器类型有所简化。可见，此时冀中南的地域特性已日趋淡化而汉文化的时代共性正逐渐清晰。

由此，冀中南地区汉代墓葬文化演进历程的三阶段特征可概括为：西汉早期本土特色鲜明，地域传统深厚。西汉中晚期汉墓的时代共性增强，外来因素的影响日渐增多，特别是来自关中与三河地区的影响。东汉之后，墓葬文化完成了彻底转变，本土特性衰退，地域传统消失。在这一进程中，汉文化对冀中南地区的整合并非一蹴而就，而是通过与本土文化的有机融合，经历了西汉一朝渐进式的改良，终于在东汉完成整合进程。从其形成的文化心态来看，政治环境的稳定，思想文化领域大一统的天下观念根植人心，推动了这一整合进程的发展。

五、余　　论

东汉以降，冀中南地区在北方政治、文化发展中的地位进一步提升。曹魏营建邺城，继起的后赵、冉魏、前燕、东魏、北齐也均以邺城为都。这一时期的墓葬文化较两汉也发生了一些改变，如墓葬的分布，尤其大型墓葬，分布中心由北部的石家庄、保定南移至邺城周边①。北朝墓葬中仿地面建筑的墓室、模拟生活场景的随葬品以及世家大族墓地内父子兄弟墓位的排序，依然可见汉文化的延续。然而，西晋之后，北方各政权的东西对峙，影响了冀中南地区墓葬文化的发展，全然不同于汉代对关中、三河地区文化的推崇，上层社会对南方文化吸收程度的差异，使北朝时期邺城与洛阳形成了明显的地域分化。许多学者已有专论探讨两地在墓葬形制、随葬器物及墓室壁画等方面的差异②。这种差异一方面是由政治对峙所带来的地区间隔阂，另一方面可能也在一定程度上反映了上层社会文化心态的转变。汉族士大夫对北朝诸政权从普遍抵制到视为归属，胡族统治集团从胡汉对立到日益汉化、胡汉融合，上层社会逐渐形成的中华情结、天下意识③，也许再次成为了隋唐文化整合的内在动力。

---

① 据目前已公布资料，磁县集中分布着东魏、北齐高氏、元氏、赵氏等世家大族的家族墓地，赞皇集中分布着北朝李氏家族墓地，此外，吴桥、景县也有世族大墓的零散分布。

② 李梅田：《从洛阳到邺城——北朝墓室画像及象征意义的转变》，《考古与文物》2006 年第 2 期，第 65—72 页；倪润安：《北魏洛阳时代墓葬文化分析》，《故宫博物院院刊》2010 年第 4 期，第 96—128 页。

③ 如北魏末年名士封隆发起的勤王号召“国耻家怨，痛入骨髓”充分表达了汉族士人以北魏政权为归属的责任感。而从北周武帝自言“朕非五胡心无敬事。既非正教所以废之”中也可见北朝晚期胡族上层社会汉化程度之深。

临淄北朝崔氏墓地札记三则

李宝军　山东省文物考古研究院

1973年为配合山东淄博辛店电厂建设，山东省文物考古研究所在临淄区大武镇窝托村发掘了14座北朝墓①；1983年，淄博市博物馆等单位又在该处清理了5座墓葬②。两次共发掘墓葬19座，时代跨越北魏、东魏、北齐。出土有七方墓志，分别是：崔鸿夫妇、崔混（崔鸿子）、崔鹔（崔鸿弟）、崔博（崔鸿侄）、崔德（崔鸿侄）、崔猷（崔鸿堂伯），临淄窝托村墓地应是清河崔氏乌水房的家族墓地，这也是目前山东地区已发掘的规模最大的北朝家族墓地。关于这个墓地已有学者做过研究，其中王佳月先生所做研究最为全面③，包括墓地排布、墓葬形制、随葬品特点等，内容详细，论证可信。临淄北朝崔氏墓地的重要性不言而喻，但是墓志中所涉细节却鲜有学者注意，本文不揣鄙陋，仅做札记三则。

一、葬地：黄山与乌水

清河崔氏是中古时期著名的世家大族，以西汉崔业为始祖，世居清河东武城，绵延千年而不绝。汉代崔业六世孙崔泰一支从清河东武城迁居鄃县落籍，据《新唐书》卷七二《宰相世系表》“崔氏”条载：

南祖崔氏：泰少子景，字子成，淮阳太守，生挺，字子建……荫生聊

---

① 山东省文物考古研究所：《临淄北朝崔氏墓》，《考古学报》1984年第2期，第221—243页。

② 淄博市博物馆、临淄区文管所：《临淄北朝崔氏墓地第二次清理简报》，《考古》1985年第3期，第216—221页。

③ 王佳月：《北朝清河崔氏乌水房家族墓研究》，《东方考古》第12集，科学出版社，2015年，第72—97页。

城令怡，字少业。怡生宋乐陵太守旷，随慕容德度河居齐郡乌水，号乌水房。生清河太守二子：灵延、灵茂。灵茂，宋库部郎中，居全节……①

清河乌水房始于刘宋乐陵太守崔旷，《新唐书》载崔旷有二子：灵延、灵茂，临淄北朝崔氏墓地第二次清理出土的崔猷墓志称“祖乐陵太守旷……父清河太守灵瓌”②，故《新唐书》所载“生清河太守二子”一文应为讹误，崔旷实有三子，即灵延、灵茂、灵瓌，灵瓌曾任清河太守。乌水房作为清河崔氏的重要房支自崔旷始愈发壮大，多有出仕高位者，如崔光、崔鸿。

《魏书·崔光传》称崔旷“从慕容德南渡河，居青州之时水”③，崔博墓志言“卒于澌水里”，澌水即时水，其“出齐城西北二十五里，平地出泉，即如水也。亦谓之源水，因水色黑，俗又目之为黑水。西北径黄山东，又北历愚山东”④。故崔德墓志说其葬于“黄山之北，黑水之南”，亦因色黑缘故，被称为乌水。崔氏墓地距乌水源头不远，故崔旷一房以此为望。崔鸿等墓志均提到志主葬于“黄山之阴”“黄山之旧茔”，可见黄山之地乃崔氏祖茔，这也与文献记载和墓地现状相合：南依黄山北麓，北濒乌河。崔德墓志还提到其葬于“太保翁之墓所”，太保翁即崔光，北魏宣武帝时曾为太子傅，可知崔光也葬于此。据《魏书》卷六七《崔光传》⑤，崔光卒于正光四年（公元523年）十一月，次年春葬于本乡。《魏书》记载，崔光子崔励罹害于河阴之变，崔鹔墓志称其卒于武泰元年（公元528年）四月十四日，苏玉琼、蒋英炬两先生据此认为崔鹔亦死于河阴之变，其说可从。崔鹔既能葬于祖茔，则崔励亦有葬在此地的可能。至于崔光之弟崔敬友，卒于延昌三年（公元514年）二月，年五十九。第一次发掘中有九座墓因早年破坏严重，无从判断墓主，疑崔光、崔敬友、崔励之墓就在其中。

崔光之父崔灵延未必葬在黄山。《魏书》卷二四《崔道固传》载：“（皇兴二年（公元468年）慕容白曜破青冀后）乃徙青齐士望共道固守城者数百家于

① （宋）欧阳修、宋祁撰：《新唐书》卷七二下《宰相世系表》，中华书局，1975年，第2736—2737页。

② 淄博市博物馆、临淄区文管所：《临淄北朝崔氏墓地第二次清理简报》，《考古》1985年第3期，第216—221页。

③ （北齐）魏收撰：《魏书》卷六七《崔光传》，中华书局，1974年，第1487页。

④ （北魏）郦道元著，陈桥驿校证：《水经注校证》卷二六“淄水”条，中华书局，2007年，第626页。

⑤ 《魏书》卷七六《崔光传》，第1487—1507页。

桑乾，立平齐郡于平城西北北新城。以道固为太守……寻徙治京城西南二百余里旧阴馆之西。”[①] 卷五十《慕容白曜传》载：“后乃徙二城民望于下馆，朝廷置平齐郡，怀宁、归安二县以居之。自余悉为奴婢，分赐百官。”[②] 崔光之父崔灵延仕刘宋龙骧将军、长广太守，与冀州刺史崔道固共拒魏军，慕容白曜平三齐后，光年十七，随父徙代[③]。崔灵延卒年不详，从徙代后崔光佣书以养父母来看，彼时似已老迈。平齐民不得返葬原籍，在太和之前已是定制[④]，《魏书》卷三八《王慧龙传》即云“时制，南人入国者皆葬桑乾”[⑤]，崔灵延若卒于还乡令前则应葬在平齐郡，据殷宪先生考证，北魏平齐郡在今山西朔州西南的梵王寺村[⑥]。

临淄崔氏墓地可考者共葬入崔灵延、崔灵瓌两支三代人，崔灵茂一支是否葬入，因资料阙如，未敢遽断。

二、卒地：晖文里与仁信里

崔猷终于洛阳晖文里，《洛阳伽蓝记》言晖文里在东阳门外二里御道北，“里内有太保崔光、太傅李延实、冀州刺史李韶、秘书监郑道昭等四宅”[⑦]。可见当时崔氏家族聚族而居，主要家族成员都居住于此。

崔光死后，孝明帝“祖丧建春门外，望轜哀戚”[⑧]，洛阳建春门遗址经过发掘，在今偃师市首阳山镇韩旗村东北[⑨]，东阳门在韩旗村东[⑩]。晖文里在东阳门外二里御道北，基本上与建春门相对，故皇帝才能祖丧于此。崔猷卒地晖文

---

① 《魏书》卷二四《崔道固传》，第630页。

② 《魏书》卷五十《慕容白曜传》，第1119页。

③ 《魏书》卷七六《崔光传》，第1487页。

④ 约在太和十一年末至十三年之间（公元487—489年），北魏朝廷才发布允许平齐民还乡的诏令，参见李嘎《北魏崔猷墓志及相关问题》，《考古》2007年第1期，第70—78页。

⑤ 《魏书》卷三八《王慧龙传》，第877页。

⑥ 殷宪：《北齐〈张谟墓志〉与北新城》，《晋阳学刊》2012年第2期，第11—19页。

⑦ （北魏）杨衒之著，杨勇校笺：《洛阳伽蓝记校笺》卷二，中华书局，2006年，第87页。

⑧ 《魏书》卷六七《崔光传》，第1499页。

⑨ 中国社会科学院考古研究所洛阳汉魏故城工作队：《汉魏洛阳城北魏建春门遗址的发掘》，《考古》1988年第9期，第814—818页。

⑩ 中国科学院考古研究所洛阳工作队：《汉魏洛阳城初步勘查》，《考古》1973年第4期，第198—208页。

里仅见于《洛阳伽蓝记》，但同时期的羊祉夫妇墓志[1]均提到卒于洛阳徽文里，疑二者为同一地[2]。

崔鸿孝昌元年薨于洛阳仁信里，1929 年发现的杨乾墓志载杨乾卒于洛阳中练里第，孝昌二年窆于旦甫中源乡仁信里，墓志出土于洛阳城东北二十里的后沟村西北[3]。刻于延昌四年的山晖墓志于 1921 年出土于洛阳东北二十五里后沟村正西，营庄村正东，太仓村北[4]，志称山晖葬于“北邙山恒州使君墓之东”。崔鸿卒所仁信里应是居住的城内里，杨乾葬所仁信里应是人烟稀少的城外乡里，这一点在已出土的北魏墓志中数见不鲜，二者均属于当时的洛阳县管辖[5]，揆之地图，可知杨乾所葬仁信里在北魏洛阳城的西北，已属于郊外，今属孟津县。崔鸿所居仁信里，不知所在，此前未见著录，可补北魏里坊之阙。

三、山东发现的北朝清河崔氏墓志

清河崔氏形成于西汉初年，郡望为汉代的清河郡东武城县。清河崔氏自汉代开宗，降至曹魏，家门兴盛，出现崔林、崔琰两位著名人物，此后代为盛族，冠于海内。山东作为清河崔氏的主要活动区域，除已发现的乌水房墓地出土墓志外，其余已知的清河崔氏成员的墓志还有：

崔頠墓志：现藏山东省青州市博物馆。志主崔頠为清河东武城人，北魏尚书仆射崔亮之孙，东魏武定六年（公元 548 年）卒于邺都，北齐天保四年（公元 553 年）归窆本乡齐城（今山东临淄）南五十里之神茔，有学者认为这一位置在乌水房葬地内[6]，这一说法不确，崔頠与乌水房虽同宗但不同支，关系已

---

① 志云羊祉卒于熙平元年（公元 516 年），其妻崔神妃卒于孝昌元年（公元 525 年），载罗新、叶炜著《新出魏晋南北朝墓志疏证》，中华书局，2005 年，第 78、110 页。

② 周郢先生认为徽文里即晖文里，说见氏著《新发现的羊氏家族墓志考略》，《岱宗学刊》1997 年第 3 期，第 48—57 页。

③ 余扶危、张剑主编：《洛阳出土墓志卒藏地资料汇编》，北京图书馆出版社，2002 年，第 21 页。

④ 郭培育、郭培智主编：《洛阳出土石刻时地记》，大象出版社，2005 年，第 18 页。

⑤ 张剑：《关于北魏洛阳城里坊的几个问题》，载洛阳文物工作队编《洛阳考古四十年》，科学出版社，1996 年，第 263—269 页。

⑥ 李森、王瑞霞、董贵胜：《北齐崔頠墓志探考》，《潍坊教育学院学报》2001 年第 4 期，第 44—45 页。

疏远，不应葬在一起，应有自己的族葬地。

崔芬墓志[①]：1986 年出土于山东临朐县冶源镇海浮山。志主崔芬，史籍无载，字伯茂，清河东武城人，累官威烈将军、行台都军长史，卒于天保元年，天保二年葬于冶源。

崔神妃墓志[②]：1964 年出土于山东新泰市天宝镇颜庄村羊祉夫妇墓，志主崔神妃，清河东武城人，北魏兖州刺史羊祉之妻，卒于孝昌元年。

崔令姿墓志[③]：1965 年出土于山东济南市东郊盛福庄（原圣佛寺院村）。志主崔令姿，清河武城人，清河太守崔延伯之女，征北将军邓恭伯之妻，卒于武泰元年。

崔元容墓志[④]：1973 年出土于山东新泰市天宝镇颜庄村东。志主崔元容，清河东武城人，北魏中书令羊深之妻，卒于武定二年。

山东地区已发现的清河崔氏墓志、墓地很少，然史书中关于青齐地区清河崔氏的记载极多。仅以《魏书》为例，青齐地区的崔氏出仕者即有崔亮、崔道固、崔休、崔光韶、崔景茂等，而且很多明确提到“葬青州”“葬旧茔”等。可见，山东地区的北朝崔氏家族墓地应该还有很大一部分未被发现，今后需加强这方面的工作。

---

① 山东省临朐县博物馆：《北齐崔芬壁画墓》，文物出版社，2002 年。
② 赖非：《齐鲁碑刻墓志研究》，齐鲁书社，2004 年，第 242 页。
③ 王建浩、蒋宝庚：《济南市东郊发现东魏墓》，《文物》1966 年第 4 期，第 56 页。
④ 赖非：《齐鲁碑刻墓志研究》，第 243 页。

隋唐陵寺与佛教文化

张　飘　中国人民大学历史学院

东汉时期佛教传入中国后，与传统的政治和社会发生了频繁的互动，经过魏晋南北朝数百年间与传统文化的斗争、交流、磨合和吸收，汉地佛教对经典有了不同的解释和阐说。这些积淀伴随着隋唐时期大规模译经活动的开始，激起了巨大的宗教热情，推动了唐朝佛教的空前繁荣，并建立起中国的佛教体系，进一步对整个东亚世界产生了深远的影响。当然，佛教的影响并不仅仅限于宗教方面，由于其巨大的规模和影响力，社会、文化、政治等方面都发生了相应的变化，佛教已经成为东方文化的基本要素之一。本文以陵寺为切入点，论述隋唐时期佛教文化对丧葬传统的影响。

陵寺，指修建在皇帝陵园内的寺院，属于帝陵附属建筑的一部分，由皇帝下敕为前代帝后修建，规格一般较高。隋唐时期陵寺偶有出现，史籍中记载较少。至北宋时期，陵寺的设置成为一种传统，北宋各座皇陵附近都修建有佛寺，或单陵单寺，或数陵共寺。目前学界对陵寺已经有了初步的研究：冉万里先生认为帝陵建寺是在佛教传入中国后逐渐形成的一种制度，滥觞于魏晋南北朝，在隋唐时期逐步发展完善，最终成熟于北宋时期①；田有前先生则结合文献和考古资料，对唐代帝陵附近修建的三所寺庙进行了初步论述，认为其对于研究中国古代陵寺制度的发展演变、唐代帝陵与佛寺的关系以及推动唐代帝陵的考古研究具有重要意义②；白文固先生是最早关注陵寺问题的学者，但他的着眼点在宋代的功德寺和坟寺，他对各种名目的功德寺和坟寺进行了分类，并

---

① 冉万里：《帝陵建寺之制考略》，《西部考古》第一辑，三秦出版社，2006 年，第 433—441 页。

② 田有前：《唐代陵寺考》，《文博》2012 年第 4 期，第 60—64 页。

探讨其创制、兴起、盛行的情况，以及拥有的宗教和经济特权①。我们先就隋唐时期的陵寺进行简要分析。

一、隋唐陵寺简述

隋朝结束了魏晋南北朝数百年分裂的政治局面，使中国重新走向统一，在这样的背景下，南北方不同的文化开始走向交融，佛教亦如此。隋朝虽然国祚短暂，但佛教的发展非常迅速，为唐代佛教的兴盛奠定了重要基础。

隋朝佛教的迅速发展，主要得益于统治者，即隋文帝和隋炀帝的支持与提倡。隋文帝崇信佛法，即位之初就普诏天下："任听出家，仍令计口出钱，营造经像……天下之人，从风而靡，竞相景慕，民间佛经，多于六经数十百倍。"② 建造佛寺不仅能为人祈福，同时也是功德一件。隋文帝除在各州建舍利塔外，还为独孤皇后修建禅定寺③，隋炀帝也曾为文帝修建西禅定寺，蜀王杨秀曾修建胜光寺④，但这些佛寺只是功德寺，并非我们讨论的陵寺。隋朝关于陵寺的记载来自唐代高僧法琳《辨正论》。据记载，隋炀帝曾"于太陵、庄陵二所各造寺"，其中太陵为隋文帝与独孤皇后的合葬陵，庄陵为炀帝太子杨昭的陵墓，惜所立寺庙名称并未流传下来。今在太陵陵园的考古调查中发现带有菩萨纹样的瓦当⑤，推测可能是当年陵寺建筑的遗存。

唐代见于记载的陵寺数目不多。唐太宗昭陵陵园内有许多佛寺，据《长安志图》载，有"瑶台寺""广济寺""澄心寺""百城寺""舍卫寺""升平寺""证圣寺""宝国寺"等⑥。其中可以确定为陵寺的是"瑶台寺"，据《释氏稽古略》卷三载"（贞观）五年（公元631年），帝（唐太宗）……于昭陵立瑶台寺，敕法师法琬于苑内德业寺为皇后写佛藏经"，可知瑶台寺是唐太宗为文德皇后长孙氏所立。长孙皇后死于贞观十年，先于太宗葬于昭陵。《长安志图》中还记载昭陵寝宫曾因野火而迁徙到瑶台寺旁，考古发现也证明瑶台寺位于昭

① 白文固：《宋代的功德寺和坟寺》，《青海社会科学》2000年第5期，第76—80页。
② （唐）魏徵、长孙无忌：《隋书》卷三五《经籍志四》，中华书局，1973年，第1099页。
③ （宋）王溥：《唐会要》卷四八《寺》，上海古籍出版社，2006年，第995页。
④ （清）徐松撰，张穆校补：《唐两京城坊考》，中华书局，1985年，第93页。
⑤ 罗西章：《隋文帝陵、祠勘察记》，《考古与文物》1985年第6期，第25—29页。
⑥ （宋）宋敏求：《长安志》，成文出版社，1960年，第560—565页。

陵陵园范围内。除瑶台寺外，唐高宗时期也曾在昭陵修建佛寺，永徽“六年（公元 655 年）春正月壬申朔，（唐高宗）亲谒昭陵……甲戌，至自昭陵，于陵侧建佛寺”[①]，《唐会要》也有相同的记载，“永徽六年正月三日，昭陵侧置一寺”[②]。由于修建佛寺的同时要筹备征辽之役，建造佛寺还曾遭到大臣们的反对。尚书右仆射褚遂良谏：“关中既是陛下帝都，自长安而制四海。其间卫士已上，悉是陛下爪牙。陛下必欲乘衅灭辽，若不役使关中人，不能济事。由此言之，理须爱惜。今者昭陵建造佛寺，唯欲早成其功。……且又今者所造，制度准禅定寺，则大于宏福寺，自不可大于宏福。既有东道征役，此寺亦宜渐次修营。只二年得成，亦未为迟。”[③] 很明显高宗并没有采纳褚遂良的建议，在昭陵侧建立的佛寺规格颇高，可能是模仿隋炀帝为其父建寺的做法。可惜寺名无从得知，难以确定昭陵周围哪座佛寺由高宗敕建，但昭陵附近有两座陵寺已是确凿无疑的了。

除昭陵外，有确切记载的陵寺就是位于今河北省隆尧县（唐昭庆县）的光业寺。光业寺位于唐高祖李渊四代祖宣皇帝李熙建初陵和三代祖光皇帝李天赐启运陵的共茔陵园内，建于唐高宗总章年间。现佛寺已消失不见，仅留下《大唐帝陵光业寺大佛堂之碑》一通，存于隆尧县博物馆。我们对光业寺的了解也全部来源于碑文记载，《光业寺碑》是唐玄宗开元十三年（公元 725 年）六月光业寺大佛堂落成后，立于中殿东侧的，碑文由时任象城县尉的杨晋撰写，共 40 行，2 959 字，行书书写，部分碑文损泐不清，大部分仍可辨认。根据碑文记载，“光业寺者，盖开元八代祖宣皇帝、七代祖光皇帝陵园之福田也。总章之年，奉敕置是额曰光业焉”[④]。清楚地表明光业寺陵寺的性质，是高宗为祖先祈福而建。碑文还记载了唐皇陵规划、修建的过程，参与的人员，以及光业寺的历次重修。开元十二年，赵州刺史田再思，象城县令宗文素率邢、赵二州之象城、任、柏仁三县士民对寺院进行了较大规模的整修扩建，兴建包括大佛堂在内的寺院建筑，《光业寺碑》也在这时刻立。

唐代有确切文献记载的陵寺仅有以上三座。有学者认为唐肃宗建陵“在陵域范围之内也有寺院，分别是‘瑶台寺’‘宝国寺’等”，并且就此推断“昭陵

① （后晋）刘昫等撰：《旧唐书》卷四《高宗本纪上》，中华书局，1975 年，第 73 页。
② 《唐会要》卷四八《寺》，第 995 页。
③ 《唐会要》卷四八《寺》，第 995 页。
④ 吴钢主编：《全唐文补遗》第一辑，三秦出版社，1994 年，第 14 页。

和建陵的寺院中，有些名称竟然是相同的，可能是在规划陵园时已经形成了一定的制度”①，这种看法有误。冉万里先生是根据《长安志图》所绘唐昭陵图和建陵图推断的，却未意识到两座陵园都位于礼泉县，昭陵在九嵕山，建陵在武将山，两者遥相对应，距离并不远；而且昭陵和建陵的陪葬墓非常多，陵园范围很大，因此《长安志图》中同时出现在昭陵图和建陵图中的“瑶台寺”“宝国寺”是同一座陵庙，而非同名的两座陵寺。《长安志图》昭陵图中也有“西接建陵”的注释，可佐证此观点。所以建陵是否有陵寺的设置，仍然无法确定。

此外，唐人诗文中也有疑似陵寺的记载。卢纶《宿定陵寺》：“古塔荒台出禁墙，磬声初尽漏声长。云生紫殿幡花湿，月照青山松柏香。禅室夜闻风过竹，奠筵朝启露沾裳。谁悟威灵同寂灭，更堪砧杵发昭阳。”② 诗人在标题下注明“寺在陵内”，且佛寺也以陵名命名，有学者据此认为定陵寺为定陵的陵寺③。这种看法并不准确。首先根据诗名和注释仅能确定定陵寺的位置，首句“古塔荒台出禁墙”透露出寺有部分已超出了陵园的范围，单纯凭借寺庙的位置不足以确定其陵寺的性质；而且并非所有修建在皇陵附近的寺庙都属于陵寺，必须是由后世皇帝敕建的才可以称之为陵寺。其次，陵寺的名称。敕建陵寺往往带有皇帝祈福、祝愿的意思，并通过陵寺的名称表现出来，前述昭陵“瑶台寺”，建初、启运二陵的“兴业寺”都是如此。这种现象同样表现在功德寺的修建中，如太宗为太武皇帝修建“龙田寺”，为穆太后修建“弘福寺”等，而以皇陵之名来命名陵寺，不仅无先例可循，在唐代也是孤例（当然也有可能是以陵名命名陵寺的开始，宋代陵寺就有以皇陵名称来命名的。但若以此为惯例，就没有注释“寺在陵内”的必要了，所以难以确定定陵寺为陵寺）。最后，定陵寺修建的时间也无法确定，所谓陵寺，必须修建于皇陵之后，或者与皇陵同时修建，之前就存在的寺庙，必然难以称之为陵寺。定陵寺是在皇陵建立后修建的，还是因邻近定陵而由其他寺庙改名而来，仅凭借这首诗难以确定。除卢纶外，张籍《题渭北寺上方》也将陵、寺并提：“昔祭郊坛今谒陵，寺中高处最来登。十余年后人多别，喜见当时转读僧。”④ 但这里提供的信息更少，

① 冉万里：《帝陵建寺之制考略》，《西部考古》第一辑，第436页。
② （清）彭定求：《全唐诗》卷二八〇《卢纶》，中华书局，1999年，第3178页。
③ 田有前：《唐代陵寺考》，《文博》2012年第4期，第63页。
④ 《全唐诗》卷三八六《张籍》，第4372页。

一方面渭北寺早以湮灭难寻，无法确定其位置，另一方面不知道皇陵的名称，连其是汉陵还是唐陵都无法确定，遑论陵寺的有无了。

因此我们能确定的隋唐陵寺只有五个，其中有名称可考者仅为昭陵之瑶台寺，建初、启运陵之光业寺。

二、隋唐皇陵建寺的原因

有些学者认为宋朝陵寺制度的形成有一个逐渐发展的过程，自魏晋南北朝开始，经过隋唐时期的发展和完善，最终到宋朝发展成熟。对此笔者不敢苟同，下面仅就所知的隋唐陵寺材料，分析其修建的原因和意义。

首先，有些陵寺的修建带有浓重的政治意义。南北朝以来，由于佛教信仰之风渐盛，许多带有政治意味的举措开始与佛事相联系，而这也是佛教文化发达的表现之一。隋唐时期的很多皇帝，包括以佞佛著称的武则天，都并非虔诚的佛教徒。他们只是将佛教作为巩固统治、保持安定的一种工具，相对而言，他们更重视的是政治利益。以做佛事的方式来传达政治意图，可以看作是统治核心对民间崇佛之风的一种回应，这种现象在隋唐时期非常普遍。李世民在征战过程中常为战亡将士设斋行道，置寺祈福，“破刘武周于汾州，立宏济寺，宗正卿李百药为碑铭；破宋老生于吕州，立普济寺，著作郎许敬宗为碑铭；破宋金刚于晋州，立慈云寺，起居郎褚遂良为碑铭；破王世充于邙山，立昭觉寺，著作郎虞世南为碑铭；破窦建德于汜水，立等慈寺，秘书监颜师古为碑铭；破刘黑闼于洺州，立昭福寺，中书侍郎岑文本为碑铭”①。其他的诸如为前代帝后修建功德寺、迎佛骨等也是如此。陵寺的设置同样有政治意义的考量，隋炀帝在太陵、唐高宗在昭陵修建的陵寺，政治意义明显要高于祈福、祝愿的含义，而建初、启运二陵之光业寺的设立，则完全是出于政治的考量了。

光业寺建于唐高宗总章年间，据碑文记载“光业寺者，盖开元八代祖宣皇帝、七代祖光皇帝陵园之福田也。总章之年，奉敕置是额曰光业焉”②，好像

---

① 《唐会要》卷四八《寺》，第 995 页。

② 吴钢主编：《全唐文补遗》第一辑，第 14 页。之后所引碑文均出自此书，为行文方便，不再一一注明。

立寺的目的是为祖先祈福。事实上并非如此，建初、启运二陵以及光业寺的修建，都与一个重要的政治问题——唐皇室的祖籍所在地有关。关于唐朝皇室的祖籍问题，从陈寅恪先生开始就已经有了非常多的争论，相关成果颇多，在此不想就该问题进行深入探讨，仅就建陵寺之举分析其政治意图。笔者认为，二帝陵和光业寺的修建，都是为了落实和宣传自高祖李渊以来的“李唐皇室出自赵郡李”的观念。

对于在隆平修建祖陵的动机，已有学者进行过讨论，认为“不能作为独立的事件，应该与唐太宗重修《氏族志》结合起来分析”，“进一步证明皇室李氏确实来自山东望族，所以才想到去‘燕赵之衢’的赵郡寻找祖坟，在隆平修建‘二帝陵’”①，高宗修建光业寺也是为了巩固这一观念。碑文中有一条记载一直被历来的学者所忽视，高宗敕令建寺后，“寺有阿育王素像一铺，景皇帝玉石真容一铺。铭勒如在，故总章敕云：为像为陵，置寺焉”，可知光业寺建立后主要供奉的是阿育王及景皇帝李虎。景皇帝李虎是高祖李渊的祖父，北周八柱国之一，官至太尉，为北周重臣，是李家走向辉煌的起点。先前的宣皇帝李熙仅为金门镇将，光皇帝李天赐“仕魏为幢主”，都是些史无明载的小官，生卒年和地点并不确定，与李唐皇室的关系也不如李虎确切。而将李唐皇室的郡望归到赵郡李氏，李熙是关键人物，现今有学者还认为李唐皇室的先祖李熙与赵郡高门的李熙并非同一人②。因此高宗将景皇帝李虎的真容塑像放在陵寺之中，是为了进一步确立李虎与赵郡李氏之李熙、李天赐的关系，以此巩固李唐皇室出自赵郡李氏的观念。另外阿育王在中国佛教中有佛塔、佛像、舍利护持者的身份，供奉阿育王可能也有保护先祖的意思。

除供奉的塑像外，碑文中还有其他内容可以佐证此观点。仪凤之年，“追上尊号曰：盖开圣皇开运，景业本乎承祧……皇祖简宣公，谨追上尊号谥宣皇帝……皇祖懿王，谨追上尊号谥光皇帝……仍令所司备礼，昭告宗庙。思叶慎终，以申孝享。主者施行。中书令臣李敬玄宣，中书侍郎门下三品臣薛元超奉，中书舍人、弘文馆学士、上柱国臣郭正一行。侍中、太子宾客假通议大夫、守黄门侍郎、同中书门下三品、上骑都尉忱恒，奉诏书如右”。这次改尊

① 邢铁：《唐朝皇室祖籍问题辨证》，《西部学刊》2015年第4期，第31页。

② 高诗敏：《北朝赵郡李氏的迁徙分布及其与李唐先室之关系》，《河北学刊》1996年第1期，第86—90页。

号的仪式非常隆重，并且将二帝陵的名称从“建初”“延光”改为“建昌”“启运”，表明皇室对此事非常重视。而开元十二年整修光业寺，则完全是另一种情况。此次整修是规模最大的一次，但参与的官员仅为赵州刺史田再思和象城县令宗文素，而且从碑文内容上分析，这些官员甚至都没有参与具体的事务，只是挂名而已，真正组织整修光业寺的是寺内的僧人和三县百姓，碑文中有“能开方便之门，从其善舍之愿”之句，还留下了三县都维那三十八人的名字。维那本是寺院中的纲领职事，负责掌理众僧的进退威仪，而随着时间的推移渐渐有了多重含义，这里的都维那是民间邑义组织管理者的意思，邑义是“由在家信徒组成的、以造像活动为主要目的的民间组织”[①]。这种称呼在造像记中非常普遍，说明此次整修的资金主要来自这三十八个都维那所在的邑义。另外碑文的撰者杨晋仅为象城县尉，丹书和刻功并不出众，又新盖了大佛堂等建筑，这些都表明这次整修是一场自下而上的活动，光业寺陵寺的性质已逐渐淡化，成为一般的佛寺了。

前后的巨大反差应该与当时的政治情况有关。高宗以后，李唐皇室在祖籍问题上的倾向有所转变，中宗时太常博士张齐贤曰：“今之议者，或有欲立凉武昭王为始祖者，殊为不可。”[②] 到玄宗天宝二年（公元 743 年），甚至尊凉武昭王为兴圣皇帝，不再强调源自赵郡李氏，因此对陵寺不再重视。总的来说，光业寺是出自政治目的而建立的，已经确凿无疑了。

其次，除政治目的外，皇陵建寺主要出于对葬者的祈福和祝愿，隋炀帝为太子杨昭、唐太宗为长孙皇后所立“瑶台寺”都属于这一类。炀帝为文帝、高祖为太宗所立陵寺，尽管有政治方面的考量，也肯定带有祈福祝愿的想法。以造佛像、佛龛这种方式来为亲人祈福是从南北朝就开始流行的一种做法。大业初年，年方九岁的李世民生病，高祖李渊就曾为其祈疾造像。立佛寺也带有同样的意义。唐初名臣萧瑀“好浮屠法，间请舍家为桑门，帝许之矣”[③]，就是建寺立功德的表现。虽然萧瑀最后因“自度不能为，又足疾不入谒”受到太宗贬官的惩罚，但说明当时立寺祈愿、立功德是一种常见的现象。陵寺的修建也是出于这方面的考虑，与皇帝对佛教的态度有密切关系，带有鲜明的个人

① 冯贺军：《〈重修七帝寺碑记〉释解》，《故宫博物院院刊》2005 年第 2 期，第 70 页。

② 《唐会要》卷一二《庙制度》，第 338 页。

③ 《新唐书》卷一〇一《萧瑀传》，第 3951—3952 页。

色彩。

通过以上的论述我们可以发现，无论是出于何种目的，陵寺的设置都没有形成一种制度，而是皇帝的个人选择问题，是对佛教发展繁荣、影响扩大的一种反应。

三、陵寺的制度化

佛教传入中国后，对中国社会的影响逐渐扩大。不仅许多佛寺带有了商业、救济、教育等社会功能，佛教生死轮回、善恶报应的说法也影响了人们的观念和社会风俗，而在古代社会中颇为重要的丧葬活动里也可以看到佛教的影子。佛教文化对丧葬习俗的影响，是陵寺出现和繁荣的重要原因。

佛教对丧葬风俗的影响，早在魏晋南北朝时期就开始了，早期的影响还比较小，主要是一些佛教因素作为装饰出现在墓主的陪葬品中。进入隋唐以后，随着佛教的发展，其对丧葬礼俗的影响越来越大，从唐代墓葬的壁画、陶俑到随葬品、经幢，都有明显的佛教痕迹。对此已经有学者进行研究①，本文不再赘述。值得探讨的是坟寺风俗，对于研究陵寺的出现和繁荣具有重要的意义。

修建坟寺之风在唐朝的兴起，是佛教文化对丧葬风俗影响逐渐加深的结果。开元初年，力行整顿佛、道两教的名相姚崇，在给子孙的遗训中说道："夫释迦之本法，为苍生之大弊，汝等各宜警策，正法在心，勿效儿女子曹，终身不悟也。吾亡后必不得为此弊法，若未能全依正道，须顺俗情，从初七至终七，任设七僧斋。若随斋须布施，宜以吾缘身衣物充，不得辄用余财，为无益之枉事，亦不得妄出私物，徇追福之虚谈。"② 说明在当时的社会，所谓中阴四十九日的佛教追善法会已经成为一般风俗，连反对崇佛的姚崇也不能例外。而寺庙在唐代逐渐具有越来越重要的社会功能，尤其是救济、医疗等功能，许多家贫或患病的人常居住在寺庙内，死后埋葬在佛寺旁。还有一些较为虔诚的佛教徒，主动要求葬在寺庙或禅师林附近，并且遵从佛教丧葬的形式，在坟墓上起塔、起砖为坟。尽管仍有许多士大夫批判这种行为不符合礼教，倡导归葬祖茔，但佛教文化对丧葬的影响依然在不断扩大。唐代是佛教丧葬观念

① 张建林：《唐代丧葬习俗中佛教因素的考古学考察》，《西部考古》第一辑，第 462—472 页。
② 《旧唐书》卷九六《姚崇传》，第 3028—3029 页。

与传统礼法之间冲突和融合的时期，并未出现大规模的坟寺兴建。经过五代的乱世，宋朝的坟寺兴建之风渐趋盛行，也形成了从陵寺到坟寺的不同等级规定，以及与之对应的管理方法和优免制度。

隋唐之前也有陵前建寺的记载。《洛阳伽蓝记》载“明帝崩，起祇洹于陵上……自此以后，百姓冢上，或做浮图焉”①；北魏文明太后永固陵附近也记载有思远佛寺；南朝梁武帝也曾“欲为文皇帝陵上起寺，未有佳材，宣意有司，使加采访”②。从这些记载来看，当时陵前寺庙的修建主要与皇帝的个人信仰有关，而不是制度化的表现。陵寺的修建并不存在魏晋南北朝经隋唐到宋的线性发展过程，而是佛教文化对丧葬风俗影响逐渐加深的结果。佛教与传统丧葬风俗的结合，也是其逐步本土化的典型表现。

① 范祥雍校注：《洛阳伽蓝记校注》，上海古籍出版社，1978年，第196页。
② （宋）李昉等编：《太平广记》卷一二〇《弘氏》，中华书局，1961年，第845页。

唐代长安赵郡李氏家族墓地考略

尚民杰　西安市文物保护考古研究院

《新唐书》卷七二上载："赵郡李氏定著六房：其一曰南祖，二曰东祖，三曰西祖，四曰辽东，五曰江夏，六曰汉中。宰相十七人。（南祖有游道、藩、固言、日知、敬玄、绅、元素；东祖有绛、峤、珏；西祖有怀远、吉甫、德裕；辽东有泌；江夏有鄘、磎；汉中有安期。）"①

一、南祖枝

《新唐书》卷七二上载："南祖。晃字仲黄，镇南府长史。生义，字敬仲，燕司空长史。生吉，字彦同，东宫舍人。生聪，字小时，尚书郎。二子真、融。"②

李藩女李孙孙卒于长安永宁里之旅舍，权窆于万年县高平乡西焦村之南原。

据《李孙孙墓志》，"殇女李氏，赵郡高邑人也，小字孙孙。……曾祖父讳畬，皇国子司业，赠太子宾客；祖讳承，皇正议大夫检校工部尚书兼潭州刺史赠吏部尚书，谥曰懿子，历淮西道、淮南道黜陟使，河中道、山南东道、湖南道节度观察都防御都团练等使；父藩，秘书省秘书郎"。年十六，贞元十七年（公元801年）十一月，终于长安永宁里之旅舍，十二月窆于万年县高平乡西焦村之南原，从权礼也③。

---

① （宋）欧阳修、宋祁撰：《新唐书》卷七二上，中华书局，1975年，第2599页。

② 《新唐书》卷七二上，第2474页。

③ 周绍良主编：《全唐文新编》第3部第1册（总第9册）卷四七八，吉林文史出版社，2000年，第5601页。

《旧唐书》卷一四八载："李藩字叔翰，赵郡人。曾祖至远，天后时李昭德荐为天官侍郎，不诣昭德谢恩，时昭德怒，奏黜为壁州刺史。祖畲，开元（公元713—741年）时为考功郎中，事母孝谨，母卒，不胜丧死。至远、畲皆以志行名重一时。父承，为湖南观察使，亦有名。"①

二、南祖之后

《新唐书》卷七二上载："南祖之后有善权，后魏谯郡太守，徙居谯。生延观，徐梁二州刺史，生续。"②

李雍卒于升道里，先葬万年龙首原，后与妻卢氏归袝奉先县漫泉乡保章里。

据《李雍墓志》，"君讳雍，字某，赵郡鄗人。曾祖万安，皇邹平郡丞。祖项，赠郑州刺史。父日知，皇银青光禄大夫，黄门侍郎、侍中、户工刑三部尚书"。开元十九年五月，卒于长安升道里，权窆于万年县龙首原。夫人卢氏。厥后七十七岁，迁袝于京兆府奉先县漫泉乡保章里。子元之。孙彬、彤、彩、彧等③。据志文内容可知，李雍之子李元之即葬于此。《宰相世系表》载"雍尹，太原府司录参军"。

李绅之家族世系。

据《李绅家庙碑》："九代祖善权，后魏谯郡守；八代祖延观，徐、梁二州刺史；七代祖续，某郡太守；六代祖显达，隋颍州刺史；五代祖迁，皇朝宜、谷二州别驾，赠德州刺史；高祖孝卿，右散骑常侍，赠邓州刺史。曾祖府君讳敬元，总章（公元668—669年）、仪凤（公元676—678年）间历吏部尚书同中书门下三品、中书令宏文馆大学士监修国史，封赵国公，谥曰文宪。才智职业，载在国史。今祭于第一室，以妣蓟国夫人范阳卢氏配焉。王父府君讳守一，属世难家徙，不求闻达，避荣乐道，与时浮沉，终成都府郫县令。今祭于第二室，以妣荥阳夫人郑氏配焉。先考府君讳晤，历金坛、乌程、晋陵三县

① （后晋）刘昫等撰：《旧唐书》卷一四八，中华书局，1975年，第3997页。

② 《新唐书》卷七二上，第2480页。

③ 周绍良主编：《全唐文新编》第3部第1册（总第9册）卷五〇三，第5915—5916页。

令。……今祭于第三室，以先妣上谷夫人范阳卢氏配焉。”“仆射名绅，字公垂。……先是祖妣、考妣，晋陵府君前娶夫人裴氏，无子早卒，洎叔父兄妹之殡，咸未归祔，各处一方。公在斩衰中，亲护九丧，匍匐万里，及其襄事，礼无阙违。”① 此碑立于开成（公元836—840年）某年。另有沈亚之撰《李绅传》②。

李继（李绅兄）卒于无锡县，与妻崔氏归葬长安白鹿原先茔。

据李绅撰《李继墓志》，“府君讳继，字兴嗣，晋陵府君□长子，先夫人裴氏出”。元和四年（公元809年）三月，卒于常州无锡县寓居，先葬某处，至元和十一年七月，归葬于长安白鹿原，陪祔伯父郫县府君茔之后七十六步。弟绅③。《宰相世系表》不载李继。

据《崔氏墓志》，“夫人博陵崔氏，祖琎，父纬”。大和八年（公元834年）十月，卒于越州观察使之官舍，开成三年七月，合祔李继之墓④。

据李继志文可知，李继的家族墓地当在长安城东的白鹿原。

三、东祖枝

《新唐书》卷七二上载：“东祖睿，字幼黄，高平太守、江陵宁公。生勖，字景贤，顿丘太守、大中正。生颐，字彦祖，高阳太守、武安公。四子：勰、系、奉、曾。”⑤

李绛葬于洛阳平阴乡。

《旧唐书》卷一六四载：“李绛字深之，赵郡赞皇人也。曾祖贞简。祖刚，官终宰邑。父元善，襄州录事参军。……（大和四年）乃为乱兵所害，时年六十七。”⑥

---

① 周绍良主编：《全唐文新编》第3部第3册（总第11册）卷六七八，第7761—7762页。
② 周绍良主编：《全唐文新编》第4部第1册（总第13册）卷七三八，第8568—8569页。
③ 周绍良主编：《全唐文新编》第3部第4册（总第12册）卷六九四，第7879页。
④ 周绍良主编：《全唐文新编》第3部第4册（总第12册）卷六九四，第694页。
⑤ 《新唐书》卷七二上，第2481页。
⑥ 《旧唐书》卷一六四，第4291页。

《宝刻丛编》卷七《长安》记有《唐赠司徒赵郡贞孝公李绛先庙碑》，“唐裴度撰，韩欣正书并篆额。大中元年（公元847年）”①。

据李绛之子的墓志，李绛当葬于洛阳平阴乡。

李璆卒于永崇里第，归葬河南府洛阳县平阴乡北原先茔。

据《李璆墓志》，“赵郡李君讳璆，字韫，元和中忠鲠宰相其后□赠司徒讳绛之长子。曾王父岗，亳州永城令、赠吏部侍郎。大父元善，襄州录事参军、赠司空”。会昌元年（公元841年）九月，卒于永崇里第，十一月，归葬河南府洛阳县平阴乡北原，从祔先司徒公之兆。子陶②。

> 《新唐书》卷七二上载：“绛字深之，相宪宗，生璆、顼、璋。璆，河南府司录参军，生隐，字岩士。顼，衢州刺史，生轩，字德舆；毂字致之；轸字辉之。璋字重礼，宣歙观察使，生说儿，左庶子；慎微；德邻字朋言；少微；德休字表逸，相如令。”③

李顼葬于洛阳平阴乡之先茔。

据《李顼墓志》，“公讳顼，字温，其先赵郡人也。八代祖希骞，仕后魏为黄门侍郎。七代祖仲卿，仕后周为阁内咨议。六代祖文正，仕隋为洺州平恩县令。五代祖晋客，唐初为司农少卿。高祖贞，开元年中为京兆府士曹参军。曾祖岗，某年中为谯郡永城县令赠吏部侍郎。祖元善，贞元初为襄州录事参军，累赠司空。父讳绛，在宪宗时为宰相”。大中二年六月卒于郡，来年二月葬于洛阳平阴乡之先茔④。

李璋妻卢氏卒于上都永崇里私第，归葬于河南府洛阳县平阴乡成村李氏先茔。

据李璋撰《卢氏墓志》，李璋妻卢氏，咸通二年（公元861年）九月卒于上都永崇里私第，明年正月，归葬于河南府洛阳县平阴乡成村李氏先茔。“璋，赵郡赞皇人。元和中相国、累检校司空、兴元节度、赠太傅讳绛、谥贞公之季

---

① （清）乾隆御修：《景印文渊阁四库全书》第682册，台湾商务印书馆，1983年，第317页。

② 吴钢主编：《全唐文补遗》第四辑，三秦出版社，1997年，第163—164页。

③ 《新唐书》卷七二，第2526—2527页。

④ 周绍良主编：《全唐文新编》第4部第2册（总第14册）卷七九〇，第9456—9457页。

子”。子道扶等①。

李德休卒于延福里第，与妻郑氏合葬于河南府洛阳县清风乡积润里先茔。

据《李德休墓志》，“公讳德休，字表逸，赵郡赞皇人也。……曾祖元善，襄州录事参军，累赠司空。曾祖妣博陵崔氏，累追封博陵郡太夫人。祖绛，皇任山南西道节度使，累赠中书令。……祖妣范阳卢氏，累封豳国太夫人。考璋，皇宣、歙、池等州观察使，累赠太保”。长兴二年（公元931年）八月，卒于延福里第，明年正月，葬于河南府洛阳县清风乡积润里先茔之次，与妻郑氏同穴。子钦鲁②。

李璩卒于永崇里私第，归葬于河南府洛阳县平阴乡成村先茔。

据《李璩墓志》，“赵郡东祖右丞相崇，显于后魏，谥为文惠公。文惠公其下四世生贞简，为唐司农卿。司农生岗，为谯郡永城令，赠吏部尚书。尚书生元善，为襄州录事参军，赠太尉。太尉生泾，为金州刺史。金州娶博陵崔氏，生府君。府君讳璩，字子玉”。咸通十二年五月，卒于永崇里私第，其年八月，归葬于河南府洛阳县平阴乡成村先茔。妻杜氏。子奉规、嵩老③。《宰相世系表》不载李璩及其子。

李思谅卒于万年县里第，葬于洛州河南县龙门乡之原。

据《李思谅墓志》，“君讳思凉，赵郡赞皇人也。……曾祖希礼，齐著作郎，太中大夫，征虏将军，通直散骑常侍，太常少卿，信州刺史，赠赵州刺史，鸿胪卿，谥文。……祖元操，齐给事中中书舍人，通直散骑常侍，聘陈使，博陵太守，散骑常侍，聘周使，黄门侍郎周仪同三司，随（隋）上仪同，武安县子，冯翊郡太守，内史侍郎，金州刺史。……父来王，扶风郡主簿”。显庆四年（公元659年）十月，卒于万年县里第，五年四月，葬于洛州河南县龙门乡之原。子敬忠④。

李震卒于京师长兴里私第，葬于河南龙门西原先茔。

据《李震墓志》，“公讳震，赵郡人也。曾祖思谅，皇仓部郎中。祖敬忠，许王府参军。父晡，同州司马、都水使者”。天宝十四载（公元755年）四月，

---

① 吴钢主编：《全唐文补遗》第一辑，三秦出版社，1994年，第384页。

② 周绍良主编：《全唐文新编》第4部第4册（总第16册）卷八五八，第10830—10831页。

③ 吴钢主编：《全唐文补遗》第七辑，三秦出版社，2000年，第149—150页。

④ 胡戟、荣新江主编：《大唐西市博物馆藏墓志》，北京大学出版社，2012年，第137页。

卒于京师长兴里私第，其年七月葬河南龙门西原先茔。妻王氏①。

李悰与妻韦氏合祔于长安县福阳乡高阳原。

据《李悰墓志》，“君讳悰，字儒宗，赵郡常山人也。……曾祖公节，隋豫州上蔡县令。祖行诩，晋王府参军。父元庆，昭陵令”。开元六年正月，与妻韦氏合祔于长安县福阳乡高阳原。继嗣侄谏②。

四、西祖枝

《新唐书》卷七二上载：“西祖劲字少黄，晋治书侍御史。二子：盛、隆。”③

李收（李怀远曾孙）卒于长安广化里，与妻郑氏葬于洛阳平阴原。

据《李收墓志》，“公讳收，字仲举，赵郡赞皇人也。……曾祖刑部尚书平章事、赠侍中、赵郡成公讳怀远。祖工礼二侍郎、左散骑常侍、赵郡昭公讳景伯。父兵吏二侍郎、同州刺史、赵郡公、赠太子少傅讳彭年”。大历十二年（公元777年）八月，卒于长安广化里，明年正月，归窆于洛阳县平阴原，从于先茔，夫人郑氏祔④。

李乂卒于京师宣阳里第，葬于长安细柳原。

据《李乂碑》，“公讳乂，字尚真，赵房子人也。……曾祖彦博，振威将军、光州固始令。祖惠明，弋阳西曹椽、熊州司仓书佐。父大智，阆州新政令”。开元四年卒于京师宣阳里第，卜葬长安细柳原，东北望帝京二十有五里⑤。

李吉甫宅在安邑坊。

据《唐两京城坊考》卷三《安邑坊》，有“中书侍郎、同中书门下平章事、赵国公李吉甫宅”⑥。

---

① 吴钢主编：《全唐文补遗》第八辑，三秦出版社，2005年，第70页。
② 西安市长安博物馆编：《长安新出墓志》，文物出版社，2011年，第153页。
③ 《新唐书》卷七二上，第2584页。
④ 吴钢主编：《全唐文补遗》第九辑，三秦出版社，2007年，第376页。
⑤ 周绍良主编：《全唐文新编》第2部第1册（总第5册）卷二五八，第2884—2885页。
⑥ （清）徐松撰，李健超增订：《增订唐两京城坊考》，三秦出版社，2006年，第130页。

李德裕妻徐氏卒于滑州官舍，葬于洛阳邙山。

据《徐盼墓志》，“徐氏润州丹徒县人，名盼，字正定”。大和三年十一月，卒于滑州官舍，其年十二月，葬于洛阳之邙山①。有《赞皇公李德裕德政碑》②。

《旧唐书》卷一七四载：“李德裕字文饶，赵郡人。祖栖筠，御史大夫。父吉甫，赵国忠懿公，元和初宰相。……德裕三子。烨，检校祠部员外郎、汴宋亳观察判官。大中二年，坐父贬象州立山尉。二子幼，从父殁于崖州。烨咸通初量移郴州郴县尉，卒于桂阳。子延古。”③

李烨卒于郴县官舍，葬于河南县金谷乡张村先茔。

据《李烨墓志》，“君讳烨，字季常，赵郡赞皇人也。曾祖讳栖筠，皇任御史大夫京畿观察使，谥文献公。祖讳吉甫，皇任中书侍郎平章事，谥曰忠公。烈考讳德裕，皇任特进、太子少保、卫国公，赠尚书左仆射”。大中十四年六月，卒于县之官舍，咸通三年正月，葬于河南县金谷乡张村先茔。夫人郑氏，子庄士、庄彦。女悬黎④。

李烨女李悬黎卒于安邑里第，归于榆林大茔。

据《李悬黎墓志》，“赵郡李氏女悬黎，生得十三年，以咸通十二年七月十五日，卒于安邑里第”。曾祖吉甫，祖德裕，父烨。咸通十二年十一月，归于榆林大茔⑤。

李从质女小娘子卒于洛阳履信里，归葬于北邙山西金谷乡张村里大茔。

据《李小娘子墓志》，“小娘子曾祖讳吉甫，门下侍郎同中书门下平章事，赠太师。祖德修，楚州刺史，兼御史中丞，赠礼部尚书。考讳从质，度支两池榷盐使，兼御史中丞。中丞不婚，小娘子生于清河张氏。小娘子即中丞之长女也”。咸通十二年十二月，卒于洛阳履信里第，归葬于北邙山西金谷乡张村里，祔大茔。弟尚夷⑥。据志文可知，李氏出家未嫁，归葬之大茔当为李氏祖茔。

---

① 周绍良主编：《全唐文新编》第 3 部第 4 册（总第 12 册）卷七一一，第 8073 页。
② 周绍良主编：《全唐文新编》第 4 部第 1 册（总第 13 册）卷七三一，第 8480—8482 页。
③ 《旧唐书》卷一七四，第 4509—4530 页。
④ 周绍良主编：《全唐文新编》第 4 部第 3 册（总第 15 册）卷八一六，第 10087—10088 页。
⑤ 吴钢主编：《全唐文补遗》第一辑，第 410 页。
⑥ 吴钢主编：《全唐文补遗》第四辑，第 250 页。

《宰相世系表》不载德修子孙。

李巽卒于永崇里，返葬于洛师缑氏县芝田乡之大墓。

据《李巽墓志》，“公字令叔，赵郡赞皇人。曾祖知让，皇河南府长水县主簿。祖承允，江州别驾，赠太府少卿。父嶷，右武卫录事参军，饰终四加至尚书右仆射”。元和四年夏五月，冢宰赵郡公巽寝疾薨于永崇里，追命右仆射。冬十月，返葬于洛师缑氏县芝田乡之大墓。妻卢氏、韦氏。子绍、继、纻、编[①]。

李道素卒于桂州官舍，葬于洛州河南县千金里之原。

据《李道素墓志》，“君讳道素，清河清平人也。……曾祖宝，阳平郡功曹，楚丘令。祖辱，横野将军，司州从事。……父弘节，杭、原、庆三州刺史，大理少卿，桂、交二州都督，使持节二州诸军事，赠桂州都督，廿七州诸军事，上柱国，清平县公”。贞观十三年九月，卒于桂州官舍，贞观十五年十一月，葬于洛州河南县千金里之原[②]。据《宰相世系表》，李道素之祖“伯膺，东郡太守”，不载李辱、李道素。

李冲卒于洛阳□城里第，葬于平乐乡之原。

据《李冲墓志》，“君讳冲，赵郡人也，今家临清县焉。……祖辱，隋北永州刺史。父弘节，皇任杭、庆、原三州刺史，大理卿，尚书工部侍郎并检校工部尚书，金紫光禄大夫，并州大都督府长史，雍州别驾，交、桂二州都督，上柱国，清平县开国公”。卒于洛阳□城里第，永昌元年（公元 689 年）五月，葬于平乐乡之原。妻郑氏[③]。洛阳有乐城里。《宰相世系表》不载李冲。

李璋卒于神都乐城坊私第，与妻薛氏合葬于北邙山平阴乡。

据《李璋墓志》，“君讳璋，字仲京，赵郡人也。……高祖宝，北齐北永州刺史。曾祖辱，隋楚丘令，司州从事。……祖弘节，唐银青光禄大夫，上柱国。……考道谦，周银青光禄大夫，上柱国，袭爵清平县开国公，改封清河郡开国公，豪延邛三州刺史，成鄯营三州都督，司府寺正卿”。万岁通天元年（公元 696 年）七月，卒于神都乐城坊私第，圣历三年（公元 700 年）九月，

---

① 周绍良主编：《全唐文新编》第 3 部第 1 册（总第 9 册）卷五〇五，第 5927—5928 页。

② 周绍良主编：《全唐文新编》第 5 部第 3 册（总第 20 册）卷九九二，第 13792 页。

③ 周绍良主编：《全唐文新编》第 5 部第 4 册（总第 20 册）卷九九四，第 14533—14534 页。

与妻薛氏合葬于北邙山平阴乡之原。子锷①。

李瑱卒于洛阳县乐城里私第，葬于北邙旧茔南原。

据《李瑱墓志》，“公讳瑱，字良玉，赵郡赞皇人也。……曾祖蕣，北齐永州刺史，袭爵清泉县侯。蕣生弘节，桂州都督，工部侍郎，别封清平县公，弘节生道谦，营州都督，太府卿，别封清河郡公。……公即清河府君少子”。开元十年二月，卒于洛阳县乐城里私第，其年三月，权厝于北邙旧茔南原②。《宰相世系表》不载李瑱。

五、李让夷一枝

《旧唐书》卷一七六载：“李让夷字达心，陇西人。祖悦，父应规。……宣宗即位罢相，以天子宾客分司卒。”③

李推贤卒于上都通义里，与妻萧氏合葬于万年县义善乡大仵村凤栖原先茔。

据《李推贤墓志》，“公讳推贤，字匡仁，赵郡西祖之后。……曾大父炼府君，皇相州邺县令。大父悦府君，皇密州录事参军。烈考应规府君，皇卫尉少卿，累赠太傅”。卒于上都通义里，乾符三年（公元 876 年）十一月，葬于万年县义善乡大仵村凤栖原先茔，夫人萧氏合葬④。

李凝卒于通义里私第，葬于京兆万年县义善乡凤栖原先茔。

据《李凝墓志》，“公讳凝，字成用，其先赵郡人也。曾祖讳应规，皇卫尉少卿，赠右仆射。祖讳让夷，武宗朝宰相，出领淮南节度使，检校司空，薨于镇，赠司徒。皇考讳格，官至秘书省秘书郎”。咸通七年三月，卒于通义里私第，其年四月，葬于京兆万年县义善乡凤栖原先茔。妻封氏⑤。

据墓志资料可知，李让夷一枝本是西祖李氏一枝，李让夷本人曾在武宗时

① 周绍良主编：《全唐文新编》第 5 部第 4 册（总第 20 册）卷九九四，第 14719—14720 页。

② 周绍良主编：《全唐文新编》第 5 部第 4 册（总第 20 册）卷九九四，第 14978 页。

③ 《旧唐书》卷一七六，第 4566 页。

④ 吴钢主编：《全唐文补遗》第三辑，三秦出版社，1996 年，第 279、280 页。

⑤ 赵文成、赵君平编：《秦晋豫新出墓志蒐佚续编》第五册，国家图书馆出版社，2015 年，第 1261 页。

任宰相，但《宰相世系表》不载其世系，究其原因当为“宣宗即位罢相，以天子宾客分司卒”。

李让夷的世系关系为：

李炼—悦—应规—让夷—格—凝
　　　　　　　　　　　　—推贤

后　记

隆尧背倚太行，东向大海，扼华北平原之要冲，古来就是北方名城。

隆尧昔日是李唐故里，今天是世界各地李氏族人心中的圣地。为进一步发掘隆尧古代文化内涵，深研李氏宗族兴盛史，时任隆尧县委李国印书记提议举办“赵郡李氏与唐文化高端论坛”，得到了隆尧县委县政府和有关部门的迅速响应，并获得了河北省文物局、邢台市市委市政府的重视和支持，更得到了学术界的积极回应。

“高端论坛”于 2016 年 12 月 17、18 日在隆尧隆重举办。来自中国社会科学院历史研究所、中国社会科学院考古研究所、中国人民大学、中国政法大学、清华大学、北京大学、北京师范大学、北京联合大学、首都师范大学、河北师范大学、南开大学、吉林大学、复旦大学、上海师范大学、南京大学、中山大学、河北省社会科学院，以及河北省文物考古研究院、内蒙古自治区文物考古研究所、山东省文物考古研究院、西安市文物保护考古研究院、洛阳市文物考古研究院、洛阳河洛古代石刻艺术馆、南京市考古研究所等 30 余家国内高等院校、科研院所和文博单位的著名学者 60 余人参加了会议，人数之多，堪称唐史界的一次盛会，体现了隆尧在考古界和唐史学界的重要地位。会议代表围绕“李唐皇室政治与文化”“家族视野下的中古史”两大议题进行了热烈讨论，考古学者介绍了最新考古发现并进行了解读，历史学与考古学在这里相互碰撞和交流促进。会议期间，代表们专程前往唐祖陵实地考察，并到隆尧石刻馆访碑探幽。白天意犹未尽，晚上又聚在一起“学术夜话”，气氛更加自由，不同学科、不同领域的学者就自己关心的问题畅所欲言，为推进隆尧李唐文化传承出谋划策。

会议是在河北省文物局、邢台市文物局、隆尧县委县政府的领导下举行的，具体会务工作由时任隆尧县文化局田振国局长，邢台市文物管理处李恩玮处长、张明副处长，时任河北师范大学历史文化学院杨丙振副院长、邵岩老师，河北省文物局贾金标处长，北京大学考古文博学院韦正教授，以及河北师范大学和北京大学考古文博学院部分研究生共同完成。会议代表的邀请得到中国社会科学院历史研究所雷闻先生、北京大学历史系叶炜先生、南京大学历史系张学锋先生的大力支持。由于人事变动等方面的原因，会议论文集的汇编出版工作一度延迟，现任隆尧县文化局曹英群局长积极推动，终于落实了论文集的出版计划。时为北京大学考古文博学院研究生的杨鹏宇全程参加了会务和论文集编撰的联络工作。上海古籍出版社吴长青、宋佳老师第一时间安排论文集的编辑出版事宜。会议的顺利举办和论文集的出版是大家通力协作的结果，是一次非常有意义的活动，既宣传了隆尧和李唐文化，也促进了唐史研究，并有利于学界的联谊。会议结束后，还有学者回访隆尧，共忆盛会。

国家持续强盛，隆尧不断发展，隆尧和李唐文化的魅力方兴未艾，永葆长青，期待新朋老友再聚隆尧，共话李唐盛事。

编者

2020 年 7 月

图书在版编目(CIP)数据

洞幽烛微:“赵郡李氏与唐文化高端论坛”文集/韦正主编;邢台市文物管理处,隆尧县人民政府编.--上海:上海古籍出版社,2020.9

ISBN 978-7-5325-9739-0

Ⅰ.①洞… Ⅱ.①韦… ②邢… ③隆… Ⅲ.①文化史-中国-唐代-学术会议-文集 Ⅳ.①K242.03-53

中国版本图书馆CIP数据核字(2020)第161415号

洞幽烛微

“赵郡李氏与唐文化高端论坛”文集

韦正 主编

邢台市文物管理处
隆尧县人民政府 编

上海古籍出版社出版发行

(上海瑞金二路272号 邮政编码200020)

(1) 网址:www.guji.com.cn

(2) E-mail:guji1@guji.com.cn

(3) 易文网网址:www.ewen.co

山东韵杰文化科技有限公司印刷

开本787×1092 1/16 印张15 插页4 字数245,000

2020年9月第1版 2020年9月第1次印刷

ISBN 978-7-5325-9739-0

K·2899 定价:88.00元

如有质量问题,请与承印公司联系